21世纪本科应用型经管规划教材
物流与供应链管理

采购管理

（第4版）

梁 军 张 露 徐海峰 主编

PURCHASING
MANAGEMENT

電子工業出版社
Publishing House of Electronics Industry
北京 · BEIJING

图书在版编目（CIP）数据
采购管理 / 梁军，张露，徐海峰主编. —4 版. —北京：电子工业出版社，2020.12
21 世纪本科应用型经管规划教材. 物流与供应链管理
ISBN 978-7-121-36552-2

Ⅰ. ①采… Ⅱ. ①梁… ②张… ③徐… Ⅲ. ①采购管理－高等学校－教材 Ⅳ. ①F253.2

中国版本图书馆 CIP 数据核字(2019)第 092154 号

策划编辑：刘露明
责任编辑：刘淑敏
印　　刷：保定市中画美凯印刷有限公司
装　　订：保定市中画美凯印刷有限公司
出版发行：电子工业出版社
　　　　　北京市海淀区万寿路 173 信箱　邮编 100036
开　　本：787×1092　1/16　印张：18　字数：460 千字
版　　次：2006 年 5 月第 1 版
　　　　　2019 年 6 月第 4 版
印　　次：2021 年 11月第 7 次印刷
定　　价：58.00 元

凡所购买电子工业出版社图书有缺损问题，请向购买书店调换。若书店售缺，请与本社发行部联系，联系及邮购电话：（010）88254888，88258888。
质量投诉请发邮件至 zlts@phei.com.cn，盗版侵权举报请发邮件至 dbqq@phei.com.cn。
本书咨询联系方式：（010）88254199，sjb@phei.com.cn。

前言

《采购管理》(第3版)作为21世纪本科应用型经管规划教材，自2015年9月出版以来，一直受到国内高等院校师生和广大读者的欢迎。随着全球经济一体化、互联网+技术的迅速发展，采购管理必须满足社会技术进步和企业发展的要求，目前制造、流通等各类企业都要求采购管理人员不仅要掌握先进的采购技术，还要有熟练的采购软件操作能力和沟通协调能力，对采购人员的综合素质要求越来越高。为使高校相关专业的学生能掌握采购管理的知识和技能，强化学生的实际操作和动手能力，更好地适应企业对采购管理人才的需求，本书在修订中对第3版做了大幅删改和调整。

本书在修订时，删除了过于深奥和过时的内容，对每章的学习目标、重点与难点提出了明确的要求，更新了各章的引导案例，在原有相关链接、职业技能等栏目的基础上，增加了关键词、提示、前沿话题等内容，引入了采购管理实践中的新理念、新技术和新方法，强调知识和方法的实用性。同时，提供了大量的网上资料，供教师在教学中使用。保留了每章后的本章小结和评估练习题，以开阔学生的视野，扩大学生的知识面，提高学生的实操能力，检验学生的学习效果。

本书共14章，系统地介绍了采购与采购管理的基本概念，采购计划及预算管理，供应商的选择，采购谈判与合同管理，采购物品的验收、结算与库存管理，采购方式选择，招标采购，政府采购，国际采购，现代采购，采购管理与供应商的关系，采购价格与成本管理，采购绩效评价，采购与供应链管理等内容及运作方法。本书可作为高等院校物流管理等相关专业的学生用书，也可供物流企业、工商企业从事采购和供应管理的专业人员参考使用。

本书由新疆大学科学技术学院(宁波工程学院)梁军、新疆大学科学技术学院张露、新疆大学科学技术学院徐海峰担任主编。其中梁军编写第1、2、7、11、13章并负责统稿，张露编写第3、5、14章，徐海峰编写第4、9章，新疆大学科学技术学院靖程栋编写第6章，新疆大学科学技术学院宋月编写第8章，新疆大学科学技术学院程登军编写第10章，新疆大学科学技术学院王飞扬编写第12章。

本书在修订过程中，得到电子工业出版社、有关高校和使用本书的高等院校有关院系和教师的热情帮助，在此表示衷心的感谢。本书在修订时参考了国内外有关专家学者的资料、教材和论著，在此一并致谢。

同时，衷心希望各位读者对本书存在的问题和谬误之处，提出批评和建议。

另外，本书还为学有余力的同学以二维码的形式提供了一套复习题和6套模拟试题及参考答案，并为老师们提供了教学日历及教案模板。

编　者

复习题、试卷及答案　　教学日历及教案模板

目 录

第1章

采购概述

学习目标

知识目标：

（1）了解采购与采购管理的概念及重要性。
（2）了解采购的作用、特点和分类。
（3）掌握采购管理的内容。
（4）了解采购管理的目标。
（5）了解采购的流程。

能力目标：

（1）掌握采购与采购管理两个概念的区别。
（2）熟悉采购方式的分类与合理选择。

学习重点与难点

（1）根据企业特点，合理选择采购方式。
（2）采购管理的基本内容。
（3）采购的流程。

引导案例

通用的采购管理

与从计划模式艰难蜕变出来的大型国有企业相比，通用的采购体系可以说是含着银匙出世，它没有必要经历体制、机构改革后的阵痛，全球集团采购策略和市场竞标体系自公司诞生之日起，就自然而然地融入了世界上最大的汽车集团——通用汽车的全球采购联盟系统中。相对于尚在理论层次彷徨的众多国有企业和民营企业而言，通用的采购已经完全上升到企业经营策略的高度，并与企业的供应链管理密切结合在一起。

据统计，在美国的采购量每年为 580 亿美元，全球采购总额达到 1 400 亿~1 500 亿美元。通用汽车提出了全球化采购的思想，并逐步将各分部的采购权集中到总部统一管理。目前，通用下设四个地区的采购部门——北美采购委员会、亚太采购委员会、非洲采购委员会、欧洲采购委员会，四个区域的采购部门定时召开电视会议，把采购信息放到全球化的平台上来共享，在采购行为中充分利用联合采购组织的优势，协同杀价，并及时通报各地供应商的情况，把某些供应商的不良行为在全球采购系统中备案。

在资源得到合理配置的基础上，通用开发了一整套供应商关系管理程序，对供应商进行评估。对好的供应商，采取持续发展的合作策略，并针对采购中出现的技术问题与供应商协商，寻找解决问题的最佳方案；在评估中表现糟糕的供应商，则请其离开通用的业务体系。同时，通过对全球物流路线的整合，通用将各个公司原来自行拟定的繁杂的海运线路集成为简单的洲际物流线路。采购和海运路线经过整合后，不仅是总体采购成本大大降低，而且使各个公司与供应商的谈判能力也得到了质的提升。

面对三种在中国市场并存的“采购现象”，直接反映出在不同的市场机制和管理模式下，企业变革需要面对的一些现实问题。但从另一个角度看，我们就会发现采购在整个企业物流管理中的重要地位已经被绝大多数的企业所认可。更多的生产企业专注于自己的核心业务，把采购物流业务外包，建立在合作基础上的现代供应链管理，无疑是对传统的采购管理模式的一次革命性的挑战。

从不同“采购现象”背后，可以看到“采购理念”在中国发展遇到的现实问题，不仅在于企业对先进思维方式的消化能力，更重要的是在不同的体制和文化背景下的执行是否通畅。在落实理念的过程中，必须革新中国的企业文化，要求高层决策人员和中层管理人员具备解决系统设计问题的能力，底层运作人员应能解决系统操作的问题，同时必须有发现问题的能力和正确理解问题的能力。从这个角度上讲，是否“以人为本”已经成为采购进入中国市场所必须解决的重大课题。

（资料来源：http://www.xuexila.com/koucai/tanpan/553676.html）

辩证性思考：

（1）分析通用采购管理的优势和不足。

（2）与通用相比，国内的大型企业采购有哪些环节需要改进？

1.1 采购与采购管理的概念及重要性

1.1.1 采购与采购管理的概念

采购是一种常见的经济行为，从日常生活到企业运作，从民间到政府，无论是组织还是个人，要生存就要从其外部获取所需要的有形物品或无形服务，这就是采购。企业采购是指企业根据生产经营活动的需要，通过信息收集、整理和评价，寻找、选择合适的供应商，并就价格和服务等相关条款进行谈判，达成协议，以确保需求得到满足的活动过程。采购方式除以购买的方式占有物品外，还可以用租赁、借贷、交换的方式取得物品的使用权，来达到满足需求的目的。

链接 1

采购管理是指为保障企业物资供应而对企业的整个采购过程进行计划、组织、指挥、协调和控制的活动。

采购和采购管理是两个不同的概念。采购是一项具体的业务活动，是作业活动，一般由采购员承担具体的采购任务。采购管理是企业管理系统的一个重要子系统，是企业战略管理的重要组成部分，一般由企业的中高层管理人员担任。企业采购管理的目的是保证供应，满足生产经营需要，既包括对采购活动的管理，也包括对采购人员和采购资金的管理等。一般情况下，有采购就必然有采购管理。但是，不同的采购活动，由于其采购环境、数量、品种、规格的不同，管理过程的复杂程度也不同。个人采购、家庭采购尽管也需要计划决策，但毕竟相对简单，一般属于家庭理财方面的研究，这里重点研究的是面向企业的采购管理活动（组织、集团、政府等）。当然，在企业的采购中，工业、制造和商贸流通企业的采购目标、方式等还存在差异，但因为有共同的规律，所以一般也不再进行过细的划分。

关键词

采购　狭义的采购是指买东西，也就是企业根据需求提出采购计划，并审核计划，然后选择供应商，经过商务谈判确定价格、交货及相关条件，最终签订合同并按要求收货付款的过程。广义的采购是指除以购买的方式占有物品外，还可以采用各种途径来取得物品的使用权，以达到满足需求的目的。

1.1.2　采购管理的地位和重要性

在现代企业的经营管理中，采购管理已变得越来越重要。一般情况下，企业的产品成本构成中采购占较大的比例，为 60%～70%，因此外购条件与原材料的采购成功与否在一定程度上影响着企业的竞争力。采购管理是企业经营管理的核心内容，是企业获取经营利润的一个重要源泉，也是获取竞争优势的来源之一。随着全球经济一体化和信息时代的到来，采购及采购管理的工作将被提升到一个新的高度。

1. 采购管理在成本控制中的地位

尽管企业的经济效益是在商品销售之后实现的，但效益高低与物资购进的时间、地点、方式、数量、质量、品种等采购业务有着密切的关系。企业的经济效益是直接通过利润额来表示的，而采购过程中支付费用的多少同利润额成反比，因此购进物资的质量和价格对企业经营的效益有很大影响。采购工作能否做到快、准、好，对于企业能否生产适销对路的产品、增加销售收入至关重要。为了提高经济效益，必须重视对采购工作的计划、组织、指挥、协调和监控。

2. 采购管理在供应中的地位

从商品生产和交换的整体供应链中可以看出，每个企业既是顾客又是供应商，最终目的都是满足顾客的需求，以获得最大的利润。企业想要获取较高的利润，可以采取的措施很多，如降低管理费用，提高工作效率等。但是，企业一般采取的措施是加快物料和信息的流动，因为这样可以提高生产效率，缩短交货周期，从而使企业可以在相同的时间内创造更多的利润。同时，顾客也会因为企业及时、快速地供货而信心倍增，有可能因此增加订单。这样一来，企业就必须加强采购力量，选择恰当的供应商，并充分发挥其作用。

3. 采购管理在企业销售工作中的地位

采购作为企业销售经营业务的先导环节，只有使购进物资的品种、数量、质量符合市场需要，产品销售业务才能实现高质量、高效率、高效益，从而达到采购与销售的和谐统一；反之，会导致购销之间产生矛盾，影响企业功能的发挥。因此，产品销售工作的质量，在很大程度上取决于采购的质量，而销售活动的拓展和创新也与采购的规模和构成有直接关联。

4. 采购管理在企业研发工作中的地位

从某种程度上讲，没有采购支持的研发，企业的成功率会大打折扣。一种情况是研发人员经常会感觉到，因为采购不到某种物料，或者受到某种加工工艺的限制，导致设计方案难以实现。另一种情况是设计人员费尽心思所获得的研发样品在功能上与同行业的水平相去甚远，或者性能一样，但外观、体积、成本、制造方便性、销售竞争等许多方面都明显落后，这主要归结于研发人员信息的滞后性，对先进元器件了解甚少，表现为采购方面的支持力度不够。

5. 采购管理在企业经营中的地位

随着现代经济的快速发展，许多企业都将供应商看作自身企业的业务延伸，并与供应商建立战略合作伙伴关系，在企业不直接投资的前提下，充分利用供应商的资源为其开发、生产产品。这样，一方面可以节省资金，降低投资风险；另一方面又可以利用供应商的专业技术优势和现有的规模生产能力，以最快的速度形成生产能力，扩大产品生产规模。现在，很多企业将与供应商的合作范围逐渐扩大，由原来的原材料和零部件扩展到半成品，甚至产成品。

6. 采购管理在项目中的地位

任何项目的执行都离不开采购活动，如果采购工作准备不足，不仅会影响项目的顺利进行，而且还会影响项目的预期效益，甚至会导致项目的解体。采购工作是项目执行的关键环节，而且是构成项目执行的重要内容。采购工作能否经济、有效地进行，不仅会影响项目成本，而且还会影响项目管理的充分发挥。一般来说，银行贷款是按照项目实施中实际发生的费用予以支付的。因此，采购延误会直接影响银行对贷款支付的进程，采购进度基本上决定了支付的快慢。从以往的项目管理经验可知，项目招标过程中贷款支付的滞后，大多数是由采购不及时造成的。同时，采购一直是银行贷款项目检查中重点讨论的核心问题。总而言之，采购越来越受到企业的重视。

链接 2

关键词

项目执行　项目执行是指正式开始为完成项目而进行的活动或努力的工作过程。

1.2　采购的作用、特点和分类

1.2.1　采购的作用

企业在生产经营过程中需要大量的物料，其中包括原材料、零部件。这些物料作为企业的生产手段或劳动对象，对企业的生产经营活动有极其重要的作用。组织好企业采购活动，不仅有助于优化企业采购管理，而且可以有效地推动企业其他各项工作的开展。通过实施科学的采购管理，可以合理地选择采购方式、采购品种、采购批量、采购频率、采购地点和采购时间，以有限的资金保证企业生产经营的需要，在企业降低成本、加速资金周转和提高产品质量等方面发挥重要作用。具体来讲，采购的作用主要体现在以下几个方面。

1．采购是保证企业生产经营正常进行的必要前提

物资供应是生产经营的前提条件，生产经营所需要的原材料、零部件、设备和工具都要由采购环节来提供。没有采购，就没有生产经营条件；没有物资供应，就不可能进行正常的生产经营。

2．采购是保证产品质量的重要环节

采购物资的质量好坏直接决定着企业产品质量的好坏。能否生产出合格的产品，取决于采购所提供的原材料、零部件，以及所需的设备、工具的质量。

3．采购是控制成本的主要手段之一

采购成本构成了生产成本的主要部分，其中包括采购费用、储运费用、资金费用及管理费用等。高额的采购成本将大大降低生产的经济效益，甚至导致亏损。因此，加强采购的组织与管理，对节约占用资金、压缩存储成本和加快营运资本周转起着重要的作用。

4．采购可以帮助企业洞察市场的变化趋势

采购人员虽然直接与资源市场打交道，但是资源市场和销售市场是交融混杂在一起的，都处在大市场之中。因此，采购人员也可以及时地为企业提供各种各样的市场信息，供企业进行管理决策。市场对企业生产经营的导向作用是通过采购渠道观察市场供求变化及其发展趋势，借以引导企业投资方向，调整产品结构，确定经营目标、经营方向和经营策略。企业生产经营活动是以市场为导向，凭借市场这个舞台而展开的。

5．采购是科学管理的开端

企业的采购直接与生产相联系，采购模式往往在很大程度上影响生产模式。因此，如果企业采用一种科学的采购模式，就必然会要求生产方式、物料搬运方式都做相应的变动，从而共同构成一种科学管理模式。

6．采购决定着企业产品周转的速度

采购是企业生产过程的起点。采购人员必须解决好采购中物资的适时和适量问题。如果采购工作运行的时点、把握的量度与企业其他环节的活动达到了高度统一，企业就能获得适度的利益。反之，就会造成产品积压，产品周转速度减缓，产品保管费用增加，以致动用大量人力、物力去处理积压产品，从而造成极大的浪费。

7．采购可以合理地利用物质资源

节约和合理地利用物质资源，是开发利用资源的前提。采购工作必须贯彻节约的方针，通过采购工作合理地利用物质资源。

① 通过合理采购，企业可以防止优料劣用，长材短用。

② 优化配置物质资源，防止优劣混用，在采购中要力求优化配置和整体效应，防止局

部优化损害整体优化、部分优化损害综合优化。

③ 在采购工作中，要应用价值工程分析，力求功能与消耗相匹配。

④ 通过采购，企业可以引进新技术、新工艺，提高物质资源利用效率。

⑤ 要贯彻执行有关的经济、技术政策和法律，如产业政策、综合利用等法规，防止被淘汰的产品进入流通领域，防止违反政策、法律的行为发生，做到资源的合理利用。

1.2.2 采购的特点

1. 采购是从资源市场获取资源的过程

无论是生活还是生产，采购对于它们的意义，在于能解决人们生产和生活所需要、但是自己又缺乏的资源问题。这些资源既包括生活资料，也包括生产资料；既包括物质资源（如原材料、设备、工具等），也包括非物质资源（如信息、软件、技术、文化用品等）。能够提供这些资源的供应商形成了一个资源市场，而从资源市场获取这些资源都是通过采购的方式。采购的基本功能就是帮助人们从资源市场获取他们所需要的各种资源。

2. 采购是商流过程和物流过程的统一

采购就是将资源从资源市场的供应者手中转移到用户手中的过程。在这个过程中，一是要实现将资源的所有权从供应者手中转移到用户手中，二是要实现将资源的物质实体从供应者手中转移到用户手中。前者是一个商流过程，主要通过商品交易、等价交换来实现商品所有权的转移。后者是一个物流过程，主要通过运输、储存、包装、装卸搬运、流通加工和配送等手段来实现商品空间位置和时间位置的转移，使商品真实地到达用户手中。采购过程实际上是商流和物流的完整结合，缺一不可。“两流”过程的实现标志着采购过程的结束。因此，采购过程实际上是商流过程与物流过程的统一。

3. 采购是一种经济活动

采购活动是企业经济活动的重要组成部分。经济活动既要遵循经济规律，又要追求经济效益。在整个采购过程中，一方面，通过采购获取了资源，保证了企业正常生产经营的顺利进行，这是采购效益；另一方面，在采购过程中也会发生各种费用，这就是采购成本。要追求采购经济效益的最大化，就要不断地降低采购成本，以最少的成本获取最大的效益。科学采购是实现企业经济利益最大化的基本利润源泉。

1.2.3 采购的分类

依据不同的标准对采购进行分类（见表 1.1），有助于企业依据每种采购的特点，合理选择采购方式。

表 1.1 采购分类一览表

分类标准	内　容
采购的主体	个人采购、组织采购
采购的范围	国内采购、国外采购
采购的时间	长期合同采购、短期合同采购
采购的方法	JIT 采购、MRP 采购、供应链采购、电子商务采购

续表

分类标准	内　　容
采购的对象	有形采购、无形采购
采购的实践	招标采购、议价采购、比价采购

1．按采购的主体分类

按采购的主体分类，其结构如图 1.1 所示。

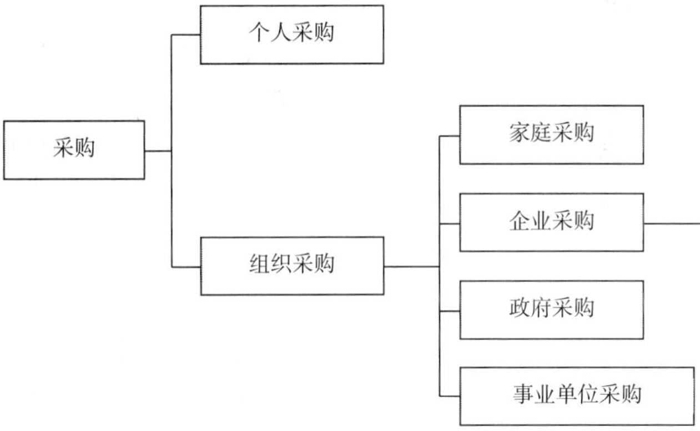

图 1.1　按采购的主体分类的结构

2．按采购的范围分类

（1）国内采购。国内采购主要是指在国内市场采购，并不是指采购的物资都一定是国内生产的，也可以是从国外企业设在国内的代理商采购所需物资，只是以本国货币支付货款，不需以外汇结算。国内采购又分为本地市场采购和外地市场采购两种。通常，采购人员应首先考虑本地市场采购，以节省采购成本和时间，减少运输距离，保障供应的及时性；在本地市场不能满足需要时，再考虑从外地市场采购。

（2）国外采购。国外采购是指国内采购企业直接向国外厂商采购所需物资的一种行为。这种采购方式一般通过直接向国外厂方咨询，或者向国外厂方设在国内的代理商咨询采购事宜，主要采购对象为成套机器设备、生产线等。国外采购的优点主要有质量相对有保证、低价、可以利用汇率变动获利，但也存在一些不足，包括：交易过程复杂，影响交易效率；需要较高的库存，加大了储存费用；催货、纠纷索赔困难，无法满足紧急交货。

国外采购的对象为：国内无法生产的产品，如计算机制造商需要的 CPU，汽车制造商需要的光电控制系统等；无代理商经销的产品；在价格上占据优势的国外产品，如进口汽车、农产品等。

3．按采购的时间分类

（1）长期合同采购。长期合同采购是指采购商和供应商通过合同，稳定双方的交易关系，合同期一般以一年为限。长期采购合同的优势：有利于加强双方的信任和理解，建立稳定的供需关系；有利于降低双方用于价格洽谈的费用；有明确的法律保证，能够维护双方各自的利益。但是，这种方式也存在如下不足：价格调整困难，如市场供求关系变化，采购方要求供应方调整价格有一定难度；合同数量固定，采购数量调整有难度；采购人员形成了对供应商的依赖，缺乏创新意识，如果在合同期内，采购商有了更好的供货渠道，也将影响采购商的选择。

长期合同采购，使供需关系稳定，主要适合采购方需求量大且需求连续不断的情况。例如，企业的主要原材料、燃料、动力；主要设备及配套设备，如空调生产企业需长期采购压缩机，发电厂需签订供煤长期合同等。

（2）短期合同采购。短期合同采购指采购商和供应商通过合同，实现一次交易，以满足生产经营活动的需要。短期采购双方之间关系不稳定，采购产品的数量、品种随时变化，对采购方来讲有较大的灵活性，能够依据变化的市场环境，调整供货量或选择供应商。但是，由于这种关系的不稳定性，也将出现价格洽谈、交易及服务等方面的不足。短期采购适用于如下情况：非经常消耗物品，如机器设备、车辆、计算机等；补缺产品，由于供求关系变化，为弥补长期合同造成的供货中断，以签订短期合同补充；价格波动大的产品采购，因为这种产品的供应商和采购商都不希望签订长期合同，以免利益受损；质量不稳定产品，如农产品、新试制产品等一般也是一次性采购。

4．按采购的方法分类

（1）JIT 采购。JIT（Just in Time）采购也称准时制采购，是一种完全以满足需求为依据的采购方法。它对采购的要求是，要求供应商恰好在用户需要的时候，将合适的品种以合适的数量送到用户需求的地点。它以需求为依据，改造采购过程和采购方式，使它们完全适合需求的品种、时间和数量，做到既灵敏响应需求的变化，又使得库存向零趋近。这是一种比较科学、理想的采购模式。

（2）MRP 采购。物料需求计划（Materials Requirements Planning，MRP）主要应用于生产企业，是生产企业根据主生产计划（Main Production Schedule，MPS）和主产品结构及库存情况，逐步推导出生产主产品所需要的零部件、原材料等的生产计划和采购计划的过程。这个采购计划规定了采购的品种、数量、采购时间和到货时间，计划比较精细、严格。它也是以需求分析为依据、以满足库存为目的的。它的市场响应灵敏度及库存水平都比以前的方法有所进步。

（3）供应链采购。准确地说，这是一种供应链（Supply Chain）机制下的采购模式。在供应链机制下，采购不再由采购者操作，而是由供应商操作。采购者只需要把自己的需求规律信息即库存信息向供应商连续、及时地传递，供应商根据采购商产品的消耗变化情况，不断及时、连续、小批量地补充库存，保证采购商既满足需要又使总库存量最小。供应链采购对信息系统、供应商的操作要求都比较高，也是一种科学、理想的采购模式。

（4）电子商务采购。电子商务（Electronic Commerce，EC）采购就是网上采购，是在电子商务环境下的采购模式。企业间电子商务（B2B）是指在组织间通过电子商务达成交易，电子采购是中心功能，成功的 B2B 有助于企业节约大量成本，并极大地提高生产效率。电子采购在降低成本、提高商业效率方面比在线零售和企业资源计划（Enterprise Resources Planning，ERP）更具潜力，将来会永久地改变传统的商业模式。

相关链接

网络对采购的影响

互联网帮助企业迅速与分布在世界各地的物资供应商进行沟通，提高了企业的运作效率，降低了采购成本。企业的内部网络系统及时发布各种物资库存信息，避免库存积压和断货。

辩证性思考：

（1）当代采购人员应该具备什么样的思维？

（2）电子商务采购有哪些优点，存在哪些问题？

5．按采购的对象分类

（1）有形采购。采购输出的结果是有形的物品，如汽车、计算机、矿石、机床等，这样的采购称为有形采购。有形采购主要是指采购具有实物形态的物品，如原料、辅料、机具及设备、事务用品等。

（2）无形采购。无形采购是相对于有形采购而言的，其采购输出结果是不具有实物形态的技术和服务等，如服务、软件、技术、保险及工程发包等，这样的采购称为无形采购。无形采购主要是咨询服务采购和技术采购，或是采购设备时附带的服务。

6．按采购的实践分类

（1）招标采购。所谓招标采购，是指通过公开招标的方式进行物资和服务采购的一种行为。它是政府及企业采购的基本方式之一。在招标采购中，其最大的特征是公开性，凡是符合资质规定的供应商都有权参加投标。

（2）议价采购。所谓议价采购，是指由买卖双方直接讨价还价实现交易的一种采购行为。议价采购一般不进行公开竞标，仅向固定的供应商直接采购。议价采购分两步进行：第一步，由采购商向供应商分发询价表，邀请供应商报价；第二步，如果供应商报价基本达到预期的价格标准，即可签订采购合同，完成采购活动。议价采购主要适用于需要量大、质量稳定、定期供应的大宗物资的采购。

议价采购的优点：节省采购费用与时间；采购灵活性大，可依据环境变化，对采购规格、数量及价格进行灵活调整；有利于与供应商建立互惠双赢关系，稳定供需关系。缺点：往往价格较高；缺乏公开性，信息不对称；容易形成不公平竞争等。

（3）比价采购。所谓比价采购，是指在买方市场条件下，在选定两家以上供应商的基础上，由供应商公开报价，最后选择报价最低的供应商的一种采购方式。实质上，这是一种供应商有限条件下的招标采购。

比价采购的优点：节省采购的时间和费用；公开性和透明度较高，能够防止采购“黑洞”；采购过程有规范的制度。缺点：在供应商有限的情况下，可能出现“轮流坐庄”或“恶性抢标”的现象，使供应品种、规格出现差异；可能影响生产效率的提高，并增加消耗。

1.3　采购管理的内容和目标

采购管理（Purchasing Management）是为了维护企业利益、实现企业经营目标，对企业的采购活动和过程进行计划、组织、协调和控制的活动。采购管理是企业管理的重要职能，也是企业管理的重要领域之一。

采购管理不但要面向企业全体采购人员，还要面向企业组织的其他人员（进行有关采购的协调配合工作），一般由企业的采购科（部、处）长或企业副总来承担，其使命就是保证整个企业的物资供应。就采购的具体职能来说，一方面，它要实现对整个企业的物资供应；另一方面，它是联系整个资源市场的纽带。

1.3.1 采购管理的内容

采购管理的内容如图 1.2 所示。

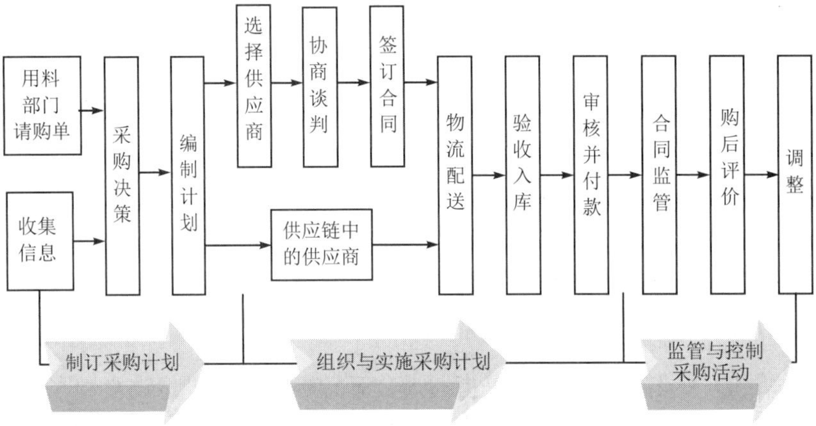

图 1.2 采购管理的内容

1．制订采购计划

（1）接收采购请求。采购部门负责接收正式采购请求（请购单），其内容应包括：

- 所需物料细项说明。
- 必需物料的质量与数量。
- 期望交货日期。
- 采购申请人。

（2）进行采购决策。在请购单审核之后要决策以下几个方面的问题。

- 品种决策：确定采购物品的品种、规格及功能要求。
- 采购量决策：确定计划期内的采购数量。
- 采购方式决策：决定现货采购还是远期合同采购，同种物品选择一家企业采购还是多家企业采购，由各部门分散采购还是由总部集中采购，是否进行网上采购或招标采购。
- 采购批量决策：确定采购的批次和数量。
- 采购时间决策：确定采购周期和进货时间。

（3）编制采购计划。根据采购部门收到的请购单编制采购计划，包括年度采购计划、季度采购计划和月度采购计划。

2．组织与实施采购计划

（1）选择供应商。采购部门必须选择能够供应所需商品的供应商。如果当前供应商不能满足其条件，应立刻寻找符合条件的新供应商。选择供应商时可以参考供应商分级信息，当考虑到某供应商的未来业绩呈上升趋势时，还应更新分级信息。选择供应商的具体方法将在后面详细介绍。

（2）向供应商订货。如果订单涉及的费用很高，尤其在一次性购买设备的情况下，往往要求供应商投标，此时需要生产和设计人员来帮助采购部门与供应商进行协商。数量大、经常使用的细项，可以使用总购货订单的方法。一般情况下，每年只需与供应商协商一次价格，其后一年内的价格都遵照它来执行。中等数量的细项可以采用总购货订单的方法，也可以采用个别订货的方法。少量购买也可由需要某细项的企业需求部门直接与供应商联系。当然，对这种采购一定要有控制措施，否则一旦出现问题，后果不堪设想。

（3）验收入库。收货部门必须检查供应商所供货物的质量与数量，同时通知采购部门、会计部门与需要货物的生产单位。如果货物不符合接收要求，必须将其退回供应商并要求赔偿或替换，或者接受进一步检验。此时，还应及时通知采购、会计与生产等部门。

（4）合同监督。对签订的合同要及时进行分类管理，建立合同台账，定期检查合同执行情况，并将执行过程及时输入数据库，以便对供应商做出评价。采购部门要加强与供应商的联系，督促其按期交货，对出现的质量、数量、到货时间等问题要及时进行交涉。同时，要与企业内部的其他部门密切配合，为顺利执行合同做好准备。

（5）购后评价和调整。对供应商供货情况和合同执行情况进行评价，更新供应商分级评估记录，以便对下一次供货进行调整。

链接 3

下面以某企业采购实施过程为例进行详细说明。

（1）请购。一般物料均由使用单位开出请购单，但是属于存量管制的物料由仓储单位请购。物料管理计算机化时，则依据物料需求计划及存量管制水准，直接由计算机打印请购单，但必须经物料管制单位签核。此外，当工厂进行扩建计划时，所有请购单由扩建专案小组开发，制式用品由管理部门统筹各单位需求集中请购。当开请购单时，工程案必须附施工说明书，包括工程规范及材料明细表、图样等；大宗物料案必须附分期使用数量表。为便于计算机化作业及验收、付款的便捷，以一张请购单填写一项物料为原则，单料号、规格、需要日期、用途等栏位必须写清楚。内、外购应有足够的购、运时间。所有请购单必须依照核签流程，按照请购的内容或金额大小，送呈不同阶层主管审批。由工厂开发的请购单必须先经过仓储科登记编号，以便将来查询。另外，物料科应审查请购单是否依据程序申请及逐栏填写资料。

相关链接

存量管制（Stock Control）是最适当地控制物料、制品、零件、工具及用品的种类与数量，以配合厂内各种生产的需求及降低产品的物料成本。

存量管制的目的：

（1）保证生产不断料。

（2）减少接到订单后的物料购备时间，能达到快速生产的效果。
（3）减少生产系统上的复杂管理。
（4）利于紧急订单的追加。
（5）利于与供应商的协力关系，并易于控制物料品质。
（6）连续式生产或大量订购，可降低采购成本。
（7）物料管理单纯化，控制容易。
（8）减少采购成本及运输成本。
存量管制的作用：
（1）适时供料以维持生产绩效。
（2）适量得料以健全公司财务结构。
（3）适质适价供料以降低生产成本。
存量管制的中心问题：
（1）应维持多少存量。
（2）何时必须补充存量，即决定订购点（Order Point）。
（3）必须补充多少存量，即决定订购量。

（2）采购。采购单位查核请购单是否依据程序经由主管核准。若无问题，经分类登记后，分发采购人员办理。在办理请购单之前，可先经计算机中心查询是否为预算内或资本支出的项目。若非预算内的采购案，则必须退回请购单位申请追加预算；若为资本支出采购案，则必须先送到企划部门追踪，以及送财务部门核准拨用预算。此外，计算机中心可提供历史资料，协助采购人员择定交易对象。

（3）询价或招标。采购人员应列出物料的名称、规格、数量、交货日期等，通知有关供应商报价。若物料规格比较复杂，则必须附规格说明书、图纸及样品等。至于询价的方式，可以通过电话、传真、信函、E-mail 等进行。大宗物料采购及本地制造工程的发包，可以依实际需要按公开招标方式办理。

（4）报价或投标。应视实际情况，规定报价截止日期，并通知供应商按时报价，同时要求供应商在有效期内报价。供应商报价方式分为口头、书面两种。采用书面形式的，投标方应将标书密封，于规定的时间内送交经办人员。

（5）审查。必须先审查报价供应商的资格是否符合规定。若企业已建立合格供应商名录，则审查工作非常简单。但是，如果因采购工作的特殊要求，必须另加一些条件，就需要重新审查。报价的审查在实质上就是分析报价内容是否符合请购需求，并比较各报价供应商之间的优点和缺点，作为订购时的参考。有时，由于报价内容比较复杂，采购人员难以分辨，或者属于外购机件及工程发包等，为避免错误导致严重损失，应将报价单送申请单位予以确认。

（6）开标。金额比较大及以招标方式办理的采购案，通常会将报价单或投标单以密封的方式送交稽核室，于报价或招标截止日期会同采购部门拆封或公开招标。

（7）评标。

- 议价。指参照事先拟定的底价或预算，并考虑各应邀报价厂商的竞争情形，然后议定合理的订购价格。

- 比价。对应邀厂商的报价加以比较，然后择定最低者予以订购。
- 决标。开标后，以不超过底价的最低标为中标。如果标价超过底价，应选择最低标的厂商另行议价或重新招标。

（8）核定。如果议价、比价及决标结果的金额不超过授权金额，则由采购经理核准即可；若金额超过此限，则由采购经理审查后，送请总经理核定。

（9）订购。议价、比价及决标的结果经核定后，由采购部门正式向厂商订购，提交订购单。若金额比较大，交货期比较长，而且确实有实际需要的，则应由采购部门与供应商签订订货合约或制造工程合约。

通常，在选择供应商及决定价格之后，为了保障交易双方的权益，究竟是采用买方的订购单还是用卖方的销售合约，主要取决于下列因素。

- 买卖双方折中的结果。谁在谈判中占优势，就用谁的文件。
- 交易物品的特性。如为卖方的专利品，应以采用卖方的销售合约为宜。但是，对于金额很小的交易，也可以接受买方的订购单。
- 交易的复杂程度。如果交易复杂程度较高，买方的订购单无法包括各种交涉的要件，应以采用卖方的销售合约为宜。

合约应该经过双方签字及盖章，正本各执一份，副本可分送使用单位、财务单位、验收单位等存查。国外承售厂商接到订购单之后，应立即制发正式的报价单，供订购厂商向授权签证银行申请进口许可证。

（10）交货。大宗物料应由供应商自行运送到厂，小批量的采购则可送交仓库，然后再转运到厂。订购后的监督工作不可忽视，以确保卖方能如期交货。尤其是针对交货期比较长、金额比较大的采购事务，必须时常查询进货，甚至需要派人前往考察。有时，不惜以取消订单的方式向供应商施加压力，使其按时或提早交货。

（11）验收。一般物料由物料科负责验收，包括品质与数量。特殊机具及零件，则由使用单位、品管单位负责品质验收，物料科仅负责点收数量。品质如有不符，应当立刻退回。

（12）付款与结案。订立合约的采购，由采购部门依据合约规定，连同验收单与发票，开出支票向财务单位申请付款。其他均按月将物料科送来的验收单汇集在一起，然后按供应商开出的汇票付款，以便结算。

在设计采购流程时，企业规模越大，采购金额越高，管理者对程序的设计越加重视。下面将阐述一般采购作业流程设计应该注意的要点。

（1）注意先后顺序及实效控制。应当注意作业流程的流畅性与一致性，并考虑作业流程所需时限。例如，避免同一主管对同一采购案做多次签核；避免同一采购案，在不同部门有不同的作业方式；避免一个采购案的会签部门过多，影响作业实效。

（2）注意关键点的设置。为了便于控制，使各项正在处理中的采购作业在各阶段均能被追踪管制。例如，国外采购、询价、报价、申请输入许可证、开信用证、装船、报关提货等，均有管制要领或办理时限。

（3）注意划分权责或任务。各项作业手续及查核责任，应有明确权责规定及查核办法。例如，请购、采购、验收、付款等权责应予以区分，并指定主办单位。

（4）避免作业过程发生摩擦、重复与混乱。注意变化性或弹性范围及偶发事件的应对措施。例如，在遇到紧急采购及外部授权时，应有权宜的办法或流程来进行特别处理。

（5）价值与程序相适应。程序繁简或被重视的程度，应与所处理业务或采购项目的重要性或价值的大小相适应。凡涉及数量比较大、价值比较高或者容易发生舞弊的作业，应有比较严密的处理监督；反之，可略微予以放宽，以求提高工作效率。

（6）处理程序应适合现实环境。应当注意程序的及时改进。早期设计的处理程序或流程，经过若干时间段以后，应加以审视，不断改进，以适应组织变更或作业上的实际需要。

（7）配合作业方式的改善。如果手工作业方式改变为计算机作业方式，对流程与表单就需要做相当程度的调整或重新设计。

3．监管与控制采购活动

采购活动是企业很重要的一项工作，采购工作的好坏必然影响企业各项工作的正常进行。因此，必须加强采购工作的监管与控制，降低采购风险。采购监管与控制的内容及方法如下。

（1）采购监管与控制的内容。采购监管与控制是采购管理工作的一项重要内容，其主要目的是保证实现采购工作的目标和完成采购计划。采购监管与控制既是采购主管的重要职责，也是直线管理人员的重要职责，其主要依据是采购计划。因为在采购的运作过程中，实际工作与采购计划往往会出现偏差，而采购监管与控制的职责就是纠正偏差的过程，采取各种措施，把不符合要求的采购活动纳入正常的轨道上来，使企业稳定地实现采购的目标，其目的是实现适时、适质、适量、适价、适地的“5R”采购目标。

从采购监管与控制的内容来看，主要是采购人员的控制、采购流程的控制、采购资金的控制、采购信息的收集和使用及采购绩效的考核。

1）采购人员的控制。采购人员是采购活动的执行者，也是关系到采购活动顺利进行的关键。企业要依靠采购人员顺利地完成采购工作，就要提高采购人员的素质，避免和消除在采购活动中存在的假公济私、行贿受贿、贪污腐败、损害企业利益等行为。一些供应商给采购人员以一定的回扣，以此获取采购订单，而这些产品往往价高或质量低劣，会给企业带来一定的经济损失。

要加强采购人员的素质管理，使采购人员具备较高的道德素质和敬业精神：热爱企业，品性正派，不贪图私利；有较高的业务素质，对物料的特性、生产过程、采购渠道、运输保管、市场交易行情、交易规则有深入的了解；思维敏捷，表达能力强。还要加强采购人员的职业道德教育和业务知识培训，建立奖惩制度，及时对采购人员进行奖惩。

2）采购流程的控制。采购流程的控制包括了整个采购的流程，但这并不意味着整个采购流程事无巨细的各种活动都是控制的直接对象，这需要花费大量的资源，是不可能和不必要的。采购控制应当抓住采购流程中的关键点，以重点控制达到控制全局的目的。企业在采购流程中控制的要点包括以下几个方面：

- 采购计划的制订。
- 采购文件的准备。
- 采购文件的基本内容和要求。
- 采购文件的审批。
- 向合格的供应商提交采购文件。
- 采购合同的审批。

- 采购合同的签订。
- 向供应商提供采购文件。
- 向供应商反馈采购物资的质量状况。
- 在供应商处验证采购产品。
- 对供应商提供的产品进行验证。
- 采购文件的保管。

采购监管与控制应制定并实施对采购质量进行重点控制的工作程序，应当对采购文件的编制、评审和发放实施控制。采购文件主要分为以下几类——ISO 9000 文件、ISO 14000 文件、运作程序、作业指导书、表格、图纸和技术资料，这些采购文件要准确地规定采购产品的要求并有利于供应商的理解。不同企业的采购文件不太一样，但采购合同通常是采供双方之间签订的具有法律效力的协议，是受害方向违约方索赔的重要依据。

采购方应对每个供应商提供合格产品的能力进行适当的评审，并确保向合格的供应商进行采购；还应与供应商就供应产品的质量达成明确的协议，以确保对供应商提供产品的质量控制。

采购方应与供应商就验证方法达成明确的协议，以确保验证方法的合理性和验证结果的统一。应当制定与供应商解决质量争端的规定，以利于及时解决和处理有关质量的事宜。

采购方应当制定适当措施，以确保收到的产品符合规定的质量要求。采购方应当保存与接收有关的产品质量记录，以便证实与追查产生质量问题的原因。

3）采购资金的控制。在一个企业组织中，采购管理者对采购资金的控制是相当重要的，采购预算控制是采购资金控制常用的手段。采购预算是一种以货币和数量表示的采购计划，它实现了采购计划的具体化，为采购资金的控制提供了明确的标准，有利于采购资金控制活动的开展。因此，采购人员必须按照预算使用采购资金，努力使采购计划符合实际，贯彻既保证生产又节约资金的原则，需要什么就采购什么，需要多少就采购多少，对采购的顺序也要做到胸中有数。

对于采购资金的使用，要建立起一套严格的规章制度；对资金的审批、领取、使用，一般要规定具体的权限范围，要有审批制度和书面证据制度。对于货款的支付，要根据对方的信用程度及具体的风险情况进行妥善的处理。比如，一般货款的支付，要等到货物到手并验收合格以后，再付全部货款；对差旅费的领取审批、领取数量等都要有较详细的规定。

4）采购信息的收集和使用。采购控制过程是通过采购信息的传输和反馈得以实现的，控制部分有采购控制信息输入受控部分，受控部分也有反馈信息送到控制部分，从而形成闭合回路。控制正是根据反馈信息来比较、纠正和调整它发出的控制信息，以此实现有效控制。

5）采购绩效的考核。绩效评估可以清楚地显示目前部门及个人的工作表现，从而找到现状与预设目标的差距，也可以奖勤罚懒，提高工作效率，促进组织目标的实现。

对采购绩效的考核可以分为对整个采购部门（团队）的考核及对采购人员（个人）的考核。对采购部门绩效的考核可以由企业高层管理者来进行，也可以由内部客户来进行；对采购人员的考核通常由采购主管来进行。

（2）采购监管与控制的方法。要使采购监管与控制能够顺利地进行，并行之有效，采购监管与控制的方法是至关重要的，具体包括以下方法。

1）建立健全完善的采购规章制度。完善的采购规章制度可以规范采购人员的行为和采购作业流程，从而起到规范采购活动的作用。采购规章制度包括以下内容：

- 采购控制程序。目的是使采购工作有所依循，完成适质、适量的采购职能。内容包括各部门、有关人员的职责，采购程序要点，采购流程图，以及采购的相关文件、相关表格等。
- 采购规范。将所采购的物料规格详细地记录下来，作为采购人员要求供应商遵守的规范，包括商标或商品名称、蓝图或规格表、化学分析或物理特性、材料明细表及制造方法、用途及使用说明、标准规格及样品等。
- 采购管理办法。对企业采购流程的每个步骤的详细说明。
- 采购作业规定。内容包括：采购作业的信息收集，询价采购、比价采购或议价采购，供应商的评估和所取样品，选择供应商，签订采购合同，请购、订购，与供应商的协调沟通及催交，进货验收，整理付款等。
- 采购作业指导。目的是对采购作业进行指导，使采购作业有序地进行。
- 外协加工管理办法。包括外协加工的目的、范围、类别、厂商调查、选定方法及基准、试用、询价、签订合同、申请、外协、质量控制、不良抱怨、付款、模具管理、外协厂商辅导及考核的规定。
- 有关物料与采购管理系统的规定。包括材料分类编号、存量控制、请购作业、采购作业、验收作业、仓储作业、领料发料作业、成品仓储管理、滞料废料处理等有关规定。
- 进料验收管理办法。目的是使物料的验收及入库作业有所依据。
- 采购争端解决的规定。包括解决采购争端的要求、解决采购争端的常见方法等。

上述采购规章制度既是采购工作的基础，又是采购监管与控制的有效方法。

2）实施采购标准化作业。要制定标准化的采购作业流程，制定采购作业手册，明确每个步骤，对如何处理出现的每种情况要做出规定，要求记录每个步骤，这样才能有效地进行监管。

- 明确采购人员的权限范围。既要给予采购人员一定的自主权，以提高其积极性和工作效率，又要予以限制，以防止采购人员滥用权力，增加采购风险，给企业带来经济损失。
- 建立请示汇报制度。如果出现超越权限范围的情况，要及时请示采购主管或者采购副总，特别是在采购活动中的一些关键环节，如签订合同，改变作业程序、指标等。
- 建立资金使用制度。对采购资金的使用要建立严格的规章制度，对资金使用的各环节加以监控。特别是支付货款，要慎重从事，充分考虑供应商的信用情况，从而降低采购风险。
- 建立运输、进货控制制度。在签订采购合同时要明确进货风险与责任，以及理赔的相应办法，对一些贵重货物要办理好保险，以降低采购进货的风险。

3）建立采购评价制度。采购评价包括两个部分：一是对采购人员的评价，二是对采购部门的评价。建立采购评价制度的目的是评定业绩，总结经验，纠正缺点，改进工作，这也是一种监管与控制。

采购人员的自我评价就是一种主观考核技术，可以采用填写自我评价表的方式进行，其内容包括实际完成情况的汇报，实际情况与计划对比的变化及原因，以及实际完成指标的优劣程度评价。这种方法简便易行，但易受考核者主观心理偏差的影响，会削弱考核的公正性。

对采购人员也可以采用客观评价技术，但要强化考核指标的设计。一般可以采用分值评价法，即对人员绩效评价的项目加以指标化，每一指标确定若干个等级和分值，并逐项对被考核者进行评级和评分，然后将各项指标的得分值汇总，其总分就是对人员绩效考核的结果。此方法将定性与定量相结合，有较系统的评价依据，因而比较科学合理，有助于提高考核的效率与质量。

对采购部门的评价可以采用单次审核评估、月末评估和年末评估的方法。单次审核评估就是将采购人员的自我评价表和采购计划进行对比，如果出现偏差就要及时查清原因，进行监管与控制。月末评估就是将一个月内所有的自我评价表进行统计汇总，得出整个采购部门的业绩评价。年末评估是将月末评估进行汇总，得出全年的业绩汇总。

4）及时对采购人员进行奖惩。奖励与惩罚是对采购人员的行为进行监控的重要内容之一。奖惩的意义在于鼓励和肯定积极因素，抵制和否定消极因素，从而使采购队伍保持积极向上、努力工作的精神面貌。

奖惩要有明确的规章制度，要公之于众，并经常对采购人员进行教育。奖惩要公平合理，要建立在采购绩效考核的基础上，以客观事实为依据。要及时进行奖惩，以达到激励或教育的最佳效果。奖励要注意物质奖励和精神奖励相结合，惩罚要以理服人，重在说服教育。

职业技能

一汽大众（FAW-VOLKSWAGEN）是一个特大型汽车生产企业。如何在采购环节中降低成本、实现资源的最佳配置？一汽大众采购部建立了两个体系：汽车配套采购体系和生产服务采购体系。当其他企业采购工作还处于粗放式管理时，它就建立了一套计算机系统，可查询到关于企业采购的全部信息。工作程序是：进厂的所有订单都输入系统，所有的工作层都在系统中完成。每位业务人员都有代号，通过系统就可以查询到其工作状况，每周进行一次跟踪。

采购系统中的客户管理。一汽大众建立生产服务体系，把分散采购变成集中采购，既降低了成本，又方便了客户。指导思想是：尽量集中货源，把所有的办公用品都集中起来，指定一至两家代理，所有商品都集中购买。在汽车配件等相关物品上，与专业厂家合作，由专业人员进行维修，无论是价格、时间、服务质量上都能得到最好的保障。采购体系的建立，使得采购工作变得规范化、系统化和集中化，既降低了成本，也减少了采购人员的数量。

技能练习

通过收集国内其他大型汽车生产企业的采购信息，了解它们是如何在采购环节降低成本、实现资源的最佳配置的。对比典型企业和一汽大众，列出各自的优点和缺点。为了构建一流的采购平台，在战略和战术上如何突破原有的模式？

1.3.2 采购管理的目标

采购就是实现对整个企业的物资供应，具体有以下4个基本目标。

1．适时适量保证供应

适时适量很重要。采购不是货物进得越多、越早越好。进货量不足，当生产需要时，没有货物供应，就会影响生产；但是，进货量过多，会占用大量资金，还会增加仓储和保管费用，使成本上升，造成浪费。进货延迟会造成缺货，但是提前进货增加了存储时间，相当于增加了仓储保管费用，同样增加成本。因此，要求采购适时适量，既保证供应，又使采购成本最小化。

2．保证质量

保证质量，就是要保证采购的货物能够达到企业生产所需要的质量标准，保证企业生产出来的产品质量合格。保证质量也要做到适度：质量太低，不符合生产要求；质量太高，既浪费又会增加购买费用，经济上不合算。因此，物资采购要在保证质量的前提下尽量采购价格低廉的物品。

3．费用最省

费用最省是贯穿采购过程的准绳。在采购的每个环节、每个方面都要发生各种各样的费用，如购买费用、进货费用、检验费用、入库费用、搬运费用、装卸费用、保管费用、银行利息等。因此，在采购的全过程中，要运用各种各样的采购策略，使总采购费用最小。

4．协调供应商，管好供应链

采购要实现和资源市场的纽带作用，就要建立起与资源市场的良好关系，即协调供应商，管好供应链。可以说，资源市场也是企业的生命线。它不但是企业的物料来源，而且是资源市场的信息来源，这些信息对企业来说是至关重要的。

相关链接

采购与供应链管理

采购是企业供应链管理的起点，传统的采购理论注重采购行为本身，考虑如何选择供应商、决定采购的数量、确定合适的价格、签订采购合同及如何谈判，使企业在采购行为中获利。供应链管理则更加强调企业与供应商之间的关系管理，供应链管理是以采购产品为基础，通过规范的定点、定价和订货流程，建立企业产品需求方和供应商之间的业务关系，并逐步优化，最终形成一个优秀的供应商群体，并通过招投标方式实现企业的采购，从而达到降低采购产品价格、提高采购产品质量和提高供应商服务质量的目的。

辩证性思考：
（1）采购是否货比三家就可以呢？
（2）招标采购的优缺点分别是什么？

1.4　采购的流程

链接 4

一个完整的采购过程，大体上有一个共同的模式。以企业采购为例，一个完整的采购大体上都要经历以下过程。

（1）接受采购任务，制定采购单。这是采购工作的任务来源。通常是企业各个部门把任务报到采购部门，采购部门把所要采购的物资汇总，再分配给部门采购人员，同时下采购任务单。也有很多是采购部门根据企业生产销售的情况，自己主动安排各种物资的采购计划，给各个采购人员下采购任务单。

（2）制订采购计划。采购人员在接到采购任务单之后，要制订具体的采购工作计划。首先是进行资源市场调查，包括对商品、价格、供应商的调查分析，选定供应商，确定采购方法、采购日程计划、运输方法及货款支付方法等。

（3）根据既定的计划联系供应商。根据供应商情况，有的要出差去联系，有的则可以通过电话、E-mail、QQ 等方式联系。

（4）与供应商洽谈、成交，最后签订订货合同。这是采购工作的核心步骤。要和供应商反复磋商、讨价还价，讨论价格、质量、送货、服务及风险赔偿等各种限制条件，最后把这些条件以订货合同的形式规定下来。签订订货合同以后，才意味着已经成交。

（5）运输进货及进货控制。订货成交以后，就要履行合同，开始运输进货。运输进货可以由供应商负责，也可以由运输公司办理，或者自己提货。采购人员要监督进货过程，确保按时到货。

（6）到货验收、入库。到货后，采购人员要督促有关人员进行验收和入库，包括数量和质量的检验。

（7）支付货款。货物到达后，必须按合同规定支付货款。

（8）善后处理。一次采购完成以后，要进行采购总结评估，并妥善处理好一些未尽事宜。

但是，不同类型的企业，在采购时又有不同的特点，具体步骤、内容都不相同。例如，生产企业和流通企业就各有不同。

本章小结

采购管理是指为保障企业物资供应而对企业的整个采购过程进行计划、组织、指挥、协调和控制的活动。组织好企业的采购活动，不仅有助于优化企业采购管理，而且可以有效地推动企业各项工作的发展。通过实施科学的采购管理，可以合理地选择采购方式、采购品种、采购批量、采购频率和采购地点，可以以有限的资金保证企业生产经营的需要，在企业降低成本、加速资金周转和提高产品质量等方面发挥重要作用。

采购就是实现对整个企业的物资供应，有 4 个基本目标：一是适时适量保证供应；二是保证质量；三是费用最省；四是协调供应商，管好供应链。

企业采购管理的主要内容有制订采购计划，组织与实施采购计划，监管与控制采购活动。

评估练习题

1．能力测验

完成本章学习之后，请根据对本章知识的理解回答下列问题，并将所得分数记录下来。1 分=完全不理解；3 分=理解一些；5 分=深刻理解。如果所得分数为 42～50 分，则说明可以继续参加接下来的评估测验；如果分数为 33～41 分，则应该再复习得分较少的概念和内容；如果分数为 32 分及以下，则应重新认真学习本章内容，并与老师和同学共同探讨不理解的相关知识（以后各章不再重复说明）。

你是否能够：

☐ 掌握采购管理的基本概念？
☐ 理解采购的含义、特点和重要性？
☐ 说出采购的地位与作用？
☐ 举例说明依据不同的标准对采购进行分类？
☐ 说明议价采购的操作程序及优缺点？
☐ 理解比价采购的概念及优缺点？
☐ 说明采购管理的内容？
☐ 说明采购管理的目标？
☐ 理解采购与供应链管理的关系？
☐ 简述采购的基本流程？

练习题参考答案

2．关键术语回顾（在括号内填上相应的术语）

________是指为保障企业物资供应而对企业的整个采购过程进行计划、组织、指挥、协调和控制的活动。

________是指由买卖双方直接讨价还价实现交易的一种采购行为。

________是指在买方市场条件下，在选定两家以上供应商的基础上，由供应商公开报价，最后选择报价最低的供应商的一种采购方式。

3．关键概念回顾

◆ **单项选择题**

（1）采购管理是企业战略管理的重要组成部分，一般由企业中的________担任。

A．基层管理人员　　B．中层管理人员
C．高层管理人员　　D．中高层管理人员

（2）如果某公司正在购买一项服务或一个软件，它属于按采购对象分类中的________。

A. 有形采购　　B. 无形采购

C. 招标采购　　D. 议价采购

（3）________主要应用于生产企业，是生产企业根据主生产计划、主产品结构及库存情况，逐步推导出生产主产品所需要的零部件、原材料等的生产计划和采购计划的过程。

A. JIT 采购　　B. MRP 采购

C. 电子商务采购　　D. 供应链采购

（4）采购决策中的________决定是现货采购还是远期合同采购、由各部门分散采购还是由总部集中采购、是否进行网上采购或招标采购。

A. 采购时间决策　　B. 采购量决策

C. 采购方式决策　　D. 采购批量决策

（5）正确的采购流程为________。

A. 接受任务→制订计划→联系供应商→签合同→进货→验收入库→付款→善后处理

B. 接受任务→制订计划→联系供应商→签合同→付款→进货→验收入库→善后处理

C. 制订计划→接受任务→联系供应商→签合同→进货→验收入库→付款→善后处理

D. 制订计划→接受任务→联系供应商→签合同→付款→进货→验收入库→善后处理

◆ **多项选择题**

（6）按照采购的范围划分，采购可分为________。

A. 国内采购　　B. 国外采购

C. 个人采购　　D. 组织采购

E. 电子采购

（7）采购监管与控制的内容包括________。

A. 采购人员　　B. 采购流程

C. 采购资金　　D. 采购信息

E. 采购绩效

（8）采购监管与控制的方法包括________。

A. 采购规章制度　　B. 采购标准化作业制度

C. 采购评价制度　　D. 采购人员奖惩制度

E. 采购请示汇报制度

（9）采购管理的基本目标包括________。

A. 适时适量保证供应　　B. 保证质量

C. 采购人员最少　　D. 费用最省

E. 协调供应商，管好供应链

（10）采购管理的内容之一包括________。

A. 接收采购请求　　B. 进行采购决策

C. 编制采购计划　　　　D. 选择供应商

E. 向供应商订货

◆ **判断题**

（11）采购管理是一项具体的业务活动，一般由采购员承担具体的采购任务。（　　）

（12）采购是商流过程和物流过程的统一。（　　）

（13）国内采购主要是指在国内市场采购，并指采购的物资一定是国内生产的。（　　）

（14）长期合同采购的合同期一般以五年为限。（　　）

（15）国外采购的对象为国内无法生产的产品、无代理商经销的产品、在价格上占优势的国外产品。（　　）

4．情景问题

5．案例分析

第2章

采购计划及预算管理

学习目标

知识目标：

（1）采购调查的概念和调查项目。

（2）采购调查的组织和调查方法。

（3）产品调查的内容。

（4）了解供应商管理的重要性及内容。

（5）采购数量的计算方法。

（6）采购决策的特点及作用。

（7）采购决策的程序。

（8）采购计划的制订。

（9）采购预算的概念。

能力目标：

（1）掌握请购单及订单信息管理。

（2）学会采购部门的信息流处理。

（3）掌握采购计划的编制方法。

（4）掌握采购预算的编制原则。

（5）掌握采购预算的编制方法及流程。

学习重点与难点

（1）采购决策的程序。

（2）采购计划的编制。

（3）供应商调查的内容。

（4）采购数量的确定。

引导案例

公开采购预算，降低电梯废标率

在电梯招标项目中，由于采购预算过低，导致项目废标现象频繁，专家对此表示：“投标供应商报价均超出预算，项目作为废标处理。”近日，被众多知名电梯品牌看好的一个2 000多万元的电梯采购项目因预算过低导致废标。

中国建设机械总公司某高级工程师在接受《政府采购信息报》采访时表示：“由于预算不合理导致电梯项目废标的现象较多，如何合理制定采购预算值得思考和探索。”

1．准确把握技术需求

预算太低，就可能导致投标供应商不足三家，从而大大增加电梯采购项目废标率。预算过高，就会给投标供应商带来巨大利润空间，达不到节约资金的目的。因此，如何合理制定电梯采购预算，成为衡量电梯采购项目能否成功的关键。

安徽省特种设备检测院某高级工程师认为：“要想提高电梯采购预算精准度，采购单位必须先明确采购电梯的档次，根据使用场所来决定技术规格。电梯属于非标产品，技术较复杂，采购单位制定预算时，必须严格考虑各项技术参数，不能仅靠对某品牌的价格印象来制定预算。”

目前市场上习惯于将电梯按高、中、低分档，高档电梯是技术先进的系统设计型产品，除具有系统设计型电梯的全部特征外，还应全面采用先进技术，具有先进的功能配置，且制造精良。

在现实中，一些采购预算单位对电梯系统的技术性能并不十分了解，对某一品牌的偏好替代了对产品主要结构部件、系统运行、使用成本的综合评估，往往会用品牌来判断产品性能，做预算时，就会把某个品牌作为参考依据。但同一品牌的电梯可以有不同的档次，而同一个工厂还可以同时生产多个品牌的电梯，因此品牌与电梯的档次并无直接的联系。

2．专家论证环节不可缺

专家分析，普通一部电梯20多万元，如果预算不合理，与实际价格相差几万元甚至十几万元不是什么怪事。最近在某酒店电梯采购中，采购内容为6部垂直电梯，预算资金达700万元，而最后中标价格不到300万元，预算价与中标价格相差甚远。

安徽省特种设备检测院某高级工程师对此表示：“要提高预算精准度，让预算更加合理，必须让专家参与论证。要尽可能有效地使用资金，使采购项目得以顺利进行，采购单位应从多方面对专家进行咨询，包括预算、招标文件审核、采购结果等。”据了解，目前专家参与论证，只是单纯地对产品技术方面的论证，缺少对预算方面的把关。特别是电梯采购，采购单位不仅考虑产品本身质量，还要考虑安装及后续维保服务质量。另外，房屋结构、工程难度等也应考虑在预算范围之内。

由于各地廉租房、经济适用房建设力度加大，一些县级城市电梯采购大单较多。但由于很多电梯厂家网点分布还不够广，都是厂家派专人去各地参与投标，这样就会产生一些差旅费用，这些费用也应考虑在采购预算中。

3．预算应公开

采购预算不公开，投标供应商心里没底，废标可能性也会随之加大。中国建设机械总公司某高级工程师表示：“电梯采购还应该公开预算，预算不公开，只有采购单位知道预算，如果采购人对某品牌有倾向性，很可能把标底透露给某供应商。”

义乌市政府采购中心电梯项目负责人表示：“不公开预算，供应商在不知道标底的情况下参与投标，就很难保证供应商投标报价在预算内。如果公开预算，且预算价格与市场平均价格比较接近是比较理想的状态，这样能够保证有更多的供应商参与。”

业内专家分析，在不公开预算的情况下，即使预算过低，供应商也无法知道，只有等待开标结果出来后才能揭晓，但结果往往是废标。

相反，如果预算能够公开，在预算过低的情况下，供应商可以及时与采购单位沟通，采购单位根据供应商反馈情况咨询专家，必要时可以做出调整，就可以有效地避免因预算过低导致废标现象。

（资料来源：http://www.jianshe99.com/new/151_153_/2010_6_24_su83493845401426010216 32.shtml）

辩证性思考：

（1）怎样编制精确的采购预算？

（2）采购预算公开的重要意义是什么？

2.1　采购调查及订单信息管理

2.1.1　采购调查分析

采购调查是为更好地制定采购决策而进行的系统的数据收集、分类和分析。图 2.1 给出了采购调查中的数据（信息），有效的采购决策需要这些数据。

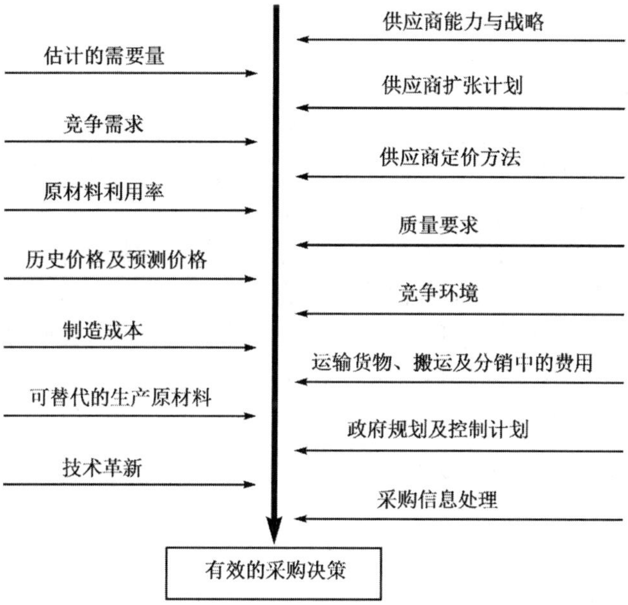

图 2.1　采购调查中的数据（信息）

在采购调查中主要包括以下调查项目：所购材料、产品及服务（价值分析），商品，供应商，采购系统。

1．采购调查的组织

一个公司可以按以下三种方法之一组织实施采购调查：

- 指定专职工作人员负责此工作。
- 组织正式的采购及管理人员兼职进行采购调查。
- 让对调查过程具有广泛知识的跨职能信息团队进行调查。

就如同具有相似功能的市场调查一样，有令人信服的理由安排专职工作人员进行采购调查，可以满足采购调查对于时间和技术的要求。这些职位通常称为采购调查员、采购分析员、价值分析员或商品专家。

（1）组织采购调查人员必须是具备特殊技能的敬业的员工。细致地收集和分析数据要耗费大量时间，在许多采购部门中，买方忙于为眼前问题寻找可行的解决方法而无法分身。采购调查的许多方面都要求掌握深入的调查技术（如经济研究、业务流程分析）。这些技能并非普通的买方所具备的，因为在挑选采购部门员工时，调查技术不在选择标准之内。

（2）采购调查最终应做出采购调查决策。采购调查的结果直接关系到采购决策的有效性，应根据调查项目、调查内容、调查对时间和技术的要求、参与调查的人员等做出采购调查决策。

2. 跨职能团队

既然买方对所采购的物品和服务最为熟悉，那么采购调查就可由买方负责。要进行各种不同的项目就使形成跨职能团队成为可能。这从某种程度上讲是综合了两种意见：只用一个全职的采购专家和将调查任务分派到买方个人。这种团队有多种叫法，如供应源团队、商品管理团队或价值分析团队。

团队工作方法的困难在于当涉及许多独立个体时，很难明确责任。但是，团队也可以令人满意地工作，假定：

- 团队工作人员是精心挑选的，以确保每个人都可以有所贡献。
- 团队有能力很强的领导（从职能观点来讲，可能是来自供应部门的某人）。
- 具体的目标及对效果的预测被系统地阐述且传递给每个团队成员。
- 每个成员的正常工作被重新安排以使其有完成任务所需的时间和精力。
- 绩效评价和激励系统可以培养团队成员的参与及整体合作精神。
- 如果上述五个条件中的任何一个没有实现，那么就一定不会取得最佳的效果。

> **关键词**
>
> 跨职能团队　跨职能团队，团队的一种，成员来自组织的不同职能领域，需要一起完成组织共同商定的具体目标。

3. 明确调查项目

因为主要的采购决策所需的各种类型的数据较多，而且要采购许多不同的货物，可能的采购调查项目几乎是无限的。即使公司有专职的采购分析人员，它所拥有的资料也是有限的，因此必须使用一些优先考虑的采购调查项目决策方法。

下面是被一些公司用来决定其调查方向的一系列标准。系列标准不分先后顺序（尽管最常使用的是“效益至上”标准）。

（1）产品或服务价格（现在的或预期的）。

（2）产品效益赤字（亏本的产品）。

（3）价格成本特征。价格很少有变化，经常性或季节性的价格波动，产成品的成本不具竞争力，原材料成本上升幅度高于产品销售价格。

（4）适用性。数量有限的供应商，新的供应商增加了有效供应，利用国际资源、自制、外购的可能性。

（5）质量。存在质量或规格问题。

4．所购材料、产品或服务的价值分析

在此领域内的调查主题主要与采购的具体产品有关。这些价值分析最初是由通用电气采购部门的劳伦斯·D.迈尔斯创造的。这种技术在美国工业界被广泛接受，并且已被日本引进，成为日本成本-效率生产系统的基石。尽管价值分析最初被看作一种采购工具，但现在它被应用于任何耗费金钱却因改进而受益的活动。它将所购货物所体现的功能与其成本相比较，力求找到成本更低的替代品。价值分析的第一步是选择一种零件、原材料或服务进行分析，然后确定货物或服务的功能。例如，选择一个装饮料的易拉罐作为分析对象，它的功能可以定义为“装液体”。这种方法鼓励创造性思维并且使团队免于陷入现有的结论，即将易拉罐作为唯一结论。价值分析是一种系统性方法，它将成为供应管理过程中不可缺少的部分。

许多独立产品的制造商，像民用电子产品和汽车公司，都进行价值分析。举例来说，福特公司多年来一直在进行价值分析，并在密歇根州建成了自己的价值分析中心。该中心采用跨职能团队，实行三日工作车间制，其组成人员有福特的设计和排气装置工程师、一位装配流程专家、厂内安装工程师、供应工程师、一位福特车买主、一位福特的成本评估员。福特价值分析中心的主管对该过程的描述如下：“先提出问题，从竞争者的角度分析，分成几组人进行，再由一名专业人士带领 10 个人以头脑风暴的方式讨论如何降低成本。我们用的价值公式是 VF/*C*，即价值功能/成本。”目标就是要么使成本不变，增强功能；要么使功能不变，降低成本。

由于采购决策通常是在很大的时间压力下做出的，并且技术及生产方法改变得相当快，因此在很多情况下，高价格的货物因为必需而被采购。遗憾的是，这种分析方法由于时间压力通常无法应用。此外，在产品面市一段时间之后，需求、新技术的选择或供应商就会变得更加确定，并且关键材料或零件的价格也可能发生改变。因此，在原始设计后进行详细的价值分析可以为价值改进提供巨大的机会，是削减采购成本的一种有效方法。

人们可以根据调查收集需采购货物各方面的详细信息，然后在替代品之间做出明智的选择，从而更有效地利用采购资金。调查的内容包括如下几个方面：

（1）投资回收分析。处理方法（包括回收）、渠道及技术以确定什么可以为公司创造最大利润。

（2）租借或采购。收集每种替代品的优、缺点数据以制定最佳决策。

（3）自制或外购及继续自制或外购。比较每一方案的经济及管理效果，以便做出明智的选择。

（4）包装方式。调查工序及原材料以确定能以最低成本满足要求的方法。

（5）产品规格。对现有规格进行分析以确保满足需要的功能，避免采购具有不必要的属性或不必要的高性能的商品，能保证有竞争力的采购行为。

（6）标准化。考察所使用的具体产品的用途，考虑用一种通用货物来满足众多要求的可能性。

（7）替代品。使用不同的货物替代现在所采购的货物，对其技术及经济效果进行分析。

（8）更换供应商。考虑专业供应商能够增加的效益。

价值分析的标准方法包括上述的大多数主题，它可为采购货物通常所产生的一系列问题提供详细的答案。

5. 目标成本核算

目标成本核算就是通过向供应商提出对商品或服务的预算价格来达到降低成本的方法。目标价格是给新的或现存的产品或服务设定的。有效的目标成本核算要求做出详细的成本亏损点和价值分析，以此来判断在符合目标成本的同时，是否能达到产品或服务的功能。和供应商一起采用目标成本核算的公司及双方代表常用到跨职能团队。团队成员由以下人员组成：工程师、采购人员、成本分析家。

6. 商品调查

商品调查研究有助于对一个主要的采购商品未来长期及短期的采购环境做出预测。这些信息构成了制定正确决策及现有的采购管理的基础，并且可以为最高管理部门提供有关这些货物未来供应与价格的信息。

通常，这种调查的焦点集中在那些大宗采购的代表性货物上，同时它也运用于那些被认为供应严重短缺的小笔采购货物中主要的原材料，如钢、铜或锌，通常成为被调查的对象。另外，一些产成品，如发动机或半导体设备，也可能成为调查对象。考虑到困难与技巧，这个领域可能是最复杂的。较复杂的商品调查应包括以下几个主要方面的分析：公司作为采购方现在及未来的状况，生产工艺的替代性，该货物的用途，需求，供应，价格，削减成本和（或）确保供应的战略。

下面提供了一套商品调查的指导方针。完整的商品调查应为下面的每个问题提供数据与答案（调查不应该只限于这些商品，考虑到要依赖某些特殊的商品，增加一些货物可能很有必要，并且所列出的一些货物可能并不是很重要）。

（1）现在及未来的状况。包括对商品的描述、它现有的用途及对未来需求的预测、供应商、价格、期限、年费用、交通运输方式及现有合同。

（2）生产工艺。包括该货物是如何制造的，材料是如何使用的，这些材料的供应及价格情况，所需的劳动力，现在及将来的劳动力状况，替代品的生产工艺及制造此产品的可能性（成本、时间因素及难点）。

（3）货物的用途。包括主要用途、次要用途、可能的替代品及替代品的经济性。

（4）需求。包括公司现在及未来的需求，库存状况，未来信息的来源及提前期，行业、产成品用途，各公司当前及预计的竞争需求。

（5）供应。包括现有的生产商的地点、可靠性、质量、劳动力情况；生产能力、分销渠道及每个供应商的长处与弱点；现有的及预测的总体供应情况；外部的因素，如进口情况、政府规定、技术更新的预测、政治及生态的趋势等问题。

（6）价格。包括生产行业的经济结构、历史价格和未来预测、价格决定因素、生产及运输成本、关税和进口限制、质量影响和价格的商业周期变化、估计每个供应商的利润空间、供应商的价格目标、潜在的最低价、同行中的价格变动。

（7）削减成本的战略。要考虑到预测的供应量、用途、价格、效益、供应商的强项与弱势、自身在市场上的位置、降低成本的计划、自制商品、短期合同或长期合同、寻找或开发供应商、发现替代品、进口、套期保值、价值工程及价值分析。

（8）附录。包括总的信息，如规格、质量要求、运费及运输成本、库存及管理、原材料的保存；其他统计数字，如价格、生产情况或采购趋势。

一些公司做了非常复杂的商品调查，制订出一份相当有战略眼光的采购计划，一般是制订 5 ~ 10 年的计划；有些公司则制订长达 15 年的预测计划，而且每年更新。如果一个公司制订了 15 年的战略性市场计划，它可以附带一份战略性的供应预测计划。因为就长期而言，获得关键原材料的充足供应可能是公司成功地实现其市场目标的决定性因素。公司需要对价格趋势做出实际预测，以便制订调整原材料供应的战略计划。同样，许多货物的供应保障是有问题的，因为美国公司对国外原材料供应有依赖性，然而由于国际政治或储备耗尽等原因，其稳定性没有保证。

7. 供应商调查

前面探讨的调查部分主要指所购商品、价值分析和商品研究。这里强调的重点是采购的源头。简而言之，前述部分是“什么”，这里的重点是“来自谁”。显然，采购人员了解的有关现有的、潜在的供应商及其经营方法，以及市场位置的知识越多，他选择及创造足够的、合适的供应源的能力，以及准备并成功地与供应商进行谈判的能力就越强。减少或合理化供应基地及实行电子采购将许多公司的供应主管解放出来，让他们把精力重点放在关键的供应商身上，包括：

（1）供应商财务能力分析。调查现有的及潜在的供应商的财务状况，以便估计供应商陷入财务困难的风险及对采购公司的影响。虽然这类分析通常由公司的财务部门做出，但考虑到风险和潜在的损失，在一些情况下，它应该应用于采购行为及采购调查，以确保必要的、全面的准确性。例如，计算机软件及设备采购人员突然发现，其重要的供应商在计算机行业“已经破产了”。如果有适当的分析，则可以预料到这种情况。

（2）供应商生产设施分析。

（3）供应源生产能力分析。采购人员应充分了解供应商的生产能力。

（4）供应商成本分析。了解供应商成本在谈判中会起到重要作用，还有利于有效地控制整个供应链的成本。由此可以得知价格是否公道及所采用的流程是否达到最佳效率。供应商成本的评估包括产品评估和服务评估两项，应包括直接原材料、直接劳动、工程实施、机械设备、工厂设施的间接成本、总开支、行政管理费用、物流成本、分销成本和利润。这些数据可以作为筹备谈判时设定目标价格的依据。

也许因为能够立竿见影地节省大量开支，对供应商成本分析的研究现在已经很普遍。要取得最佳业绩，还需要公司内采购人员和生产工程人员的通力合作。许多公司基于一些影响成本的因素，如原材料的价格、直接劳动生产率，建立计算机模型对要采购的重要产品和服务评估成本，这样就能很快地做出成本分析。在有些行业中，如汽车行业，生产设备和产品的改进导致订货提前期很长，因此在确定最终价格前，就要将这部分成本计入其中，可见供应商成本分析在寻求商品、原材料时能起到重要作用。

（5）与单一供应商建立战略联盟。分析供应商的管理现状及能力可以预测所有可能发生的事情，从而为完成合同谈判打下基础。采购人员可以利用采购数量的优势获得巨大的好处，但由于单一供应商及运输系统问题而发生的供应障碍所引起的潜在成本是很大的。通过在一定程度上将两者的未来以鼓励合作、信任和双赢的行为方式联系起来，与单一供应商发展更密切的关系可以减少某些风险。通过与单一供应商建立一种伙伴关系或战略联盟，两方都可以将焦点集中于解决共同的问题、改进生产工艺及提高效益。

（6）与供应商统一质量标准。

（7）供应商态度调查。

（8）供应商绩效评价。

（9）供应商销售战略。

（10）双边贸易。

> **关键词**
>
> 双边贸易　所谓“双边贸易”是指两个国家或地区之间的贸易，货物、技术或服务贸易是三种形式的贸易，多于两个贸易者的称为多边贸易。
>
> 供应商管理　供应商管理是对供应商的调查、选择、开发、使用和控制等综合性的管理工作的总称。

8. 采购程序

要想充分利用手头的采购资金，很重要的是了解所要采购的货品及其供应商的情况，然而这样并不足以保证采购程序能高效率地完成。还有一点很重要，即如何去进行采购。高效的管理方式不仅能降低部门运行费用，而且可以促进在采购和寻求货源时做出正确的决策。有关采购流程的课题可用于改善采购流程的管理，精简过程，提高速度和成本效率，应用网络途径提高自动化程度。通常研究的课题包括供应商选择和寻求货源、采购订单系统、采购商评估、应付账款、内部评估、早期供应商的加入和选择、库存控制和电子商务。

2.1.2　用料部门请购单及信息处理

1. 用料部门请购单

任何采购都产生于企业中某个部门的确切需求。负责具体业务活动的人应该清楚地知道本部门独特的需求：需要什么，需要多少，何时需要。这样，库存部门会收到这个部门发出的物料需求单。有时，这类需求也可以通过调剂其他部门的富余物料来得到满足。当然，或迟或早，公司必然要进行新的物料采购。有些采购申请来自生产或使用部门。对于各种办公设备的采购要求由办公室的负责人或公司主管提出。还有些采购申请来自销售或广告部门，或由实验室提出。通常，不同的部门会使用不同的采购单；或者给不同的部门编上各不相同的数字代码。图 2.2 是典型的请购单式样。

请购单

申请部门＿＿＿＿＿＿编号

预算额＿＿＿＿＿＿日期

需要数量	单　位	描　述

需求日期

遇有问题时通知

特殊发送说明

＿＿＿＿＿＿＿＿

申请方

说明：一式两份，原件送采购部门，申请者保留文件副本。

图 2.2　典型的请购单式样

供应部门还应协助使用部门预测物料需求。供应经理不仅要求需求部门在填写请购单时尽可能地采用标准化格式及尽量少发特殊订单，而且应督促需求部门尽早地预测需求，以避免出现过多的紧急订单。由于了解价格趋势和总体市场情况，有时为了避免供应中断或价格上涨，供应部门必然会发出一些期货订单。这意味着对于任何标准化的采购项目，供应部门都要将正常供货的提前期或其他的重要变化通知使用部门。采购部门和供应商（通常作为新产品开发团队中的一员）的早期参与可以避免或削减成本，加速产品推向市场的速度，并能带来更大的竞争优势。许多企业正通过跨职能团队的形式，尽早地将不同的职能部门和供应商纳入采购流程之中。对企业效益的影响而言，在发现需求的阶段中收效可能性更大（产品概念和设计阶段），所以在这一阶段把握住机会，采购经理和供应商发挥的作用会比后续的采购阶段大得多。

链接 1

2．信息处理

（1）企业内部流向采购部门的信息流。公司内部每个职能部门的活动或者生产的信息都流向采购部门。图 2.3 显示了流向采购部门的企业内部信息流。流向采购部门的信息可以归为两大类：可以从公司内部得到的物料或服务的需求申请；确定物料是在采购部门内可以得到的或是可以从公司外部得到的。

对图 2.3 所示的信息流的简要描述如下：

1）计划。这一职能提供给采购部门的信息，对采购部门了解公司未来对设备、物料和服务的长期需求极为重要。适宜的计划对于未来建设需要而目前紧张的或日益减少的原材料，以及部件供应方面进行的准备而言，具有特殊的意义。

2）销售预测。对于采购部门的规划战略而言，良好的销售预测是最有用的工具之一。当井井有条的计划带来有序的采购和需求规划时，企业的业务运作最有效率。当采购部门得到可能需要的物料项目和数量的足够早的提前通知时，它就可以处于一种有利的地位，以便在市场状况和公司需求之间取得最优的平衡。

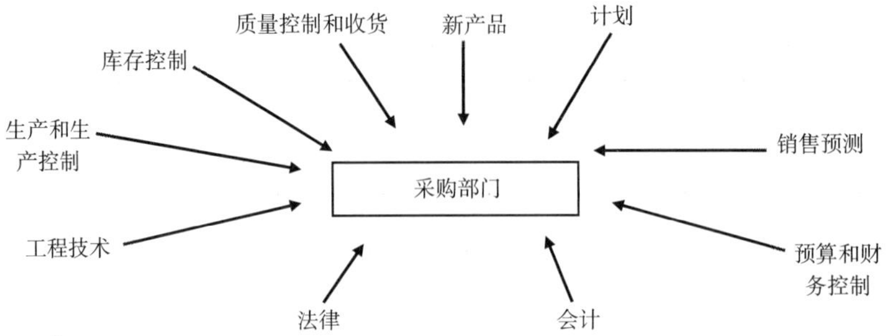

图 2.3　流向采购部门的企业内部信息流

3）预算和财务控制。把预算部门提供的信息与计划部门和销售预测部门提供的信息综合起来考虑很有帮助，而且这方面的信息可以使采购部门注意到公司财务控制职能方面的限制因素。这类限制不仅对采购系统的运营费用产生影响，而且影响采购部门采取按需采购以外的其他库存政策的可能性。

4）会计。会计部门提供的信息包括供应商进行的货款支付、自制或外购决策的成本研究，以及实际开支与预算的对比。

5）法律。由于采购职能是获得授权的、使公司承担与物料或服务方面的采购合同相关的法律责任的主要活动，法律部门的责任就是提供与合同和采购程序相关的信息。

6）工程技术。工程技术部门的主要责任是提供有关物料需求类型和具体需求数量方面的信息。采购部门获得被承认的对于具体规格和要求提出质疑的权利可以大大提高企业的效率。

7）生产和生产控制。生产部门提供的信息通常是关于物料质量要求方面的；生产控制和计划部门提供的信息则是关于在一个生产周期所涵盖的时段内物料需求的项目和数量。对这些信息进行妥善整理后，可以为采购部门提供有用的规划采购和供应业务方面的帮助。

8）库存控制。这一职能提供的信息主要是关于在给定的时间内需要采购或订购的物品名称。经济订货批量的使用要由在给定的时期内控制库存投资的库存政策决定，而库存政策受到公司财务资源、未来的计划、目前的市场状况和物料采购间隔期等因素的影响。

9）质量控制和收货。这两个职能部门提供的信息内容是供应商是否按质量和数量要求供应物料。这类信息对于采购职能有计划地开展业务是很关键的。

10）新产品。新产品开发极大地提高了公司成功的可能性。不过，为了使采购部门在这一过程中能充分发挥作用，有关新产品开发的信息必须在项目开始时就送达采购部门。

相关链接

经济批量采购法是在保证生产正常进行的前提下，按照库存总费用最小的原则确定出的订货批量的方法。这一方法的使用应满足以下一些假设条件：

- 商品需求是固定的，且在整个时期内保持一致。
- 提前期是固定的。
- 单位商品的价格是固定的。

- 所有的相关成本都是固定的，包括单位储存成本和每次订购成本等。
- 所有的商品需求都能满足，且不允许延期交货。

（2）企业外部流向采购部门的信息流。高效运转的采购部门是公司与外界的一个主要联系点，因而也就是从外界获得信息的地方。它所获得的许多信息对于公司的经营是很关键的。图 2.4 表明了这些信息的类型。下面是对公司外部信息的主要类型的简要解释。

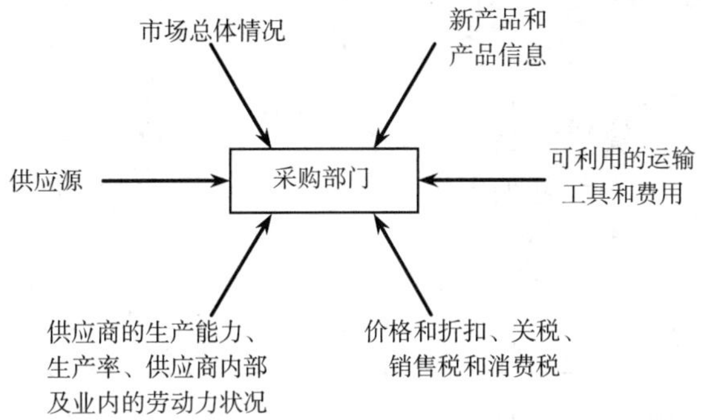

图 2.4　流向采购部门的外部信息流

1）市场总体情况。有能力的采购主管和采购人员都是了解市场和商业总体情况的专家。供应商的销售人员、采购行业出版物、国家采购管理协会的各种出版物和提供的服务，以及当地的采购协会召开的会议和主办的出版物，都提供了有关价格、供求因素及竞争者行动等方面的稳定的信息流。

2）供应源。供应商的销售员、各种各样的广告媒体、特别的营业推广、贸易展和贸易会议中的展示，以及供应商的信用和财务报告中提供的针对其客户和潜在客户的信息。

3）供应商的生产能力、生产率、供应商内部及业内的劳动力状况。这些方面的信息流对于确定库存政策和确保供应与生产的连续性具有重要意义。

4）价格和折扣、关税、销售税和消费税。任何有关价格方面的信息对于采购部门的有效运作都具有重要意义。许多有关价格的信息是从供应商或潜在供应商的销售代表那里直接得到的。咨询顾问提供的有关经济发展趋势的建议在预测价格趋势（特别是商品价格的趋势）时特别有用。关税和其他税收常常会有变化，这就需要对其进行持续的跟踪。

5）可利用的运输工具和费用。近年来，运输服务的类型、可利用性和费率对物料的价格产生越来越重要的影响。当然，涉及运输的问题是否应该由运输部门直接负责并不重要，关键是对物料成本起显著作用的因素的信息如何被采购部门使用。

6）新产品和产品信息。大力强调创造新产品和服务给采购部门也施加了很大的压力。由于各种新、旧产品信息在提高效率、降低成本和公司开发新产品时可能有价值，所以为了使公司内相关部门对其保持警觉，就要求采购部门对从外部收集到的产品和服务信息进行处理。

> **相关链接**
>
> **采购决策程序中收集信息**
>
> 货源信息来源（主要是供应商）：
>
> （1）国内外采购指南。
>
> （2）国内外产品发布会和展销会，如广交会。
>
> （3）国内外行业协会会员名录、产业公报。
>
> （4）国内外企业协会。
>
> （5）国内外各种厂商联谊会或同业工会。
>
> （6）国内外政府相关统计调查报告或刊物，如工厂统计资料、产业或相关研究报告等。
>
> （7）其他各类出版物的厂商记录。
>
> （8）各种社会媒体。

（3）从采购部门流出的内部信息流。在企业内部，几乎所有的职能部门在某种程度上都与采购部门发出的或可以从采购部门得到的信息有关。图 2.5 列出了从采购部门发出的内部信息流。

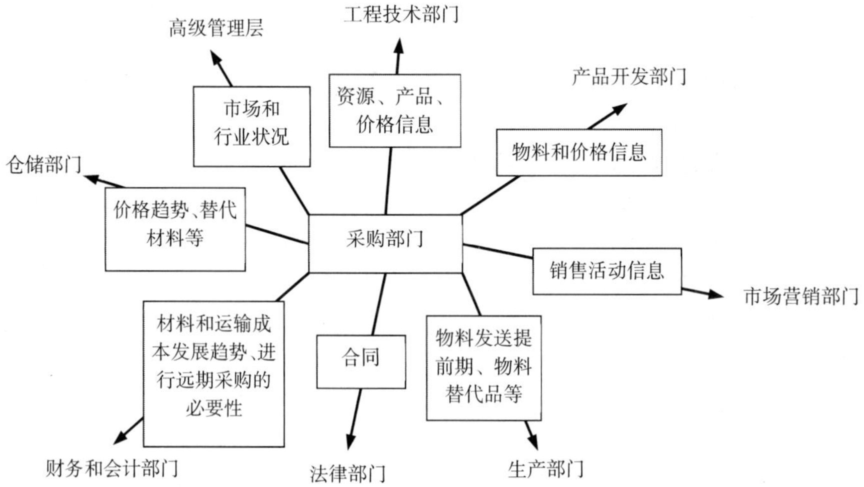

图 2.5　从采购部门发出的内部信息流

1）高级管理层。采购部门的员工每天都与市场进行广泛的接触，如果他们有一定的教育背景、能力和经验，那么他们在收集有关市场和行业状况的最新信息方面就具有得天独厚的条件。这些数据经过相关分析和挑选后，可以为高层管理人员经营公司提供有价值的信息。

2）工程技术部门。工程技术部门需要许多来自市场的信息。尽管在许多情况下，工程师可以与供应商直接接触，以了解产品和价格信息或发订单，但这应视为例外。与专长是工程技术的工程师相比，能胜任工作的采购专家或跨职能团队通过寻找更好的供应商和进行更有效的谈判，在采购方面会做得更有成效。

3）产品开发部门。无论产品开发部门隶属于工程技术部门还是市场营销部门，它都可以从采购部门与市场进行接触时获得的新的物料信息和价格信息中受益。如果采购部门意识到有责任向新产品开发部门提供尽可能多的信息，它们就可以做好这项工作。

4）市场营销部门。采购部门是许多产业中的不同供应商销售和营业推广计划的对象。感觉敏锐的采购部门的员工常常可以提供关于新的销售活动信息，而这对本公司市场营销部门可能有帮助。

5）生产部门。生产部门依赖采购部门提供的有关物料、物料是否可购得、物料发运提前期、物料替代品、生产设备供应商等方面的信息。采购部门提供的有关新的维护、修理和辅助物料方面的信息对生产部门也有帮助。

6）法律部门。采购部门提供给法律部门的是在使用总括合同、无库存采购计划、长期协议和电子数据交换（Electronic Data Interchange，EDI）系统进行各种物料的采购时，签订采购合同所必需的信息。

7）财务和会计部门。采购部门提供给财务和会计部门的信息是其进行公司发展和管理预算及确定现金需要量的基础。采购部门提供的有助于财务部门进行计划工作的信息还包括物料和运输成本及发展趋势；为了应付需求突然变大造成的供应短缺，或因大罢工等引起的可以预测的供应中断。

8）仓储部门。仓储部门库存政策的形成需要许多方面的信息，如物料发运提前期、物料是否能买到、价格趋势及替代材料等，采购部门最适合提供这方面的信息。

案例分析

供应商管理

某电子公司的采购经理刚刚获悉，在提供给客户的设计方案中用到的一款 IC 器件在三个月前供应商就已经停产了。但制造部门已经利用该器件的库存进行了生产，并开始陆续交货。客户现在有新的订单进来，采购部门却无法获得之前所采用的 IC 器件，这一器件的库存也已全部用完。现在需要采用新的器件重新设计方案，然后给客户确认，这一过程需要一个多月的时间，可是新订单要求下周就交货。

这是典型的信息管理与风险管理失效的例证。该制造商与供应商的关系只停留在一般的交易买卖阶段，与供应商之间还没有建立基本的沟通与信息反馈机制，这使它未能在第一时间获取供应市场变化的关键信息，造成了公司的重大损失。

电子行业快速变化的商业环境对采购信息管理和风险管理提出了更高的要求。一些大型公司已开始设置采购信息管理的职位，专门从事供应市场环境调查和行业信息收集的工作，包括供求关系、原材料行情、价格信息、货源信息，为采购决策和执行团队提供最新的商业信息，以便他们对市场环境的变化快速做出响应与正确决策。

（资料来源：百度文库《供应商管理策略及案例》）

辩证性思考：

结合以上案例，简述供应商信息管理的重要性。

2.2 采购需求

生产计划、用料清单及存量管制卡为决定采购数量的主要依据，采购数量可以通过下式求得：

本期应购数量=本期生产需用材料数+本期末预订库存量−前期已购未入库数量

> **相关链接**
>
> 生产计划是指一方面为满足客户需求三要素“交期、品质、成本”而进行的计划；另一方面又使企业获得适当利益，而对生产的三要素“材料、人员、机器设备”的恰当准备、分配及使用的计划。
>
> 用料清单是根据产量计算出来的各种规格的物料需求数量，以及根据生产计划时间表估算出来的物料需求时间表。

2.2.1 采购需求的确定

1．采购数量和订购方法

采购数量只表示某一物料在某一时期应予订购的总量，至于某一物料在某一时期应如何订购，下面做进一步说明。

（1）定期订购法。对于进口的物料及少数价值很高的国内采购物料，可以选择每季、每月或每周订购一次，这称为定期订购法。这种方法在使用上必须对物料未来的需求数量做出正确的估计，以避免存货过多，造成资金积压。

（2）定量订购法。对于价格低廉、临时性需求及非直接生产用途的物料，比较适合采用定量订购法，也就是按照订购点来决定采购点。例如，复仓制的采购计划，即此类物料首次入库时将其分为两部分，当其中一部分使用完毕时，必须先开出请购单，才可以使用所剩余的另一部分物料，反复交替进行。此类物料数量的控制，通常由仓储人员负责。

2．最适当采购数量的确定

采购量的大小取决于生产与销售的顺畅与资金的调度。物料采购量过大，会造成过高的存货储备成本与资金积压；物料采购量过小，则采购成本提高，因此确定适当的采购量是非常必要的。确定最适当的采购数量有以下两种方法。

（1）经济订购批量法（Economic Ordering Quantity，EOQ）。例如，每次订购费用 S 为45元，储存成本 H 为1.5元（每周），商品单位成本 C 为1元，平均每周净需求 D 为9，则EOQ的计算公式及答案如下（公式详细内容见6.3）：

$$\text{EOQ}=\sqrt{\frac{2DS}{HC}}=\sqrt{\frac{2\times9\times45}{1\times1.5}}=23$$

前沿话题

经济订购批量法在企业短期筹资决策中的应用

《中共中央关于国有企业改革和发展若干重大问题的决定》指出："狠抓管理薄弱环节，重点搞好成本管理，资金管理和质量管理。"也就是说，资金管理是企业管理的薄弱环节之一，资金筹集则是资金使用的起点，是企业资金管理的一项重要内容。因为筹资数量的大小及筹资方式的选择都会直接影响资金的使用效果，筹资过多增加筹资费用，如果不充分有效地使用，将造成资金闲置，影响资金的利用效果；筹资不足又会影响资金供应，保证不了生产经营和发展资金的合理需要。因此，加强资金筹集的管理，提高企业的筹资决策水平，对搞好企业资金管理，降低资金成本，提高经济效益，从而提高企业的市场竞争能力具有重大的意义。

企业在生产经营过程中，经常会遇到批量决策问题，如存货的采购批量，存货的生产批量及已销产品的发货批量等。经济批量是既能满足生产经营需要，又能达成成本最低要求的批量。经济订购批量法是企业常用的决策分析方法之一，它运用于企业的供应过程，可确定使存货储存成本与订货成本之和最低的经济订货批量；它运用于企业的生产过程，可确定使存货储存成本与生产准备成本之和最低的经济生产批量。在市场经济条件下，经济订购批量法同样可运用于企业资金的筹集决策过程，尤其是短期资金的筹集决策过程。

［资料来源：陈莉. 经济批量法在企业短期筹资决策中的应用[J]. 安徽电力职工大学学报, 2000(1)］

辩证性思考：

经济订购批量法还可以运用于哪些领域？

（2）固定数量法（Fixed Ordering Quantity，FOQ）。固定数量法举例如表 2.1 所示。特点：

1）每次发出的数量都相同。

2）订购数量的决定是凭借过去的经验或直觉。

3）也可能考虑某些设备产能、模具寿命、包装或运输方面及储存空间的限制等。

4）此法不考虑订购成本和储存成本这两项因素。

表 2.1　固定数量法举例

周	1	2	3	4	5	6	7	8	9	10	11	12	合 计
净需求		10	10		14		7	12	30	7	15	5	110
计划订购		40					40		40				120

（3）批对批法（Lot For Lot，LFL）。批对批法举例如表 2.2 所示。特点：

1）发出的订购数量与每一期净需求的数量相同。

2）每一期均不留库存数。

3）如果订购成本不高，此法最实用。

表 2.2　批对批法举例

周	1	2	3	4	5	6	7	8	9	10	11	12	合　计
净需求		10	10		14		7	12	30	7	15	5	110
计划订购		10	10		14		7	12	30	7	15	5	110

（4）固定期间法（Fixed Period Requirement，FPR）。固定期间法举例如表 2.3 所示。特点：

1）每次订单涵盖的期间固定（每个月的第一周下订单），但是订购数量有变动。

2）基于订购成本较高的考虑。

3）期间长短的选择是凭借过去的经验或主观判断。

4）采用此法，每期会有些剩余。

表 2.3　固定期间法举例

周	1	2	3	4	5	6	7	8	9	10	11	12	合　计
净需求		10	10		14		7	12	30	7	15	5	110
计划订购	25	23			14		7	12	30	7			118

（5）物料需求计算法（Material Requirement Planning，MRP）。物料需求计算法的公式可表示为：

主生产计划×用料表=个别项目的毛需求

个别项目的毛需求–可用库存（库存数+预计到货数）=个别项目的净需求

2.2.2　采购决策

1．采购决策的特点

采购决策是指根据企业经营目标的要求，提出各种可行方案，对方案进行评价和比较，按照满意性原则，对可行方案进行抉择并加以实施和执行的管理过程。采购决策是企业决策中的重要组成部分，它具有以下特点：

- 预测性。对未来的采购工作做出推测，应建立在对市场预测的基础之上。
- 目的性。任何采购决策的目的都是达到一定的采购目标。
- 可行性。选择的决策方案应是企业切实可行的，否则就会失去决策的意义。
- 评价性。通过对各种可行方案进行分析评价，选择满意方案。

2．采购决策的作用

企业在生产经营活动中面临着大量的决策问题，也是管理者花费时间和精力最多的工作之一。科学的决策可以把握正确的经营方向，趋利避害、扬长避短，对提高企业的生存和竞争能力具有积极的作用。采购决策除了具有规避风险、增强活力等一般作用，还可以发挥以下重要作用。

（1）优化采购活动。如上所述，采购活动对生产经营过程、产品成本和质量等产生重要影响，为了保证企业各项目标的实现，必须推进采购活动的优化，实现采购方式、采购渠道、采购过程的最佳化，提高采购资源的最佳配置。很显然，优化采购活动必须对采购活动涉及的诸多重大问题进行科学的谋划，做出最佳的选择。没有科学的采购决策就不可能产生理想的采购活动。

（2）实现准时采购。为了满足即时生产的需要，应实行准时采购，而合理的采购决策使准时采购成为可能。

（3）提高经济效益。在产品的规格、质量、服务等一定的情况下，准确采购可降低进价、减少库存、降低各种费用的支出，使企业获得更大的利润，提高企业的竞争力。采购活动受到诸多因素的影响，它们之间存在特定的关系，任何一种因素处理不好，都可能影响经济效益的提高。因此，采购决策必须能正确处理这些影响因素。

3. 采购决策的程序

采购决策关系到采购工作质量的好坏，它是一项复杂的工作，必须按照一定的程序来进行，基本程序如下所述。

（1）确定采购目标。根据企业的总体经营目标，确定企业的采购目标。企业采购的总目标是实现即时准确的采购，满足经营需要，降低采购费用，提高经济效益。根据采购总目标，可制定采购的具体目标，如订购批量目标、订购时间目标、供应商目标、价格目标、交货期目标等。

（2）收集相关信息。信息是采购决策的依据，信息的可靠性决定采购决策的正确性。信息按来源不同分为企业外部信息和企业内部信息。

1）企业外部信息包括以下内容：

- 宏观的法律、经济政策。了解《合同法》《反不正当竞争法》《商标法》等，掌握国家的价格政策、产业政策、外贸政策等。
- 货源的信息。物品的市场供求状况，有哪些采购渠道；供应商的价格、服务、质量、规格品种等资料。
- 科技信息。了解与本企业所采购物品密切相关的科技水平发展情况。例如，是否有新材料，用新材料替代老材料的经济性分析等。
- 运输方面的信息。有关运输的新规定，各种运输方式、运输工具的费用如何。
- 有相同需求的同行情况。别人从哪里采购，进价是多少；是否有更经济的材料；能否联合采购以降低进价等。

2）企业内部信息包括以下内容：

- 物资需求情况。根据销售计划、生产计划制订需求计划，再结合库存情况，制订采购计划。
- 库存情况。例如，企业库存能力如何，库存费用是多少，现有商品库存状况。
- 财务情况。例如，是否有充足的采购资金，采购资金的周转速度和筹集状况。
- 本企业采购队伍情况。包括采购人员的敬业精神、综合素质、合作精神等。

（3）拟订实现目标的多个可行性方案。在收集、分析企业内部各种信息的基础上，组织有关人员，集思广益，提出各种可行性的采购方案，每个采购方案应包括采购预算、货源渠道、供应商、产品质量、价格、服务、运费、交货期、结算条件等，为采购决策者做出正确的决策提供依据。

在具体拟订方案的过程中应把握两点：一是尽可能地将所有可行性方案都找出来，以避免漏掉满意方案；二是各方案之间应是互斥的，相同或相似的可归为一类。

（4）选择满意的方案。针对以上各种方案，综合分析，选择满意方案。

方案的选择问题是一个对各种可行方案进行分析评价的过程。具体的评价标准因企业不同及企业外部环境不同而异。例如，某企业在夏季经销电风扇，货源有本地、外地两种选择，具体情况如表 2.4 所示。

表 2.4　电风扇货源情况

项　　目	质　　量	进货成本
本地	一般	较低
外地	好	较高

对于这种问题的决策，其选择标准因市场供求状况不同而不同。若该地电风扇供过于求，竞争激烈，则选择外地进货，用优质来竞争；若电风扇供不应求，则选本地进货较好，因为即使质量一般，也不必担心卖不出去。

在实际工作中，即使市场行情一定，不同类型的企业也会根据自身条件有不同的评判标准。满意的方案不一定是盈利最大的方案，而是对企业最有利、最切实可行的方案。

采购决策的内容很多，包括供应商的选择，采购渠道的选择，采购商品的品种、规格和质量的选择。不同的决策内容，如采购时机、采购批量、采购价格等的决策，有不同的决策方法。采购决策的方法很多，有定量决策，也有定性决策。这里结合国内采购工作的实际，主要介绍采购人员估计法、期望值决策法、经理人员意见法、数学模型法和直接观察法五种采购决策方法。

1）采购人员估计法。这种方法是召集一些采购经验较丰富的采购人员，征求他们对某一决策问题的看法，然后将他们的意见综合起来，形成决策结果。

例题 2-1

某企业计划明年采购某种产品，现需预测其采购量，特召集甲、乙、丙 3 名采购员征求他们对采购数量的意见。甲、乙、丙 3 人的采购预测如表 2.5 所示。

表 2.5　采购预测

人　　员	可采购数量（吨）		概　　率
甲	最高采购量	1 500	0.3
	最可能采购量	1 200	0.5
	最低采购量	1 000	0.2
乙	最高采购量	1 800	0.2
	最可能采购量	1 600	0.4
	最低采购量	1 400	0.4

续表

人　　员	可采购数量（吨）		概　　率
丙	最高采购量	1 200	0.2
	最可能采购量	1 000	0.5
	最低采购量	800	0.3

要求：试根据甲、乙、丙 3 名采购员的估计值为明年购进量做出决策。

第一步：求每位采购员的采购期望值。

$E=PQ$，式中，E 为期望值；P 为概率；Q 为估计值。

甲：E_1=0.3×1 500+0.5×1 200+0.2×1 000=1 250（吨）。

乙：E_2=0.2×1 800+0.4×1 600+0.4×1 400=1 560（吨）。

丙：E_3=0.2×1 200+0.5×1 000+0.3×800=980（吨）。

第二步：综合 3 名采购员的意见。

采购量：（$E_1+E_2+E_3$）÷3=（1 250+1 560+980）÷3≈1 263（吨）

根据 3 名采购员的意见，我们可以确定明年采购的数量约为 1 263 吨。

2）期望值决策法。这种方法是根据历史资料来进行决策。

例题 2-2

某商店在夏季经销一种易腐水果，每箱进货成本为 20 元，售价为 35 元。若当天卖不出去，第二天削价处理每箱只能卖 10 元，试根据去年同期销售资料为该商店的进货批量做出决策。具体资料如表 2.6 所示。

表 2.6　去年同期销售资料

日销量（箱）	20	30	40
完成天数（天）	27	45	18

第一步：求概率。

（1）日销 20 箱概率=27÷（27+45+18）=0.3。

（2）日销 30 箱概率=45÷（27+45+18）=0.5。

（3）日销 40 箱概率=18÷（27+45+18）=0.2。

第二步：编制决策的收益表，如表 2.7 所示。

（1）日进 20 箱市场需要 20 箱时的收益值=20×（35−20）=300（元）。

（2）日进 20 箱市场需要 30 箱时的收益值=20×（35−20）=300（元）。

（3）日进 20 箱市场需要 40 箱时的收益值=20×（35−20）=300（元）。

（4）日进 30 箱市场需要 20 箱时的收益值=20×（35−20）−10×（20−10）=200（元）。

（5）日进 30 箱市场需要 30 箱时的收益值=30×（35−20）=450（元）。

（6）日进 30 箱市场需要 40 箱时的收益值=30×（35−20）=450（元）。

（7）日进 40 箱市场需要 20 箱时的收益值=20×（35−20）−20×（20−10）=100（元）。

（8）日进 40 箱市场需要 30 箱时的收益值=30×（35−20）−10×（20−10）=350（元）。

（9）日进 40 箱市场需要 40 箱时的收益值=40×（35−20）=600（元）。

第三步：求期望值 $E=PQ$。

（1）进 20 箱的期望值 E_1=0.3×300+0.5×300+0.2×300=300（元）。

（2）进 30 箱的期望值 E_2=0.3×200+0.5×450+0.2×450=375（元）。

（3）进 40 箱的期望值 E_3=0.3×100+0.5×350+0.2×600=325（元）。

第四步：决策（选择满意方案）。

$\max\{E_1, E_2, E_3\}=E_2=375$（元）

因此，进 30 箱为满意方案。

3）经理人员意见法。这种方法先征求部门经理的意见，再做出决策。如果企业要选择合适的供应商，采用经理人员意见法，具体步骤：

- 可征求采购、生产、技术、销售、财务等各部门经理人员意见，各经理按自己的标准给予不同评分。
- 汇总，按评分淘汰一部分供应商。
- 让各经理给剩下的供应商打分。
- 多次反复第三步，直到选出合适的供应商。

此种方法需多次反复，耗费时间长，可行性差。

4）数学模型法。如企业为了达到采购存储总费用最低的目的，就必须用经济批量模型计算最佳采购批量。值得注意的是，采用数学模型一定要注意使用条件。

5）直接观察法。采购部门的决策者在对简单问题决策时，按一定的标准或按关键采购标准，淘汰不符合标准的方案，对符合标准的方案按优劣顺序及可行性排列，选择满意方案。

总之，根据决策问题的特点，选择一种方法或几种方法结合起来，能提高采购决策的正确性，减少采购风险。

（5）实施与反馈。有了采购目标和满意的采购方案，还要制定具体的实施细则，以使满意方案得以实施。同时，还应注意收集、整理方案在实施过程中出现的新情况和新问题，进行必要的调整，以保证采购目标的实现。

最后，对满意方案的实施进行检查和分析。在实施与反馈过程中，应对实际执行情况与原定决策目标进行比较。

上述采购决策程序，可用图 2.6 表示。

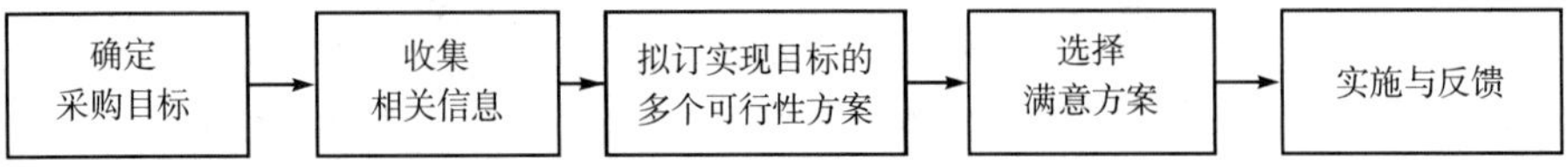

图 2.6 采购决策程序

决策误差的出现是不可避免的，误差产生的原因可以概括为两个方面：一是决策本身有漏洞；二是具体实施过程中的执行力差。无论什么原因，都应该确定改进的措施，为下一步的采购决策提供依据。

2.3　采购计划的制订

实际的计划工作过程始于从每年的销售预测、生产预测、经济预测中获得的信息。销售预测将提供关于材料需求、产品及采购后获得的服务的总预测信息；生产预测将提供关于所需材料、产品、服务的信息；经济预测将提供用于预测价格、工资和其他成本总趋势的信息。

将总预测分解成特定的计划，然后为每个重要的需求制定有效的价格和供应预测。材料消耗量的估计分为月度和季度，将估计数据与库存控制数据进行核对，而库存控制数据的确定考虑了采购提前期及安全库存量。然后，将这些估计值与材料的价格趋势和有效的预测相联系，制订出采购计划。如果预计材料供应充足，价格可能下降，那么采购政策就可能是将库存减少到经济合理的最低水平。相反，如果预测到材料供应少，价格有上升的趋势，明智的采购政策是确保持有足够的库存或合同，并且会考虑购买期货的可能性。

这一步骤在早期是用于原材料及零部件采购的。在预测影响零部件的价格和供应有效性的趋势时，要考虑到预测的零部件供应行业的生产周期情况。

主要需求可以分为相关产品组。对主要项目预测的分析模式可应用于相关产品组。

在每个月（季）末将每个项目或相关产品组的数量及估计资金费用制成图表，并据此对采购计划进行修改，每个采购人员对其所负责的项目进行分析。他们建立了在计划期内指导其活动的目标，价格可能因此被进一步修订。

完成特殊项目时，例如，新设施的建设或以前没有生产过的新的主要产品的生产，就会产生时间上的不确定性，制订计划就会很困难。

链接 2

2.3.1　制订采购计划的目的

采购计划是指企业管理人员在了解市场供求的情况下，在认识企业生产经营活动过程和掌握物料消耗规律的基础上，对计划期内物料采购活动所做的预见性安排和部署。它包括两部分内容：一是采购计划的制订；二是采购订单的制定。

制订采购计划是采购作业的第一步。采购计划是为了维持正常的产销活动，在某一特定时期内，确定应在何时购入何种物料的估计作业，在企业的产销活动中具有重要作用。

采购计划的制订应该达到如下目的：

- 预计物料需用的时间和数量，防止供应中断，影响产销活动。
- 避免物料储存过多，积压资金，占用库存空间。
- 配合企业生产计划和资金调度。
- 使采购部门事先准备，选择有利时机购入物料。
- 确定物料的耗用标准，以便管制物料的采购数量和成本。

2.3.2　影响采购计划制订的因素

1．年度销售计划

在激烈的市场竞争中，企业根据市场销售情况确定生产经营规模。当市场没有出现供不应求的现象时，企业年度计划多以销售计划为起点；销售计划的拟订，又受到销售预测的影响。

2．生产计划

生产计划规定企业在计划期内（年度）所生产品种、质量、数量和生产进度，以及生产能力的利用程度，它以销售计划为主要依据。生产计划确定企业在计划期内生产产品的实际数量及其具体分布情况，其公式：

预计生产量=预计销售量+预计期末存货量−预计期初存货量

生产计划决定采购计划，采购计划对生产计划的实现起物料供应的保证作用。企业采购部门应积极参与生产计划的制订，提供各种物料的资源情况，以便企业领导和计划部门在制订生产计划时参考。企业制订的生产计划要相对稳定，以免出现物料供应不上或物料积压的现象。

3．用料清单

在企业中，特别是在高新技术行业中，为适应市场需求，产品的研究与开发层出不穷。对用料清单难以做出及时修订，致使根据产量计算出来的物料需求数量与实际使用量或规格不尽相符，造成采购数量过多或不足，物料规格过时或不易购得，从而影响企业的生产经营。因此，为保证采购计划的准确性，必须依赖最新、最准确的用料清单。

4．存量管制卡

若产品有存货，则生产数量不一定要等于销售数量。同理，若材料有库存数量，则材料采购数量也不一定要等于根据用料清单所计算的材料需用量。因此，必须建立物料的存量管制卡，以表明某一物料目前的库存状况，再依据用料需求数量，并考虑购料的作业时间和安全存量标准，算出正确的采购数量，然后开具请购单，进行采购活动。由于应该采购数量必须扣除库存数量，因此存量管制卡记载是否正确，将是影响采购计划准确性的因素之一。

5．物料标准的设定

在编制采购预算时，因为对将来拟采购物料的价格不易预测，所以多以标准成本替代，但出于多种原因很难保证其正确性。因此，标准成本与实际购入价格的差额，即采购预算正确性的评估指标。

6．劳动生产率

劳动生产率的高低将使预计的物料需要量与实际的耗用量产生误差，因此劳动生产率也会影响采购计划的准确性。

7．价格预期

在编制采购预算时，常对物料价格涨跌幅度、市场景气或萧条、汇率变动等进行预测，并将其列为调整预测的因素。

因影响计划的因素很多，故拟订采购计划后，必须与产销部门保持经常联系，并针对现实情况做出必要的调整与修订，才能实现维持正常产销活动的目标，并协助财务部门妥善规划资金来源。

2.3.3　采购计划的制订

1．采购认证计划

采购计划的制订需要具有丰富的采购计划经验、采购经验、开发经验、生产经验等复合知识的人来完成，并且要和认证单位等部门协作进行。采购认证是指企业采购人员对采购环境进行考察并建立采购环境的过程。采购认证计划的主要环节有准备认证计划、评估认证需求、计算认证容量、制订认证计划。

（1）准备认证计划。准备认证计划是采购认证计划的第一步，也是非常重要的一步。关于准备认证计划，可以从以下五个方面进行详细的阐述。

1）熟悉认证的物料项目。在拟订采购计划、与供应商接触之前，要熟悉认证的物料项目，包括该物料项目涉及的专业知识范围、认证的需要及目前的供应状况。

2）熟悉开发批量需求。要想制订比较准确的认证计划，首先要做的是熟悉开发需求计划。目前，开发批量物料需求通常有两种情形：一是在以前或目前的采购环境中就能够发掘到的物料供应；二是企业需要采购的是新物料，在原来形成的采购环境中不能提供，需要企业的采购部门寻找新物料供应商。

3）掌握余量需求。随着企业规模的扩大，市场需求也会变得越来越大，旧的采购环境容量不足以支持企业的物料需求，或者因为采购环境有了下降趋势从而导致物料的采购环境容量逐渐缩小，这样就无法满足采购的需求。以上两种情况会产生余量需求，这就产生了对采购环境进行扩容的要求。采购环境容量的信息一般是由认证人员和订单人员来提供的。

4）准备认证环境资料。通常，采购环境的内容包括认证环境和订单环境两个部分。有些供应商的认证容量比较大，但是其订单容量比较小；有些供应商的情况恰恰相反，其认证容量比较小，但是订单容量比较大。产生这种情况的原因是，认证过程本身是对供应商样件的小批量试制过程，这个过程需要强有力的技术力量支持，有时甚至需要与供应商一起开发。但是，订单过程是供应商的规模化生产过程，其突出表现是自动化机器流水作业及稳定的生产、技术工艺已经固化在生产流程之中，所以订单容量的技术支持难度比认证容量的技术支持难度要小得多。因此，可以看出认证容量和订单容量是两个完全不同的概念。企业对认证环境进行分析时一定要分清这两个概念。

5）制定认证计划说明书。也就是把认证计划所需要的材料准备好，主要内容包括认证计划说明书（物料项目名称、需求数量、认证周期等），同时附有开发需求计划、余量需求计划、认证环境资料等。

（2）评估认证需求。评估认证需求是采购计划的第二个步骤，下面从三个方面进行详细的阐述。

1）分析开发批量需求。要做好开发批量需求的分析，需要分析采购数量的需求和掌握物料的技术特征等信息。开发批量需求的样式是各种各样的：

- 按照需求的环节，可以分为研发物料开发认证需求和生产批量物料认证需求。
- 按照采购环境，可以分为环境内物料需求和环境外物料需求。
- 按照供应情况，可以分为可直接供应物料和需要定做物料。
- 按照国界，可分为国内供应物料和国外供应物料。

对于如此复杂的情况，计划人员应该对开发物料需求做详细的分析，必要时还应该与开发人员、认证人员一起研究开发物料的技术特征，按照已有的采购环境及认证计划经验进行分类。从以上所述内容可以看出，认证计划人员需要具备计划知识、开发知识、认证知识等，兼有从战略高度分析问题的能力。

2）分析余量需求。首先要对余量需求进行分类。余量认证的产生来源：一种是市场销售需求的扩大；另一种是采购环境的订单容量的萎缩。这两种情况都导致目前采购环境的订单容量难以满足用户需求的现象，因此需要增加采购环境的订单容量。对因市场销售量增加等原因造成的余量需求，可以通过市场及生产需求计划得到各种物料的需要量及时间；对因供应商萎缩造成的余量需求，可以通过分析现实采购环境的总体订单容量与原定容量之间的差别得到。这两种情况的余量相加即可得到总的需求容量。

3）确定认证需求。认证需求是指通过认证手段，获得具有一定订单容量的采购环境，可以根据开发批量需求及余量需求的分析结果来确定。

（3）计算认证容量。计算认证容量是采购计划的第三个步骤，主要包括以下四个方面的内容。

1）分析项目认证资料。这是计划人员的一项重要事务，不同认证项目的过程及周期是千差万别的。各种物料项目的加工过程各种各样，非常复杂。作为采购主体的企业，需要认证的物料项目往往只有几种，熟练分析几种物料的认证资料是可能的。企业的物料采购计划人员要尽可能地熟悉物料采购项目的认证资料。

2）计算总体认证容量。在采购环境中，供应商订单容量与认证是两个不同的概念，有时可以相互借用，但存在差别。在认证供应商时，一般要求供应商提供一定的资源用于支持认证操作，或者只做认证项目。

总之，在供应商认证合同中，应说明认证容量与订单容量的比例，防止供应商只做批量订单，不做样件认证。计算采购环境的总体认证容量的方法，是把采购环境中所有供应商的认证容量叠加，对有些供应商的认证容量需要乘上适当系数。

3）计算承接认证容量。供应商的承接认证容量等于当前供应商正在履行认证的合同量。一般认为认证容量的计算是一个相当复杂的过程，各种各样的物料项目的认证周期也不相同，一般是计算要求的某一时间段的承接认证量。最恰当、最及时的处理方法是借助电子信息系统，模拟显示供应商已承接认证量，以便认证计划决策使用。

4）确定剩余认证容量。某一物料所有供应商群体的剩余认证容量的总和，称为该物料的认证容量。可以用下面的公式简单地进行说明：

$$物料认证容量=物料供应商群体总体认证容量-承接认证容量$$

这种计算过程也可以被电子化，一般物料需求计划系统不支持这种算法，可以单独创建系统。认证容量是一个近似值，仅做参考，认证计划人员对此不可过高估计，但它能指导认证过程的操作。

采购环境中的认证容量不仅是采购环境的指标，也是企业不断创新、维持持续发展的动力源。源源不断的新产品问世是认证容量价值的体现，也能由此生产出各种各样的产品新部件。

（4）制订认证计划。制订认证计划是采购计划的第四个步骤，它主要包括四个方面内容。

1）对比需求与容量。物料认证需求与供应商对应的认证容量之间存在差异。如果认证需要量小于认证容量，则直接按照认证需求制订认证计划；如果认证需要量大大超出供应商容量，则要为剩余认证需求制订采购环境之外的认证计划，寻找新的供应环境和新的供应商。

2）综合平衡。综合平衡是指从全局出发，综合考虑生产经营、认证容量、物料生命周期等要素，判断认证需求的可行性，通过调节认证计划来尽可能地满足认证需求，并计算认证容量不能满足的剩余认证需求。这部分剩余认证需求需要到企业采购环境之外的社会供应群体中寻找容量。

3）确定余量认证计划。对于采购环境不能满足的剩余认证需求，应提交采购认证人员分析并提出对策，与之一起确认采购环境之外的供应商认证计划。采购环境之外的社会供应群体如没有与企业签订合同，那么制订认证计划时要特别小心，并由具有丰富经验的认证计划人员和认证人员联合操作。

4）制订认证计划。这是认证计划的主要目的，是衔接认证计划和订单计划的桥梁。只有制订好认证计划，才能根据该认证计划做好订单计划。

认证物料数量及开始认证时间的确定方法如下：

认证物料数量=开发样件需求数量+检验测试需求数量+样品数量+机动数量

开始认证时间=要求认证结束时间−认证周期−缓冲时间

2. 采购订单计划

采购订单计划主要包括以下四个环节：准备订单计划、评估订单需求、计算订单容量、制订订单计划。

（1）准备订单计划。

1）预测市场需求。市场需求是启动生产供应程序的原动力，要想制订比较准确的订单计划，首先必须掌握客户订单和市场需求计划。进一步分解客户订单和市场需求计划，便可得到生产需求计划。企业的年度销售计划一般在上一年的年末制订，并报送至各个相关部门，同时下发到销售部门、计划部门、采购部门，以便指导全年的供应链运转；然后再进行目标分解。

2）确定生产需求。生产需求对采购来说可以称为生产物料需求。生产物料需求的时间是根据生产计划而产生的，通常，生产物料需求计划是订单计划的主要来源。采购计划人员需要熟知生产计划及工艺常识，以利于理解生产物料需求。编制物料需求计划的主要步骤包括：决定毛需求，决定净需求，对订单下达日期及订单数量进行计划。

3）准备订单环境资料。这是准备订单计划中的一个非常重要的内容。订单环境是在订单物料的认证计划完毕之后形成的。订单环境的资料主要包括：订单物料的供应商消息；订单比例信息（对多家供应商的物料来说，每个供应商分摊的下单比例称为订单比例，该比例由认证人员确定并给予维护）；最小包装信息；订单周期（从下单到交货的时间间隔，一般以天为单位）。

4）制定订单计划说明书。也就是准备好订单计划所需要的资料，其主要内容包括订单计划说明书（物料名称、需求数量、到货日期等），附有市场需求计划、生产需求计划、订单环境资料等。

（2）评估订单需求。评估订单需求是采购计划中非常重要的一个环节，只有准确地评估订单需求，才能为计算订单容量提供参考依据，以便制订出好的订单计划。它主要包括以下三个方面的内容：

1）分析市场需求。制订订单计划需要分析市场要货计划的可信度。因此，必须仔细分析市场签订合同的数量、还没有签订合同的数量（包括没有及时交货的合同）等一系列数据，同时考虑其他因素，对市场需求有一个全面的了解，才能制订出满足企业远期发展与近期实际需求的订单计划。

2）分析生产需求。这是评估订单需求首先要做的工作。先要研究生产需求的产生过程，然后再分析生产需要量和要货时间。在这里不再做详细的阐述。

3）确定订单需求。根据对市场需求和对生产需求的分析结果，可以确定订单需求。通常，订单需求的内容是指通过订单操作手段，在未来指定的时间内，将指定数量的合格物料采购入库。

（3）计算订单容量。若不能准确地计算订单容量，就不能制订出正确的订单计划。计算订单容量主要有以下四个方面的内容。

1）分析项目供应资料。对采购工作来讲，在目前的采购环境中，所要采购物料的供应商信息是非常重要的一项信息资料。如果没有供应商供应物料，那么无论是生产需求还是紧急的市场需求，一切都无从谈起。可见，有供应商的物料供应是满足生产需求和紧急市场需求的必要条件。

2）计算总体订单容量。总体订单容量是多方面内容的组合。一般包括两方面内容：一方面是可供给的物料数量，另一方面是可供给物料的交货时间。举一个例子来说明这两方面的结合情况：供应商金城公司在11月30日之前可供应6万个特种开关（3万个A型开关，3万个B型开关），供应商佳华公司在11月30日之前可供应10万个特种开关（6万个A型开关，4万个B型开关），那么在11月30日之前，A型和B型两种开关的总体订单容量为16万个，A型开关的总体订单容量为9万个，B型开关的总体订单容量为7万个。

3）计算承接订单容量。承接订单容量是指某供应商在指定的时间内已经签下的订单量。承接订单容量的计算过程较为复杂，下面举例子来说明：供应商金城公司在本月18日之前可以供给5万个特种开关（3万个A型开关，2万个B型开关），若已经承接2.5万个A型开关，1.5万个B型开关，那么A型和B型物料已承接的订单量为2.5万个A型开关+1.5万个B型开关=4万个开关。有时，在各种物料容量之间进行借用且存在多个供应商的情况下，其计算比较复杂。

4）确定剩余订单容量。剩余订单容量是指某物料所有供应商群体的剩余订单容量的总和，用下面的公式表示：

物料剩余订单容量=物料供应商群体总体订单容量−已承接订单容量

（4）制订订单计划。制订订单计划是采购计划的最后一个环节，也是最重要的环节。它主要包括对比需求与容量、综合平衡、确定余量认证计划。

做好订单计划之后，就可以按照计划进行采购工作。一份订单包含的内容有下单数量和下单时间两个方面。

下单数量=生产需要量−计划入库量−现有库存量+安全库存量

下单时间=要求到货时间−认证周期−订单周期+缓冲时间

相关链接

制订采购计划是采购员工作的起点，其重点在于确定什么时候采购多少物料。采购计划用金额来表示就是采购预算。可以访问http://club.ebnew.com/clubShow.view? id= 63804496&title=4 来查找如何制订简单的采购计划，采购计划制订的目的是什么，采购预算编制的流程是什么，采购数量计划的编制流程包括哪些内容。

2.4　采购预算

2.4.1　采购预算概述

链接 3

1．采购预算的概念

所谓采购预算就是一种用采购数量来表示的计划，是将企业在未来一定时期内的采购决策目标通过有关数据系统地反映出来，是采购决策具体化、数量化的表现。

传统采购预算的编制是将本期应购数量（订购数量）乘以各项物料的购入单价，或者按照物料需求计划（Material Requirements Planning，MRP）的请购数量乘以标准成本，即可获得采购金额（预算）。为了使预算对实际的资金调度具有意义，采购预算应以现金为基础来编制，也就是说，采购预算应以付款的金额来编制，而不以采购的金额来编制。预算的时间范围要与企业的计划期保持一致，绝对不能过长或过短。长于计划期的预算没有实际意义，浪费人力、财力和物力，而过短的预算又不能保证计划顺利执行。企业所能获得的可分配资源和资金在一定程度上是有限的，受到客观条件的限制，企业的管理者必须通过有效地分配有限的资源来提高销售率以获得最大的收益。一个良好的企业不仅要赚取合理的利润，还要保证有良好的资金流。良好的预算既要注重实际，又要强调财务业绩。

链接 4

为了规划出与企业战略目标相一致的可实现的最佳实践，必须寻找一种科学的行为方法来缓和这种竞争和悲观的倾向，管理者应该和部门主管就目标积极展开沟通，调查要求和期望，考虑假设条件和参数的变动，制订劳动力和资金需求计划并要求部门提供反馈。管理者应当引导部门主管将精力放到应付不确定情况的出现上，而不是开展所谓的“战略竞争”。

另外，为了使预算更具灵活性和适应性，以应对意料之外的可能发生的不可控事件，企业在预算过程中应当尽量做到：采取合理的预算形式；建立趋势模型；用滚动预算的方法，以减少预算的失误及由此带来的损失。

2．编制采购预算的原则

（1）实事求是。

（2）积极稳妥、留有余地。

（3）比质、比价。

2.4.2 编制采购预算的方法与流程

1．编制采购预算的方法

编制采购预算的方法很多，这里主要介绍概率预算、零基预算、弹性预算和滚动预算。

（1）概率预算。在编制预算过程中，概率预算涉及的变量很多，如业务量、价格、成本等。企业管理者不能在编制预算时十分精确地预见到这些因素在将来发生何种变化，以及变化到何种程度，而只能估计出它们发生变化的可能性（概率），从而近似地判断出各种因素的变化趋势、范围和结果，然后对各种变量进行调整，计算出可能值的大小。这种利用概率（可能性的大小）来编制的预算，称为概率预算。

概率预算必须根据不同的情况来编制，大体上可分为以下两种情况：

- 销售量的变动与成本的变动没有直接联系，这时只要利用各自的概率分别计算出销售收入、变动成本、固定成本的期望值，然后直接计算利润的期望值。
- 销售量的变动与成本的变动有直接联系，这时用计算联合概率的方法来计算利润的期望值。

（2）零基预算。零基预算是指在编制预算时，对所有的预算项目均不考虑以往的情况，一切以零为起点，完全根据未来一定期间生产经营活动的需要和每项业务的轻重缓急，如实确定每项预算是否有支出的必要和支出数额大小的一种预算编制方法。

传统的调整预算编制方法虽然比较简单，但是原来不合理的费用开支往往会继续存在，造成预算浪费或者预算不足。零基预算的编制方法与传统的预算编制方法截然不同。它在确定任何一项预算时，完全不考虑前期的实际水平，只考虑该项目本身在计划期内的重要程度，以零为起点确定预算的具体数据。零基预算的编制方法可分为以下三步：

- 拟定预算目标。各相关部门根据企业的目标和本部门的具体任务，对可能发生的费用项目逐一考证其支出的必要性和需要额，对各项费用项目编写出方案。
- 进行成本–效益分析。这里所说的成本–效益分析，主要是指对所提出的每个预算项目所需要的经费和所能获得的收益进行计算、对比，利用对比结果来衡量和评价各预算项目的经济效益，然后权衡其重要性，列出各项目的先后次序。由企业的主要负责人、总会计师等人员参加的预算委员会，负责对各部门提出的费用项目进行成本–效益分析。
- 按照上一步所确定的结果，结合计划期内可动用的资金来源分配资金，落实预算。

零基预算的特点是一切费用预算额以零为起点，不受现行预算框架的束缚，能充分调动各级管理人员的主观能动性，促使各级管理人员精打细算、量力而行，把有限的资金切实用到最需要的地方，以保证整个企业的良性循环，提高整体经济效益。该预算编制方法是一切支出均以零为起点来进行分析、研究的，因而工作量较大，而且一个企业如何把许许多多不同性质的业务按照其重要性进行排序是很困难的，不可避免地会带有某些主观随意性。因此，在实际预算工作中，可若干年进行一次零基预算，以后几年内则略作适当调整。目前，我国大多数企业的费用开支浪费很大，因此再做预算时，可以考虑使用这种方法。

（3）弹性预算。弹性预算又称变动预算，它是在编制预算时，考虑到计划期间的各种可能变动因素的影响编制出一套适应多种业务量的预算。由于这种预算随着业务量的变化而做出相应的调整，具有伸缩性，因此称作弹性预算。

编制弹性预算，首先，要确定在计划期内业务量的可能变化范围。在具体编制工作中，对一般企业而言，其变化范围可以确定在企业正常生产能力的 70%～110%，其间隔取为 5% 或 10%，也可取计划期内预计的最低业务量和最高业务量作为其下限和上限。

其次，要根据成本形态，将计划期内的费用划分为变动费用和固定费用。在编制弹性预算时，固定费用在相关范围内不随业务量的变动而变动，因而不需要按照业务量的变动来进行调整。对变动费用，则要按照不同的业务量水平分别进行计算。

弹性预算一般用于编制弹性成本预算和弹性利润预算。弹性利润预算是对计划期内各种可能的销售收入所能实现的利润所做的预算，它以弹性成本预算为基础。

（4）滚动预算。滚动预算又称连续预算，其主要特点是预算期随着时间的推移而自行延伸，始终保持一定的期限（通常为一年）。当年度预算中某一年度（或月份）预算执行完毕后，根据新的情况进行调整和修改后几个季度（或月份）的预算，一年有 4 个季度（或 12 个月）。滚动预算的基本特征如图 2.7 所示。

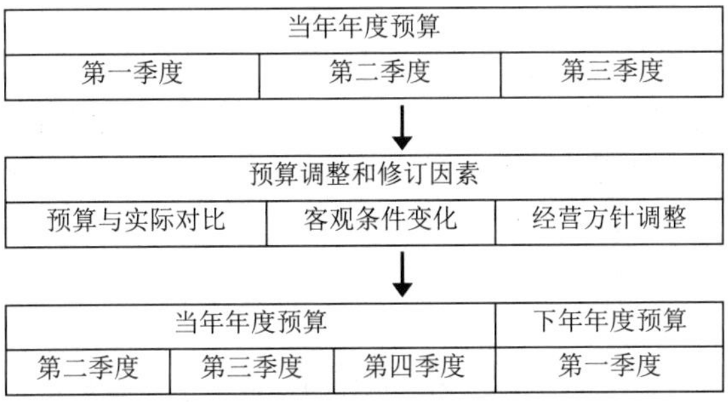

图 2.7　滚动预算的基本特征

滚动预算的理论根据：企业的生产经营活动是延续不断的，因此预算也应该全面地反映这一延续不断的过程。另外，现代企业的生产经营活动是复杂的，随着时间的推移，它将产生难以预料的结果。滚动预算在执行过程中可以结合新的信息，对其不断进行调整与修订，使预算能更好地适应实际情况，有利于充分发挥预算的指导和控制作用。

链接 5

2．编制采购预算的流程

就制造业而言，通常，业务部门的营销计划为年度经营计划的起点，然后制订生产计划。生产计划包括采购预算、直接人工预算及制造费用预算。由此可见，采购预算是采购部门为配合年度的销售预测或生产数量，对需求的原料、物料、零件等的数量及成本做翔实的估计，以利于整个企业目标的达成。采购预算的编制，必须以企业整体预算制度为依据。采购预算的编制流程，如图 2.8 所示。

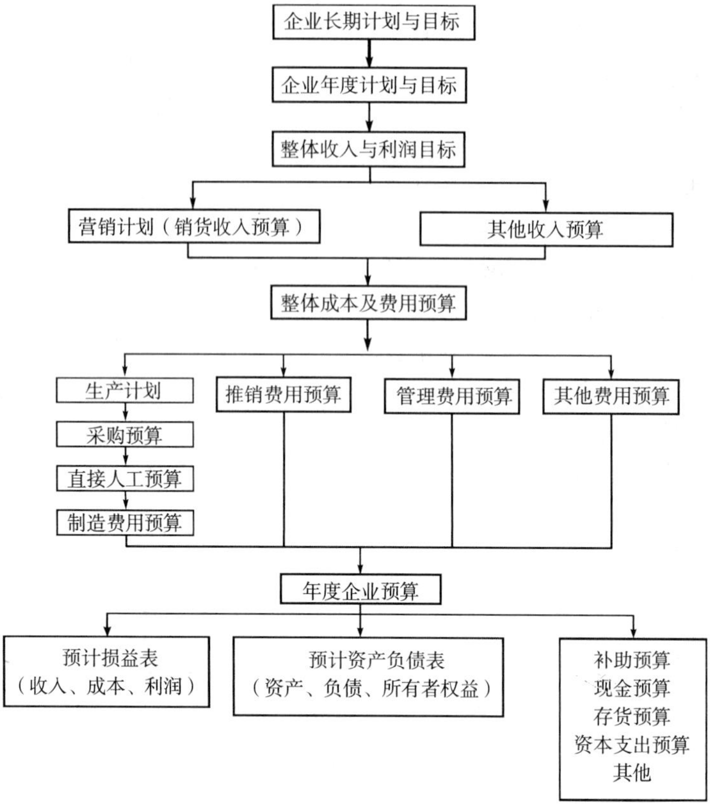

图 2.8　采购预算的编制流程

本章小结

本章介绍了采购业务实施流程中采购调查、订单计划的编写、采购需求的确定、采购预算的编制等内容。

编制采购计划主要包括采购计划的制订和采购订单计划的制订两个方面的内容，重点介绍了采购认证计划和订单计划的制定方法及确定采购数量的计算方法；编制采购预算是实施采购作业前的一项重要工作，主要阐述了采购预算的概念、编制原则及采购预算的编制方法。

评估练习题

1．能力测验

你是否能够：

□ 理解采购调查的概念和调查项目？

□ 说出采购调查的组织和调查方法？

□ 举例说明请购单和订单信息管理？

□ 举例说明采购需求的确定方法？
□ 阐述采购决策的特点和作用？
□ 举例说明采购决策的程序？
□ 识别制订采购计划的影响因素？
□ 举例说明采购计划的编制方法？
□ 解释采购预算的概念及编制原则？
□ 简述采购预算的编制方法及流程？

练习题参考答案

2. 关键术语回顾

________是为更好地制定采购决策而进行的系统的数据收集、分类和分析。

________是指企业管理人员在了解市场供求的情况下，在认识企业生产经营活动过程和掌握物料消耗规律的基础上对计划期内物料采购活动所做的预见性的安排和部署。

________就是一种用采购数量来表示的计划，是将企业在未来一定时期内采购决策目标通过有关数据系统地反映出来，是采购决策具体化、数量化的表现。

3. 关键概念回顾

◆ **单项选择题**

（1）对于价格低廉、临时性需求及非直接生产用途的物料，比较适合采用________，也就是按照订购点来决定采购点。

A. 定期订购法　　B. 定量订购法
C. 经济订购法　　D. 复仓订购法

（2）供应商的________等于当前供应商正在履行认证的合同量。

A. 项目认证资料　　B. 总体认证容量
C. 承接认证容量　　D. 剩余认证容量

（3）________就是指从全局出发，综合考虑生产经营、认证容量、物料生命周期等要素，判断认证需求的可行性，通过调节认证计划来尽可能地满足认证需求，并计算认证容量不能满足的剩余认证需求。

A. 对比需求与容量　　B. 综合平衡
C. 确定余量认证计划　　D. 制订认证计划

（4）________是指在编制预算时，对所有的预算项目均不考虑以往的情况，一切以零为起点，完全根据未来一定期间生产经营活动的需要和每项业务的轻重缓急，如实确定每项预算是否有支出的必要和支出数额大小的一种预算编制方法。

A. 概率预算　　B. 零基预算　　C. 弹性预算　　D. 滚动预算

（5）在弹性预算的具体编制工作中，其变化范围可以确定在企业正常生产能力的________。

A. 60%～110%　　B. 70%～110%　　C. 70%～120%　　D. 80%～120%

◆ **多项选择题**

（6）在采购调查中主要调查________。

A. 市场环境　　B. 商品
C. 供应商　　D. 采购系统
E. 所购材料、产品及服务（价值分析）

（7）企业外部流向采购部门的信息流包括________。
A. 市场的总体情况　　B. 可利用的运输工具和费用
C. 新产品和产品信息　　D. 供应源
E. 供应商的生产能力、生产率、供应商内部及业内劳动力状况

（8）采购决策的特点是________。
A. 预测性　　B. 目的性
C. 可行性　　D. 评价性
E. 满意性

（9）结合国内采购工作的实际，采购决策包括________。
A. 采购人员估计法　　B. 期望值决策法
C. 经理人员意见法　　D. 数学模型法
E. 直接观察法

（10）编制采购预算的原则包括________。
A. 按需编制　　B. 可随时调整
C. 实事求是　　D. 比质、比价
E. 积极稳妥、留有余地

◆ **判断题**

（11）采购计划决定生产计划，生产计划对采购计划的实现起供应保证作用。（　　）

（12）生产计划、用料清单及存量管制卡是决定采购数量的主要依据。（　　）

（13）企业采购的总目标是实现及时准确的采购，满足经营的需要，降低采购费用，提高经济效益。（　　）

（14）采购决策误差的出现是不可避免的，误差产生的原因可以概括为两个方面：一是决策本身有漏洞；二是具体实施过程中的执行力差。（　　）

（15）采购余量需求的产生来源：一种是市场销售需求的扩大；另一种是采购环境订单容量的萎缩。（　　）

4. 计算题

中商公司有两家柴油机供应商，即大柴公司和玉柴公司。大柴公司在 12 月 31 日之前可供应 9 万台柴油机（5 万台 A 型柴油机，4 万台 B 型柴油机），玉柴公司在 12 月 31 日之前可供应 7 万台柴油机（4 万台 A 型柴油机，3 万台 B 型柴油机）。若中商公司已经承接大柴公司 6 万台柴油机，其中 3 万台 A 型柴油机，3 万台 B 型柴油机；同时，承接玉柴公司 5 万台柴油机，其中 3 万台 A 型柴油机，2 万台 B 型柴油机，那么请思考在 12 月 31 日之前：

（1）中商公司的柴油机总体订单容量是多少？其中，A 型和 B 型柴油机分别为多少台？

（2）中商公司的柴油机承接订单容量是多少？其中，A 型和 B 型柴油机分别为多

少台？

（3）中商公司的柴油机剩余订单容量是多少？其中，A 型和 B 型柴油机分别为多少台？

5．案例分析

第3章

供应商的选择

学习目标

知识目标：

（1）掌握供应商选择的重要性。
（2）了解供应商选择应考虑的因素。
（3）了解供应商的评价指标。
（4）了解供应商综合评价指标体系及其结构。
（5）了解供应商选择的一般步骤和方法。

能力目标：

（1）准确把握供应商选择的重要性。
（2）能够用供应商选择考虑的因素分析相关问题。
（3）能够使用供应商评价指标分析评价供应商。
（4）能够把握供应商综合评价指标体系及其结构。
（5）学会用合适的方法选择供应商。

学习重点与难点

（1）熟练掌握供应商选择的重要性及应考虑的相关因素。
（2）了解现代企业如何进行供应商的选择。
（3）运用供应商选择的方法选择供应商。
（4）对供应商的选择有一个全面的认识与掌握。

引导案例

国际采购商是如何选择供应商的

出口企业无论是在做电子商务，还是其他海外推广的时候，都会遇到很多困扰。发出了很多邮件，却没有得到任何回复；觉得与采购商沟通得一直很好，最后却不了了之；收到很多有质量的询盘，最终却没有成交……为什么会出现这些问题呢？

暂且抛开营销和推广技巧不谈，而是从国际采购商的角度来分析和探讨选择供应商的因素。是什么原因错失了国际采购商？

1．价格不是唯一的评判标准

欧美市场的采购商，质量是永远排在第一位的，要求供应商具有良好的认证标准、管理体系、生产工艺及检验机制等。由于欧洲的契约文化和严谨的法律制度，质量不好的产品是无法被市场接受的。一旦发生问题，产品就会被无条件地召回，并且要支付高额的赔偿金。所以，质量对于欧美市场来说是核心和灵魂。

排在第二位的是准确的交期。最高要求就是准确的交货期。只有准确的交货期才能保证整个供应链的稳定性和可靠性，使每个环节都能够及时、准确地交付和运转。

排在第三位的是服务理念。良好的服务理念能够为将来的合作提供更好、更完善的服务，而这个潜在的价值要远远大于单价的差别。

2．供应链的稳定可靠性

国际采购商最希望自己面对的是制造商或者拥有自己下设工厂的贸易商，尽可能地减少中间环节，来获取最优的价格和最好的服务。这是买家选择最终合作伙伴的一个必要审核环节。

3．规模化的出口能力

国际采购商希望合作伙伴具有提供大规模产品的潜力。制造商的出口额、销售额，客观说明了其产品价值到底有多大，产品消费群有多广，以及可开辟的潜在市场还有多深，许多采购商习惯且信任具有一定出口能力的企业。

4．供应商已经进入的市场

对于国际采购商，除了价格、交货期等基础因素，了解供应商已经进入的市场及其在相关的目标市场的销售记录是至关重要的。

5．完善的认证体系

国际采购商最希望与通过国际认证体系的企业合作，如 ISO、SGS、DNV 等。在认证体系下，对于企业资质及质量检验的认证机制也有专业的要求，由第三方进行认证的机制是一种公正的、独立的，而且是会被频繁使用的一种检验机制。

6．丰富的外贸经验和专业的人才

国际采购商需要合作伙伴有外贸经验和成熟的运作团队，需要的是不仅具备专业的外贸知识，而且熟悉出口流程中相应的操作经验，以及拟定规范的商业文件、高效的多方语言沟通能力等。这样能够保证产品被完整地介绍、认识、接纳和销售到海外市场。

7．诚信的商业作风

国际采购商可以承受质量上的瑕疵，因为可以共同研究改进；也可以承受设计上的不足，因为可以共同探讨。但是，不能承受欺骗。一旦发现有一个地方欺骗他，那么意味着在别的地方也有可能存在欺骗，因此，绝对不会有下一次机会。

总而言之，为了把我国企业的海外推广做得越来越好，应该经常反思，在与国际采购商的沟通和营销过程中还有哪些不足及需要改进的地方。只有做到知己知彼，才能百战不殆！

（资料来源：http://blog.sina.com.cn/s/blog_4a01359b0102volz.html）

辩证性思考：

（1）除价格外，国际采购商对供应商的评判标准还有哪几个方面？

（2）国际采购商在选择供应商时注重哪些因素？

链接 1

3.1 供应商选择的重要性和相关因素

3.1.1 供应商选择的重要性

1．供应商的评价、选择是供应链合作关系运行的基础

供应商的业绩对制造企业的影响越来越大，在交货、产品质量、提前期、库存水平、产品设计等方面都影响着制造商的效益。传统的供应关系已不再适应全球竞争加剧、产品需求日新月异的环境，企业为了实现低成本、高质量、柔性生产、快速反应，就必须重视供应商的评价、选择。供应商的评价、选择对企业来说是多目标的，包含许多可见和不可见的多层次因素。

关键词

供应商　供应商是指直接向零售商提供商品及相应服务的企业及其分支机构、个体工商户，包括制造商、经销商和其他中介商，或称为“厂商”，即供应商品的个人或法人。供应商可以是农民、生产基地、制造商、代理商、批发商、进口商等。

提示：供应商分很多种。交易型供应商是指为数众多，但交易金额较小的供应商；战略型供应商是指公司战略发展所必需的少数几家供应商；大额型供应商是指交易数额巨大，战略意义一般的供应商。

相关链接

供应商分类是对供应商系统管理的重要组成部分。它决定企业应与哪些供应商开展战略合作，增加采购量，维持现状或是淘汰。供应商分类的另一个目的是便于公司内部沟通。例如，新的采购业务应给战略或优先供应商，然后再考虑其他供应商，绝不能给将要淘汰的供应商。这些都应成为公司的政策，传达给公司内各个部门。

辩证性思考：

供应商开发与选择的原则是什么？

2．选择好的供应商是供应链管理的关键环节

对生产企业而言，供应商的数量较多，层次参差不齐，如果供应商选择失误，会对其生产带来不利，造成中断生产计划、增加存货成本、延迟运送零件或原料、出现缺货或残次物品、引发成品的运送延迟等不良后果。如果企业建立完整的供应商选择与评价体系，就可以掌握供应商的生产情况和产品价格信息；获取合理的采购价格，最优的服务；确保采购物资的质量和按时交货；可以对供应商进行综合、动态的评估；甚至把供应商结合到产品的生产流程中，与供应商建立长期的交易伙伴关系，从而达到效益最优化。

3．好的供应商将成为企业的战略合作伙伴

选择好的供应商不仅是为了保障日常物资的供应，从传统重视的质量、价格、服务和柔性方面选择优秀的供应商，更多的是从战略的角度考虑和供应商的关系。供应链管理思想的发展和越来越多的外包使得采购的地位日益突出，促使企业将供应商管理作为企业的竞争优势，因此在选择供应商时考虑的因素也随之增加。

在传统关系模式中，供应商和生产企业是一种简单的买卖关系，其模式是价格驱动。采购策略：买方同时向若干供应商购货，通过供应商之间的竞争获得利益，同时保证了供应的连续性；买方通过在供应商之间分配采购数量对供应商加以控制；买方和供应商保持的是一种短期合同关系。现在，很多企业都采纳了视供应商为伙伴的观点，就是与少数可靠供应商保持稳定关系，建立起战略伙伴关系，即双赢关系模式。这种模式强调合作中的供应商和生产商之间共享信息，通过合作，协调相互的行为。生产商对供应商给予协助，帮助供应商降低成本，改进质量，加快产品开发进程。通过建立相互信任的关系提高效率，降低交易和管理成本，以长期的信任代替短期的合同，双方有比较多的信息交流。可见，保持好的供应商关系已经成为维持竞争优势的重要因素。

关键词

供应链　供应链是围绕核心企业，通过对信息流、物流、资金流的控制，从采购原材料开始，制成中间产品及最终产品，最后由销售网络把产品送到消费者手中的将供应商、制造商、分销商、零售商，直到最终用户连成一个整体的功能网链结构。它通过计划（Plan）、获得（Obtain）、存储（Store）、分销（Distribute）、服务（Serve）等活动在顾客和供应商之间形成一种衔接（Interface），从而使企业能满足内外部顾客的需求。

相关链接

供应链的概念是从扩大的生产（Extended Production）概念发展来的，它将企业的生产活动进行了前伸和后延。例如，日本丰田公司的精益协作方式中就将供应商的活动视为生产活动的有机组成部分而加以控制和协调，这就是向前延伸。后延是指将生产活动延伸至产品的销售和服务阶段。

辩证性思考：

如何才能保证供应链战略和竞争战略相匹配？

3.1.2　供应商选择应考虑的因素

选择供应商时，有许多因素值得考虑。各因素的重要性因企业而异，甚至因同一企业的不同产品或服务而异。

1．质量

质量主要是指供应商所供给的原材料、初级产品或消费品组成部分的质量。产品的质量是供应链生存之本，产品的使用价值是以产品质量为基础的。如果产品的质量低劣，该产品将缺乏市场竞争力，并很快退出市场。供应商所供产品的质量是消费品质量的关键，因此，在对供应商的产品质量要求上，应该强调适合和稳定。要考察这点，关键在于供应商是否有一套有效执行的产品检验制度，即控制质量的能力。在对供应商的质量管理要求上，考虑的因素主要包括质量管理方针、政策、质量管理制度的执行及落实情况，有无质量管理制度手册，有无质量保证的作业方案和年度质量检验的目标，有无评价机构的评鉴等级，是否通过 ISO 9000 质量体系认证等。

2．价格

价格主要是指供应商所供给的原材料、初级产品或消费品组成部分的价格。供应商的产品价格决定了消费品的价格和整条供应链的投入产出比，因此会对生产商和销售商的利润率产生一定程度的影响。价格往往是采购中最敏感的问题。供应商对既定商品组合报价是否合理，供应商是否愿意协商价格，供应商是否愿意联合起来共同降低成本（与价格），还有供应商提供的各种折扣，都是需要考虑的因素。

3．交货能力

供应商的交货能力包括两个方面：一是供应商的准时交货能力；二是供应商的持续改善能力。交货准时性是指供应商按照采购方所要求的时间和地方，将指定产品准时送到指定地点。如果供应商的交货准时性较低，必然影响生产商的生产计划和销售商的销售计划及时机。这样，就会引起大量的浪费和供应链的解体。因此，交货准时性也是较为重要的因素。要考察供应商的准时交货能力，除了要了解供应商的管理制度，还要了解供应商产品的生产周期、生产能力及供应商的财务能力。如果供应商财务能力不够，必定影响其正常生产。供应商的持续改善能力取决于供应商是否有改进产品的意愿及能力，即要看供应商的新产品开发计划，以及供应商的研发部门和人员的情况。持续改善能力是增强企业竞争能力的一个重要方面。

4．服务

选择供应商时，特殊服务有时显得非常重要。例如，更换残次物品、指导设备使用、修理设备及类似的服务，在选择过程中起着关键作用。在考察这一点时，要注意两个问题：一是当产品或服务改变时，供应商是否给出了预先通知；二是如果服务变化，买方需要投入什么。

5．柔性

供应商面临数量、交付时间与产品改变时，有多大灵活性；供应商是否愿意及能够回应需求改变，接受设计改变等，企业应予以重点考虑。还要注意了解供应商生产线上的柔性能力，即生产品种转变能力，其中包括最低生产批量、生产效率、存货量与生产周期的匹配。反映柔性的一个指标是交货提前期，对于企业或供应链来说，市场是外在系统，它的变化或波动都会引起企业或供应链的变化或波动。由于交货提前期的存在，必然造成供应链各级库存变化的滞后性和库存的逐级放大效应。交货提前期越小，库存量的波动越小，企业对市场的反应速度越快，对市场反应的灵敏度越高。由此可见，交货提前期也是考察供应商的重要因素之一。

6．位置

供应商所处位置对送货时间、运输成本、紧急订货与加急服务的回应时间等都有影响。当地购买有助于发展地区经济，形成社区信誉。在分工日益精细化的今天，供应商位置的远近直接决定了产品生产过程中的物流成本和管理成本。供应商与生产商同处于一个区域也有利于形成产业积聚效应，增强整个产业链的竞争力。

7．供应商存货政策

如果供应商的存货政策要求自己随时持有备件存货，将有助于突发故障的解决。供应商对库存的设置及库存地理位置的选择也影响着产品的可得性和满意度。对此，企业应予以考虑。

链接 2

8．信誉与财务状况稳定性

供应商信誉及财务状况是否令人满意；供应商是否严重依赖其他买主，使买方承担优先满足其他买主需要的风险，也是企业在选择供应商时需要考虑的因素。

企业总在不断地寻求更好的供应商，即价廉物美、时间有保证的供应商。很多企业设立了供应商评价标准，用来帮助选择供应商或定期评价已有的供应商。这样的选择评价标准、选择评价重点随企业而不同，与企业的竞争重点也紧密相关。一般来说，价格、质量、服务和交货期是最关键的因素。由华中理工大学管理学院 CIMS-SCM 课题组的一次调查统计数据可知：目前我国企业在选择供应商时，主要标准是产品质量，这与国际上重视质量的趋势一致；其次是价格，92.4%的企业考虑了这个标准；69.7%的企业考虑了交货提前期；品种多样性和批量柔性也是企业考虑的因素之一。选择供应商的标准如图 3.1 所示。

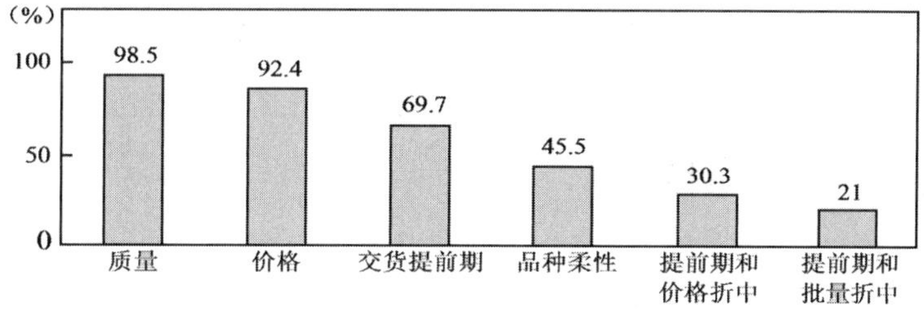

图 3.1　选择供应商的标准

通过调查数据及与一些企业管理人员的交谈发现，我国企业在评价、选择供应商时存在较多问题：主观成分过多，有时往往根据对供应商的印象确定供应商；供应商选择的标准不全面，目前企业的选择标准多集中在供应商的产品质量、价格、柔性、交货准时性、提前期和批量等方面，没有形成一个全面的供应商综合评价指标体系，不能对供应商做出全面、具体、客观的评价。

职业技能

如何寻找潜在供应商？供应商的开发与选择对企业的采购工作具有非常重要的作用，因此企业应利用多种渠道去寻找潜在供应商。这些渠道主要包括：

- 出版物。国际、国内有大量的出版物随时随地为采购方提供信息。比较典型的有综合工商目录、国别工商目录、产品工商目录及商业目录。贸易和商业刊物，特别是某个行业的期刊，可能从世界范围或某一国别范围对本行业诸如供给与需求、技术改造等综合问题和一些与评估供应商生产能力有关的最新资料等发布大量实用的信息。
- 行业协会。它也是收集潜在供应商的重要信息来源。一个国家的大多数工商企业都是行业协会的会员，采购方可以通过这些组织取得大量实用的有关供应商的资料。
- 专业化商业服务机构。一些非常著名的商业信息服务机构专门从事商业调查，并保存知名制造商的资料。采购方可以通过有偿形式从这些机构取得关于供应商的技术、管理、财务或其他方面的年度报告。
- 商业银行。它是获得供应商信息来源的重要渠道，但是通过银行取得供应商财务状况和资信等级等资料有些困难。供应商可能授意他的开户银行向采购方出具无争议证书。在利用这条渠道时，一定要选择信誉可靠的银行，或者与己方已有业务往来的银行。
- 通过对这些渠道的了解和恰当运用，可以帮助企业尽快地寻找到符合企业需要的潜在供应商。

辩证性思考：

在寻找潜在供应商时，有很多渠道可以利用。除上面提供的渠道外，你是否能想出其他的渠道？

3.1.3 供应商评价指标

1. 质量指标

产品质量是最重要的因素，在开始运作的一段时间内，企业要加强对供应商产品质量的检查。检查可分为两种：一种是全检，另一种是抽检。全检的工作量较大，一般采用抽检的方法。衡量指标包括来料批次合格率、来料抽检缺陷率、来料在线报废率、供应商来料免检率等，可以用以下公式表示：

来料批次合格率=（合格来料批次÷来料总批次）×100%

来料抽检缺陷率=（抽检缺陷总数÷抽检样品总数）×100%

来料在线报废率=［来料总报废数（含在线生产时发现的）÷来料总数］×100%

来料免检率=（来料免检的种类数÷该供应商供应的产品总种类数）×100%

2．交货期指标

交货期是一个很重要的考核指标参数。考察交货期主要是考察供应商的准时交货率、交货周期、订单变化接受率等，交货周期是自订单开出之日到收货之时的时间长度，常以天为单位。其他用公式表示如下：

准时交货率=（按时按量交货的实际批次÷订单确认的交货总批次）×100%

订单变化接受率=（订单增加或减少的交货数量÷订单原定的交货数量）×100%

订单变化接受率是衡量供应商对订单变化反应的一个指标，指双方确认的交货周期的订单增加或减少的比率。供应商能够接受的订单增加接受率与订单减少接受率往往不同，前者取决于供应商生产能力的弹性、生产计划的安排与反应快慢，以及库存大小与状态，后者取决于供应商的大小及因减单可能带来损失的承受力。

3．价格指标

价格就是供货的价格水平。考核供应商的价格水平，可以和市场同档次产品的平均价和最低价进行比较，分别用市场平均价格比率和市场最低价格比率来表示。

平均价格比率=［（供应商的供货价格–市场平均价）÷市场平均价］×100%

最低价格比率=［（供应商的供货价格–市场最低价）÷市场最低价］×100%

4．配合度指标

配合度指标主要考核供应商的协调精神。在和供应商相处的过程中，常常因为环境的变化或具体情况的变化，需要对工作任务进行调整变更，这种变更可能导致供应商工作方式的变更，甚至要求供应商做出一定牺牲。这时，可以考察供应商在这方面积极配合的程度。另外，如果工作出现了困难或者发生了问题，可能有时也需要供应商配合才能解决。这都可以看出供应商配合程度。考核供应商的配合度，主要靠人们的主观评分，需要找出与供应商相处的有关人员，让他们根据这个方面的体验给供应商评分。

3.1.4 供应商综合评价指标体系

1．供应商综合评价指标体系构建的原则

（1）系统全面性原则。指标体系必须全面反映供应商企业的目前综合水平，并包括企业发展前景的各方面指标。

（2）简明科学性原则。指标体系的大小必须适宜，即指标体系的设置应有一定的科学性。如果指标体系过大、指标层次过多、指标过细，势必将评价者的注意力吸引到细小的问题上；指标体系过小、指标层次过少、指标过粗，又不能充分反映供应商的水平。

（3）稳定可比性原则。评价指标体系的设置还应考虑到与国内其他指标体系相比较的方便性。

（4）灵活可操作性原则。评价指标体系应具有足够的灵活性，以使企业能根据自己的特点及实际情况，对指标加以灵活运用。

2．供应商综合评价指标体系的结构

根据企业调查研究，影响供应商选择的主要因素可以归纳为四类：企业业务、业务结

构与生产能力、质量系统、企业环境。为了有效地评价、选择供应商，在系统全面性、简明科学性、稳定可比性和灵活可操作性原则的指导下，图 3.2 结构分明地构建了三个层次的综合评价指标体系。第一层次是目标层，包含以上四类因素，影响供应商选择的具体因素建立在指标体系的第二层次，与其相关的细分因素建立在第三层次。下面主要介绍前三种影响因素。

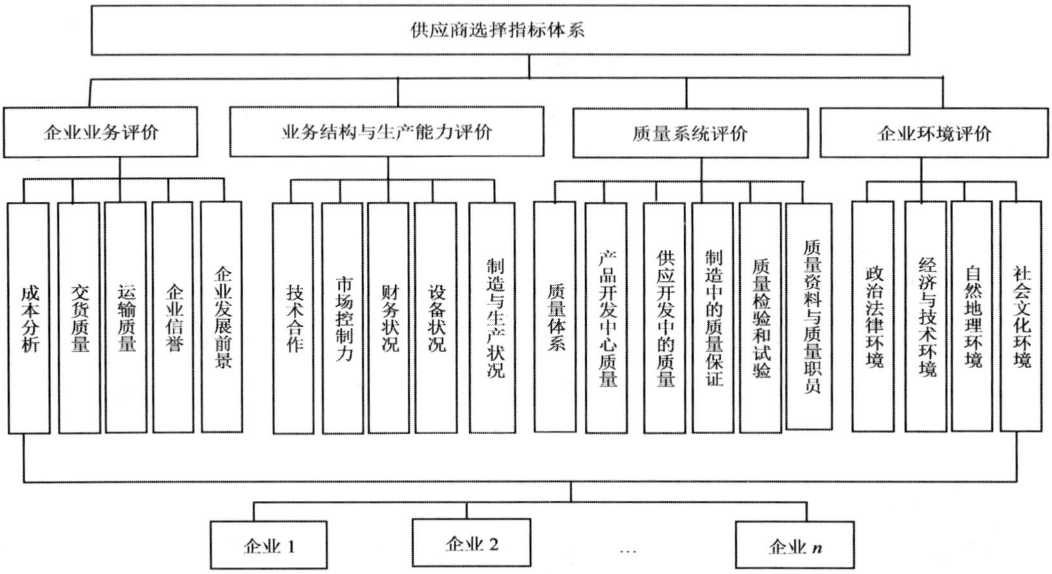

图 3.2　供应商选择评价指标体系

（1）企业业务评价。主要包括：

1）成本分析。这将影响制造企业的生产成本，同时综合反映了供应企业的管理水平和成本控制水平，可用价格、提前期价格折扣、总采购成本来表现。价格，即供方提供的单位产品报价；提前期价格折扣，即按一定时期承诺购买的总价值（总量）供方给予的价值折扣百分比；总采购成本，包括对供应商的考察费用、谈判费用、订货费用、交货费用。

2）交货质量。综合反映供方企业的交货能力，它将直接影响生产企业的生产稳定性、生产成本和生产效率，是最重要的不确定因素，包括产品合格率、交货提前期、交货柔性、批量柔性和产量柔性。

3）运输质量。主要反映供方企业的货运能力，其中主要涉及批量规模（元/次）、运输方式（火车、轮船、汽车、飞机）、交货地点（距离企业的远近），可用交货成本（所选运输方式单位运费×距离×运送次数）和交货时间（天）来表示。

4）企业信誉。包括以下内容：对客户要求的反应，综合反映供方对企业做出响应及解决问题的能力，包括快速反应能力，即从企业发出请求到请求被应答直至所请问题被解决所用的时间；售后服务满意度（可通过问卷进行调查）。

5）企业发展前景。反映企业未来合作的潜力，包括企业文化是否与企业目标相辅相成，是否能激发员工的积极性与创造性；企业家创新意识即是否在包括技术、制度、组织等方面有创新；团队精神，即在本部门及跨部门之间是否能很好地进行协作；战略一致性，即企业的经营理念、手法、竞争策略、管理制度是否与本企业所要求的一致。企业发展前景可通过问卷进行调查。

（2）业务结构与生产能力评价。主要包括：

1）技术合作。生产技术情况，可用人均技术装备水平反映企业现有技术水平，即生产用固定资产平均原值÷生产人员平均数。新技术创新投入率、技术开发人员比率、新产品开发成功率、新产品合格开发能力，可以从创新角度反映企业技术创新实力的强弱。新技术创新投入率=技术创新活动费÷企业产品销售额；技术开发人员比率=经常从事研发的技术人员数÷企业生产总人数；新产品开发成功率=能够到达市场的新产品数÷开发的新产品总数；新产品合格开发能力即开发新品所需的时间。用组合柔性体现企业变动期生产的产品种类的能力，即在给定的时期内供方能够生产的品种类数÷行业产品总数；用专利水平反映企业生产专利情况，即企业所拥有的专利总数÷行业已存专利数。

2）市场控制力。反映供应企业对市场的适应能力及发展能力，主要指标有市场占有率、市场覆盖率、市场应变能力。

3）财务状况。可用投资收益率（利润总额÷投资总额），反映企业获利能力；用资产负债率（负债总额÷资产总额），反映企业营运安全能力；用存货周转率（仓库总流量÷平均库存），反映企业营运能力。

4）设备状况。可用设备先进程度（期末达国内先进水平以上的设备数÷期末全部设备数），反映企业现有设备水平；用设备利用情况（实际工作设备数÷生产设备总数），反映现有设备工作能力。

5）制造与生产状况。可用总生产能力（年产量）、全员劳动生产率（报告期工业净产值÷报告期企业平均员工人数）来表示，后者反映企业对劳动力要素的利用程度。

（3）质量系统评价。对质量指标体系的分析，可以通过抽样调查获得统计数据进行，也可以通过对企业的调查问卷进行。质量系统综合评价可按如下两方面进行：质量系统满意度=评价值÷调查项目数；质量工程师比率=工程师人数÷质检员总人数。

相关链接

供应商激励机制与信任建立

供应商没有内在激励（对自己的质量、时效及创新能力进行投资），就可能在信息高度不对称的情况下，在出现个体利益与供应链利益冲突时，采取损害供应链整体利益的行为，从而带来供应链风险。因此，外部激励机制是供应链正常运作的必要条件，建立信任关系、增进互信是供应商风险管理的关键。

辩证性思考：

如何建立供应商激励机制？

3.2 供应商选择的一般步骤与方法

3.2.1 供应商选择的一般步骤

供应商选择就是从众多的候选供应商中，选择几家可以长期打交道的供应商，并与之建立长期的合作伙伴关系。评价选择可以归纳为以下几个步骤（见图 3.3）。企业必须确定各个步骤的开始时间，每个步骤对企业来说都是动态的（企业可自行决定先后和开始时间），并且每个步骤都是一次改善业务的过程。

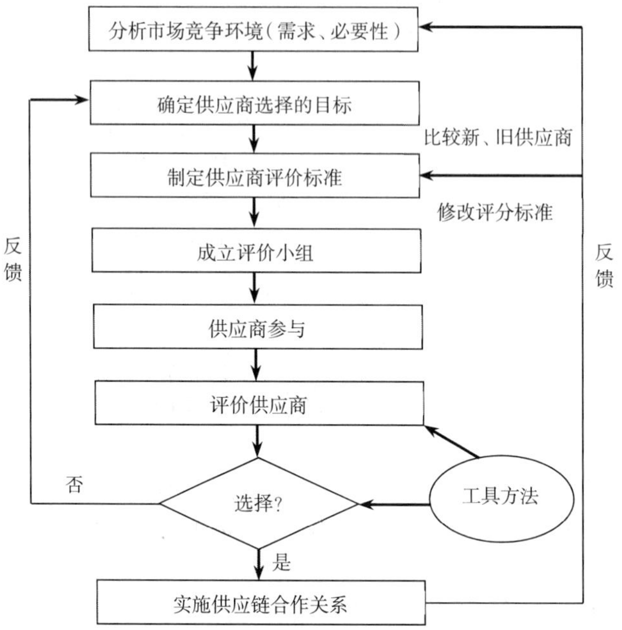

图 3.3　供应商评价选择的步骤

1. 分析市场竞争环境（需求、必要性）

市场需求是企业一切活动的驱动源。建立基于信任、合作、开放性交流的供应链长期合作关系，必须首先分析市场竞争环境，其目的在于找到针对哪些产品市场开发供应链合作关系才有效。还必须知道现在的产品需求是什么，产品的类型和特征是什么，以确认用户的需求，确认是否有建立供应链合作关系的必要。如果已建立供应链合作关系，则根据需求的变化确认供应链合作关系变化的必要性，从而确认供应商评价选择的必要性。同时，分析现有供应商的现状，分析、总结企业存在的问题。

2. 确定供应商选择的目标

企业必须确定供应商评价程序如何实施，信息流程如何运作，哪些人负责，而且必须建立实质性的目标，其中降低成本是主要目标之一。供应商评价、选择不单单是一个简单的评价、选择过程，而且是企业自身和企业与企业之间的一次业务流程重构过程，实施得好，它本身就可带来一系列利益。

3. 制定供应商评价标准

供应商综合评价指标体系是企业对供应商进行综合评价的依据和标准，是反映企业本身和环境所构成的复杂系统不同属性的指标，是按隶属关系、层次结构有序组成的集合。不同行业、企业、产品需求及不同环境下的供应商评价是不一样的，但都涉及供应商的业绩、设备管理、人力资源开发、质量控制、成本控制、技术开发、用户满意度、交货协议等可能影响供应链合作关系的方面。

4．成立评价小组

企业必须建立一个小组以控制和实施供应商评价。组员以来自采购、质量、生产、工程等与供应链合作关系密切的部门为主，并且必须有团队合作精神，具备一定的专业技能。评价小组必须同时得到制造商企业和供应商企业最高领导层的支持。

5．供应商参与

一旦企业决定进行供应商评价，评价小组必须与初步选定的供应商取得联系，以确认他们是否愿意与企业建立供应链合作关系，是否有获得更高业绩水平的愿望。企业应尽可能早地让供应商参与到评价的设计过程中。然而，因为力量和资源有限，企业只能与少数关键的供应商保持紧密合作，所以参与的供应商不能太多。

6．评价供应商

评价供应商的一个主要工作是调查、收集有关供应商的生产运作等全方位的信息。在收集供应商信息的基础上，就可以利用一定的工具和技术方法对供应商进行评价。

在评价的过程后，要有一个决策点，采用一定的技术方法选择供应商。如果选择成功，则可开始实施供应链合作关系；如果没有合适的供应商可选，则返回图 3.3 中所示的“确定供应商选择的目标”重新开始评价选择。

7．实施供应链合作关系

在实施供应链合作关系的过程中，市场需求将不断变化，可以根据实际情况的需要及时修改供应商评价标准，或者重新开始供应商评价选择。在重新选择供应商之前，应给予原供应商一定的时间以适应变化。

案例分析

（1）克莱斯特公司与洛克维尔公司之间的长期合作伙伴关系。克莱斯勒公司与洛克维尔公司达成一项协议，两家公司将在汽车的设计阶段进行紧密合作。洛克维尔公司负责总装厂与零部件厂的计算机控制部分的设计。洛克维尔公司的工程师设计开发相关计算机控制软件，以便能与克莱斯勒公司的工程师同时设计控制系统和整个汽车。

（2）本田公司与其供应商的合作伙伴关系。位于俄亥俄州的本田美国公司，强调与供应商 Donnelly 之间的长期合作伙伴关系。本田公司大约总成本的 80%都用在向供应商的采购上，这在全球范围内是最高的。

（资料来源：http://wenku.baidu.com/view/221fe8e6f90f76c661371ada.html）

分析点评：

本案例材料涵盖了以下知识点：通过与供应商合作伙伴关系的建立和供求双方的努力达到双赢。案例（1）中克莱斯勒公司形成了相互依赖的供应商合作伙伴关系，双方（汽车制造商与计算机控制供应商）紧密合作，共同提高了生产效率，降低了成本，缩短了制造周期，为克莱斯勒公司在汽车市场上抢得领先位置打下了基础。案例（2）中美国本田与 Donnelly 是一种长期相互信赖的合作关系。在相互合作中，本田公司得到了质量可靠、供货稳定的物品，而 Donnelly 也得到了发展，是典型的双赢关系。

辩证性思考：

（1）如何建立完善的供应商管理制度？

（2）试述供应商管理的意义。

3.2.2 选择供应商的方法

选择供应商的方法有许多种，要视供应商的数量、对供应商的了解程度、采购物品的特点、采购的规模及采购的时间性要求等而定。下面列举几种常见的选择方法。

相关链接

AB 角或 ABC 角。现在，一些企业为了制造供应商之间的竞争机制，故意选两家或三家供应商，将 A 角作为主供应商，为其分配较大的供应量；将 B 角（或再加上 C 角）作为副供应商，为其分配较小的供应量。综合成绩为优的中选供应商担任 A 角，候补供应商担任 B 角。在运行一段时间以后，如果 A 角的表现有所退步，B 角的表现有所进步，则可以把 B 角提升为 A 角，把原来的 A 角降为 B 角。这样，无形中就造成了 A 角和 B 角之间的竞争，促使他们改进产品和服务，使得采购企业获得更大的好处。

1．直观判断法

直观判断法是指通过调查、征询意见、综合分析和判断来选择供应商的一种方法。这是一种主观性较强的判断方法，主要是倾听和采纳有经验的采购人员的意见，或者直接由采购人员凭经验做出判断。这种方法的质量取决于对供应商资料掌握得是否正确、齐全，以及决策者的分析判断能力与经验。这种方法的运作方式简单、快速、方便，但是缺乏科学性，受掌握信息的详尽程度限制，常用于选择企业非主要原材料的供应商。

2．评分法

评分法是指依据供应商评价的各项指标，按供应商的优劣档次，分别对各供应商进行评分，选得分高者为最佳供应商。

例题 3-1

某采购单位列出了对供应商评选的 10 个项目：产品质量、技术服务能力、交货速度、能否对用户的需求做出快速反应、供应商的信誉、产品价格、延期付款期限、销售人员的才能和品格、人际关系、产品说明书及使用手册的优劣。每个评分标准分为 5 个档次并赋予不同的分值，即极差（0 分）、差（1 分）、较好（2 分）、良好（3 分）、优秀（4 分），满分为 40 分，然后在表上为供应商评分，根据最后的评分情况，再对各个供应商存在的不足之处进行改进。表 3.1 所示为对某供应商的评分。该供应商的得分为 32 分（4+4+2+3+3+3+4+4+3+2），为满分 40 分（理想供应商）的 80%，各项平均得分为 3.2 分。

表 3.1　对某供应商的评分

序　号	项　目	极差	差	较好	良好	优秀
		0 分	1 分	2 分	3 分	4 分
1	产品质量					✓
2	技术服务能力					✓
3	交货速度			✓		
4	能否对用户的需求做出快速反应				✓	
5	供应商的信誉				✓	
6	产品价格				✓	
7	延期付款期限					✓
8	销售人员的才能和品格					✓
9	人际关系				✓	
10	产品说明书及使用手册的优劣			✓		

3．采购成本比较法

对于采购商品质量与交付时间均满足要求的供应商，通常进行采购成本比较。采购成本一般为售价、采购费用、交易费用、运输费用等各项支出的总和。采购成本比较法是通过计算分析各个供应商的采购成本，选择采购成本较低的供应商的一种方法。

例题 3-2

某单位计划期需要采购某种物资 200 吨，甲、乙两个供应商供应的物资质量均符合企业的要求，信誉也比较好。距企业比较近的甲供应商的报价为 320 元/吨，运费为 5 元/吨，订购费用（采购中的固定费用）支出为 200 元；距企业比较远的乙供应商的报价为 300 元/吨，运费为 30 元/吨，订购费用（采购中的固定费用）支出为 500 元。

根据以上资料，可以计算出甲、乙两个供应商采购所需支付的成本。

甲供应商：200 吨×320 元/吨+200 吨×5 元/吨+200 元=65 200 元。

乙供应商：200 吨×300 元/吨+200 吨×30 元/吨+500 元=66 500 元。

因为甲供应商的采购成本比乙供应商的采购成本低[66 500−65 200=1 300（元）]，所以在交货时间与质量都能满足企业需求的情况下，甲供应商为合适的供应商。

4．招标采购法

- 条件。当采购物资数量大、供应市场竞争激烈时采用。
- 原理。它是由采购单位提出招标条件，各投标单位进行竞标，然后采购单位决标，与提出最有利条件的供应商签订协议。
- 方式。公开招标、选择性招标（邀请招标）。
- 优点。供应商选择范围更广泛，最可能获得便宜、实用的物资。
- 缺点。手续繁杂，时间长，不能适应紧急订购的要求；订购机动性差，缺乏足够的沟通，造成货不对路。

5．协商选择法

- 条件。在可供单位多、采购单位难以抉择时采用。
- 原理。由采购单位选出供应条件较为有利的几个供应商，与他们分别进行协商，再确定合适的供应商。
- 优点。与招标方法比较，协商选择方法因双方能充分协商，故在商品质量、交货日和售后服务等方面较有保证。
- 缺点。由于选择范围有限，不一定能得到最便宜、供应条件最有利的供应商。

前沿话题

进入 21 世纪以来，市场经济体制趋于完善，经济全球化不断发展，企业的经营环境发生了很大的变化。同时，随着收入水平的提高，消费者需求的多样化、个性化更加普遍，信息技术的不断提高，使传统的企业经营模式发生了很大的改变。企业之间的竞争日趋激烈，如何以更低的成本、更高的质量、更快捷的交货、更好的服务等去赢得消费者的偏爱，是理论界和企业界非常关注的问题。随着市场竞争的加剧，企业的生存和发展越来越依赖上下游企业间的通力合作，企业与上游的供应商、下游的零售商之间的战略合作变得更加重要。市场的竞争不再是单个企业之间的竞争，而是由各企业形成的供应链之间的竞争，为了更好地应对这种竞争，同一供应链上的企业间只有通过积极协作，才能达到供应链整体价值最大化。美国供应链专家 Stevens 认为，供应链是通过不断地增值过程及对分销渠道的控制，从供应商的供应商到用户的用户整个流程就是供应链，它从供应源开始，结束于消费的终点。

本章小结

链接 3

选择供应商是供应链管理的重要环节，企业在选择供应商时应充分考虑各个方面的因素。本章重点介绍了选择供应商的重要性，选择供应商应考虑的因素及供应商综合选择指标体系的构建原则。在实际操作中，还应该确定各个因素的影响大小，即权重。此外，介绍了供应商选择的一般步骤，重点讲述了直观判断法、评分法、采购成本法、招标法、协商法等供应商选择的具体方法。在遵循供应商选择的一般步骤和方法的过程中，组织管理是相当重要的，是影响供应商选择的关键。

评估练习题

1．能力测验

你是否能够：

□ 理解选择供应商的重要性？

□ 说出在选择供应商时应考虑哪些因素？

□ 说出我国企业在评价选择供应商时存在哪些问题？
□ 说出供应商评价指标有哪些？
□ 阐述供应商综合选择指标体系的构建原则？
□ 详细阐述供应商综合选择指标体系的结构？
□ 说出选择供应商的一般步骤？
□ 掌握选择供应商的常见方法？
□ 举例说明评分法和采购成本比较法？
□掌握招标采购法与协商选择法的优缺点？

练习题参考答案

2．关键术语回顾

________是指通过调查、征询意见、综合分析和判断来选择供应商的一种方法。

________是指依据供应商评价的各项指标，按供应商的优劣档次，分别对各供应商进行评分，选得分高者为最佳供应商。

________是通过计算分析各个供应商的采购成本，选择采购成本较低的供应商的一种方法。

3．关键概念回顾

◆ **单项选择题**

（1）我国企业在评价选择供应商时存在的问题是________。

A．主观成分过多　　B．选择标准全面
C．具体客观的评价　　D．形成全面的综合评价指标体系

（2）________是指合格来料批次与来料总批次之比。

A．来料抽检缺陷率　　B．来料批次合格率
C．来料在线报废率　　D．来料免检率

（3）________是指订单增加或减少的交货数量与订单原定的交货数量之比。

A．准时交货率　　B．订单变化接受率
C．平均价格比率　　D．最低价格比率

（4）________包括成本分析、交货绩效、运输绩效、对客户要求的反应和企业发展前景。

A．企业绩效评价　　B．业务结构/生产能力评价
C．质量系统评价　　D．企业环境评价

（5）________主要考核供应商的协调精神。

A．质量指标　　B．交货期指标　　C．价格指标　　D．配合度指标

◆ **多项选择题**

（6）选择供应商时，应考虑的因素有________。

A．质量　　B．价格　　C．服务
D．柔性　　E．位置

（7）检查可分为________。

A．全检　　B．抽检　　C．免检

D. 报检　　　　E. 安检

（8）供应商综合评价指标体系的构建原则包括________。

A. 系统全面性原则　　　　B. 简明科学性原则

C. 稳定可比性原则　　　　D. 灵活可操作性原则

E. 评价综合性原则

（9）供应商选择的常见方法有________。

A. 直观判断法　　B. 评分法　　C. 采购成本比较法

D. 招标采购法　　E. 协商选择法

（10）业务结构与生产能力评价主要包括________。

A. 技术合作　　B. 市场控制力　　C. 财务状况

D. 设备状况　　E. 制造与生产状况

◆ **判断题**

（11）在传统关系模式中，供应商和生产企业是一种战略伙伴关系，即双赢关系模式。（　　）

（12）综合评价指标体系的三个层次：目标层、影响选择供应商的具体因素和与其相关的细分因素。（　　）

（13）企业必须确定选择供应商的各步骤的开始时间，每一步骤对企业来说都是静态的，并且都是一次改善业务的过程。（　　）

（14）柔性是指供应商面临数量、交付时间与产品改变时，有多大灵活性，供应商是否愿意及能够回应需求改变，接受设计改变。（　　）

（15）供应商的交货能力包括两个方面：一是供应商的准时交货能力；二是供应商的持续改善能力。（　　）

4．计算题

某钢铁公司计划采购物资500吨，省内、外两家公司的物资质量均符合该公司的要求，信誉很好。省内供应商的报价为1 400元/吨，运费为10元/吨，订购费用支出为500元；省外供应商的报价为1 350元/吨，运费为30元/吨，订购费用支出为800元。请判断如何选择物资采购的供应商（注：订购费用为采购中的固定费用）。

5．单元实训

第4章

采购谈判与合同管理

学习目标

知识目标：

（1）掌握采购谈判的概念、特点和原则。

（2）熟悉采购谈判的策略和技巧。

（3）掌握采购谈判的内容和程序。

（4）掌握采购合同的订立、履行与跟踪。

能力目标：

（1）了解采购谈判的具体准备工作。

（2）熟悉采购合同的内容和格式。

（3）了解采购合同的履行和跟踪过程。

学习重点与难点

（1）采购谈判的策略和技巧。

（2）采购谈判的基本程序及各阶段注意事项。

（3）采购合同的主要条款。

（4）采购合同管理的内容和方法。

引导案例

彩电玻壳生产线

美国Y公司向中国石家庄工厂销售了一条彩色电视机玻壳生产线，经过安装后，调试的结果一直不理想，一晃时间到了圣诞节，美国专家要回家过节。于是全线设备均要停下来，尤其是玻璃熔炉还要保温维护。美方过节是法定的，但中方生产线停顿是有代价的，两者无法融合。

美方走后，中方专家自己研究技术，着手解决问题，经过一周的日夜奋战将问题最大的成型机调试好了，这也是全线配合的关键。该机可以生产合格的玻壳后，其他设备即可按其节奏运转。

等美方人员过完节，回到中方工厂已是三周后的事，一见工厂仓库的玻壳，十分惊讶，问“怎么回事”。当中方工厂告诉美方，自己调试生产线后，美方人员转而大怒，认为：“中方人员不应动设备，应该对此负责任。”并与中方工厂的外贸代理公司进行交涉：“以后对工厂的生产设备将不承担责任，若影响其回收货款还要索赔。”

（资料来源：http://www.xspic.com/koucai/tanpanjiqiao/667213.htm）

辩证性思考：

（1）如何看美方的论述？

（2）如何看中方人员调试设备的行为？

（3）中方工厂的外贸代理公司面对美方论述会怎么回答？

（4）最终结果应如何？

链接 1

4.1 采购谈判

谈判是指人们为了改善彼此之间的关系而进行相互协调和沟通，以便在某些方面达成共识的行为和过程。采购谈判是指企业在采购方与供应商之间进行的贸易谈判。采购谈判的目的：一是希望获得供应商质量好、价格低的产品；二是希望获得供应商比较好的服务；三是希望在发生物资差错、事故、损失时获得合适的赔偿；四是当发生纠纷时能够妥善解决，不影响双方关系。

4.1.1 采购谈判的特点

1. 采购谈判是买卖双方合作与冲突对立关系的统一

合作性表明双方的利益有共同的一面，冲突性表明双方利益又有分歧的一面。谈判人员要尽可能地加强双方的合作性，减少双方的冲突性。合作性和冲突性可以相互转化，如果合作性的比例加大，冲突性的比例将减少，那么谈判的可能性就大；反之，如果冲突的一面通过洽谈没有得到解决或减少，那么谈判就有可能失败。采购人员可以在事前将双方意见的共同点和分歧点分别列出，并按照其在谈判中的重要性分别给予不同的权重和分数，比较共同点方面的分数和分歧点方面的分数来预测谈判成功的概率，以决定如何消除彼此的分歧。

2. 采购谈判是原则性和可调整性的统一

原则性是指谈判双方在谈判中最后退让的界限，即谈判的底线。谈判双方对重大原则问题通常是不会轻易让步的，即便退让也有一定的限度。可调整性是指谈判双方在坚持彼此基本原则的基础上可以向对方做出一定让步和妥协。对于采购谈判，如果双方在所有的谈判条件上都不肯做出让步，谈判是难以成功的。因此，原则性和调整性是同时存在的。

3. 采购谈判以经济利益为中心

谈判的中心是各自的经济利益，价格在谈判中作为调节和分配经济利益的主要杠杆，是谈判的焦点。谈判以经济利益为中心并不意味着不考虑其他利益，而是指相对于其他利益来说，经济利益是首要的，是起支配作用的。

4.1.2　采购谈判的基本原则

1．合作原则

为了保证谈判的顺利进行，谈判双方必须共同遵守一些基本原则，这就是所谓的合作原则。概括而言，合作原则就是要求谈判双方以最精练的语言表达最充分、真实、相关的信息，它包括以下四个准则：

- 量的准则。所说的话应包括交谈所需要的信息，不应包括与交谈无关的信息。
- 质的准则。不应说虚假的话，不说缺乏足够证据的话。
- 关系准则。所说的话要关联并切题，不要漫无边际地胡说。
- 方式准则。要求清楚明白，避免晦涩、歧义，要简练，井井有条。

2．礼貌原则

礼貌原则包括六个准则：

- 得体准则。这是指减少表达有损于他人的观点。
- 慷慨准则。这是指减少表达利己的观点。
- 赞誉准则。这是指减少表达对他人的贬损。
- 谦逊准则。这是指减少对自己的表扬。
- 一致准则。这是指减少自己与别人在观点上的不一致。
- 同情准则。这是指减少自己与他人在感情上的对立。

礼貌原则与合作原则互为补充。在采购谈判中，谈判双方虽然站在各自的立场，处于对立的状态，但他们的最终目的是希望谈判能获得成功。为此，他们都尽量遵守合作原则，以显示自己的诚意，确保谈判顺利进行。但是，出于种种原因，如谈判策略的需要，各自的立场不同等，他们又经常违反某些原则。这时，就需要揣度对手的弦外之音、言下之意，以决定自己的应对之策。这不仅是智慧的较量，也是语言运用和理解能力的较量。

相关链接

采购谈判中的具体原则：

◇ 不轻易留给对方讨价还价的余地。
◇ 不打无准备之仗，不打无把握之仗。
◇ 不要轻易放弃。
◇ 不要急于向对手摊牌或展示自己的实力。
◇ 要为对手制造竞争气氛。
◇ 为自己确定的谈判目标要留有机动的幅度、可进退的余地。
◇ 注意信息的收集、分析和保密。
◇ 在谈判中应多听、多问、少说。
◇ 要让对方从开始就习惯己方的谈判目标。

4.1.3　采购谈判的准备工作

谈判前期的准备工作主要包括谈判资料的收集、谈判方案的制订等。

1．谈判资料的收集

（1）采购需求分析。采购需求分析是根据生产和销售的情况，对生产中所需要的原材料、辅助材料、包装材料，以及各种商品在市场上的需求情况进行分析和预测，确定需采购的材料，以及商品的品种、规格、型号和数量。

（2）市场资源调查。调查的主要内容包括产品供需情况、产品销售情况、产品竞争情况、产品分销渠道。

1）通过对所需产品在市场上的总体供应状况的调查分析，可以了解该产品目前在市场上的供应情况。市场供求状况不同，买方就要制定不同的采购谈判方案和策略。另外，通过对所要采购的产品在市场上的需求情况的调查分析，还可以了解目前该产品在市场上的潜在需求者。

2）作为买方，调查准备购买的产品在市场上的销售情况，可以了解该类产品的各种型号在过去几年的销售量及价格波动情况；该类产品的需求程度及潜在的销售量；其他购买者对此类新、老产品的评价及要求等。通过对产品销售情况的调查，可以使谈判者大体掌握市场容量、销售量，有助于确定未来具体的购进数量。

3）产品竞争情况的调查包括生产同种所需产品的供应商的数目及其规模；所要采购产品的种类；所需产品是否有合适的替代品及替代品的生产厂商；此类产品的各重要品牌的市场占有率及未来变动趋势；竞争产品的品质、性能与设计；供应商主要竞争对手所提供的售后服务方式，以及中间商对这种服务的满意程度等。

通过产品竞争情况的调查，使谈判者能够掌握所需同类产品竞争者的数目、强弱等有关情况，寻找谈判对手的弱点，争取以较低的成本费用获得己方所需产品。也能使谈判者预测对方产品的市场竞争力，使自己保持清醒的头脑，在谈判桌上灵活掌握价格弹性。

4）产品分销渠道的调查主要包括：各主要供应商采用何种经销路线，当地零售商或制造商是否聘用人员直接推销，其使用程度如何；各种类型的中间商有无仓储设备；各主要市场地区的批发商与零售商的数量；各种销售推广、售后服务及存储商品的功能等。

调查商品的分销路线，不仅可以掌握谈判对手的运输、仓储等管理成本的状况，在价格谈判上做到胸中有数，而且可以针对供应商售后服务的弱点，要求对方在其他方面给予一定的补偿，争取谈判成功。

（3）对方信息收集。

1）资信情况。调查供应商的资信情况：一是要调查对方是否具有签订合同的合法资格；二是要调查对方的资本、信用和履约能力。

> **关键词**
>
> 资信情况　资信情况是指与信用活动相关的各类经济主体（包括各类企业、金融机构、社会组织和个人）及其金融工具（包括债券、股票、基金、合约等）自主履行其相关经济承诺的能力大小和可信任程度。资信情况反映了经济主体自主偿债能力的强弱。

2）对方的谈判作风和特点。谈判作风是指谈判者在多次谈判中表现出来的一贯风格。了解谈判对手的谈判作风，可为预测谈判的发展趋势和对方可能采取的策略，以及制定己方的谈判策略提供重要的依据。此外，还可以收集供应商要求的货款支付方式、谈判最后期限等方面的资料。

（4）资料整理和分析。通过各种渠道收集到以上有关资料以后，还必须对它们进行整理和分析。这里主要做两方面的工作：

1）鉴别资料的真实性和可靠性。在实际工作中，由于各种各样的原因和限制因素，在收集到的资料中往往存在某些资料比较片面、不完全，有的甚至是虚假的、伪造的，因而必须对这些初步收集到的资料做进一步的整理和甄别，做到去伪存真，为己方谈判所用。

2）在资料具备真实性和可靠性的基础上，结合谈判项目的具体内容与实际情况，分析各种因素与该谈判项目的关系，根据它们对谈判的相关性、重要性和影响程度进行比较分析，并以此制定出具体的、切实可行的谈判方案与对策。

链接 2

2. 谈判方案的制订

谈判方案是指导谈判人员行动的纲领，在整个谈判过程中起着重要作用。

（1）谈判地点的选择。

1）谈判地点安排在采购方企业所在地。优点：熟悉环境，不会给采购谈判人员造成心理压力，有利于以放松、平和的心态参加谈判；查找资料和邀请有关专家比较方便，可以随时向本企业决策者报告谈判进展；同时由于地利、人和等因素，可以给对方谈判人员带来一定的心理压力。缺点：易受本企业各种相关人员及相关因素的干扰，而且少不了复杂的接待工作。

2）谈判地点选在对方企业所在地。优点：采购方谈判人员可以少受外界因素的打扰而将全部精力投入谈判工作；可以与对方企业决策者直接交换意见，可以使对方谈判人员无法借口无权决定而拖延时间，同时省去了许多繁杂的接待工作。缺点：不熟悉环境，易有压力；临时需要查找资料和邀请有关专家不方便。

3）谈判地点选在其他地方对企业来讲比较公平，谈判可以不受外界因素打扰，保密性强。但对双方来讲，查找信息和请示领导都多有不便，各项费用支出较高。

（2）谈判时间的选择。谈判时间一般都在白天，这使双方谈判人员都能以充沛的精力投入谈判中，头脑清醒，应对自如，不犯或少犯错误。

（3）谈判人员的选择。谈判人员的选择对于一次采购谈判成功与否的重要性是不言而喻的。有的采购谈判可能由于规模小，目标已明确，仅需要 1～2 名谈判人员；有的采购谈判可能由于规模大、情况复杂、目标多元化而需要由多个谈判人员组成谈判小组。不管谈判人员多少，都应满足对谈判人员基本素质的共同要求。这些共同要求包括：谈判者应具有良好的自控与应变能力、观察与思维能力、迅捷的反应能力、敏锐的洞察能力，甚至有时是经过多次采购谈判而无形中形成的直觉。此外，谈判人员还应具有平和的心态、沉稳的心理素质，以及大方的言谈举止。

如果必须组成谈判小组，那么其谈判小组的组成要适当，依据实际情况而定，应遵循的原则是保持精干高效。采购谈判小组除了需要一名具有丰富的谈判实践经验、高超的组织协调能力的组长，还需要财务、法律、技术等各个方面的专家。在性格和谈判风格上，小组成员应该是“进攻型”和“防御型”两类人员优势互补，易使谈判取得最佳效果。

（4）谈判方式的选择。采购谈判方式可以简单地分为两大类：面对面的会谈及其他方式。面对面的会谈又可以分为正式的场内会谈和非正式的场外会谈，其他谈判方式包括信函、电话、电传、电报、互联网等方式。

4.1.4 采购谈判的策略和技巧

在采购谈判中，为了使谈判能够顺利进行和取得成功，谈判者应善于灵活运用一些谈判策略和技巧。谈判策略是指谈判人员通过何种方法达到预期的谈判目标，而谈判技巧是指谈判人员采用什么具体行动执行策略。在实际工作中，应根据不同的谈判内容、谈判目标、谈判对手等个体情况选用不同的谈判策略和技巧。

1. 采购谈判的策略

（1）投石问路策略。所谓投石问路策略，就是在采购谈判中，当买方对卖方的商业习惯或有关产品成本、价格等方面不太了解时，买方主动地提出各种问题，并引导卖方做较全面的回答，然后从中获得有用的信息。这种策略一方面可以达到尊重卖方的目的，使卖方感觉到自己是谈判的主角和中心；另一方面又可以摸清卖方的底细，争得主动。

运用该策略时，关键在于买方应给予卖方足够的时间并设法引导卖方对所提出的问题尽可能地做详细的正面回答。为此，买方在提问时应注意：问题简明扼要，要有针对性，尽量避免暴露提出问题的真实目的或意图。在一般情况下，买方可以提出以下几个问题：如果我们订货的数量增加或减少？如果我们让你方作为我们的固定供应商？如果我们有临时采购需求？如果我们分期付款？等等。

当然，这种策略也有不适用的情况，比如，当谈判双方出现意见分歧时，买方使用此策略会让卖方感到是故意出难题，这样，卖方就会觉得你没有谈判诚意，谈判也许就不能成功。

> **提示**
>
> 投石问路策略是指采购方在谈判中通过不断询问，来直接了解从供应商那里不容易获得的诸如成本、价格等方面的尽可能多的资料，以此来摸清对方的虚实，掌握对方的心理，以便在谈判中做出正确的决策。

（2）避免争论策略。谈判人员在开谈之前，要明确自己的谈判意图，在思想上做必要的准备，以创造融洽、活跃的谈判气氛。然而，谈判双方为了谋求各自的利益，必然在一些问题上发生分歧。此时，双方都要保持冷静，防止感情冲动，尽可能地避免争论。因为争论不休于事无补，只能使事情变得更糟，最好的方法是采取下列态度进行协商。

1）冷静地倾听对方的意见。在谈判中，听往往比说更重要。倾听不仅表现了谈判者的良好素质和修养，也表现出对对方的尊重。多听少讲可以把握材料，探索对方的动机，预测对方的行动意图。在倾听过程中，即使对方讲出你不爱听的话或对你不利的话，也不要立即打断对方或反驳对方。因为真正赢得优势、取得胜利的方法绝不是争论，最好的方法是让对方陈述完毕后，首先表示同意对方的意见，承认自己在某方面的疏忽，然后提出对对方的意见，进行重新讨论。这样，在重新讨论问题时，双方就会心平气和地进行，从而使谈判达成双方都比较满意的结果。

2）婉转地提出不同意见。在谈判中，当你不同意对方的意见时，切忌直接提出自己的否定意见。这样会使对方在心理上产生抵触情绪，反而千方百计地维护其观点。如果有不同意见，最好的方法是先同意对方的意见，谈后再做探索性的提议。

3）分歧产生之后，谈判无法进行下去，应立即休会。如果在洽谈中，某个问题成了绊脚石，使洽谈无法进行下去，双方为了捍卫自己的原则和利益，就会各持己见，互不相让，使洽谈陷入僵局。休会策略为那些固执己见型谈判者提供了请示上级的机会，也为自己创造了养精蓄锐的机会。

谈判实践证明，休会策略不仅可以避免僵持的局面和争论的发生，也可以使双方保持冷静、调整思绪，平心静气地考虑对方的意见，达到顺利解决问题的目的。“休会”是国内谈判人员经常采用的基本策略。

（3）情感沟通策略。如果与对方直接谈判的希望不大，就应该采取迂回策略。所谓迂回策略就是要先通过其他途径接近对方，彼此了解，联络感情。在沟通了感情后，再进行谈判。人都是有感情的，满足人的感情和欲望是人的一种基本需要。因此，在谈判中利用感情因素去影响对方是一种可取的策略。

灵活运用此策略的方法很多，可以有意识地利用空闲时间，主动与谈判对手聊天、娱乐、谈论对方感兴趣的问题；也可以赠送小礼品，请客吃饭，提供交通住宿方便；还可以通过帮助解决一些私人问题，从而达到增进了解、联系情感、建立友谊的目的，从侧面促进谈判顺利进行。

（4）货比三家策略。在采购某种商品时，企业往往选择几家供应商进行比较分析，最后签订供销和约。这种情况在实际工作中非常常见，我们把采购上的这种做法称为货比三家策略。

在采用该策略时，企业首先选择几家生产同类型己方所需产品的供应商，并向对方提供自己的谈判内容、谈判条件等。同时，要求对方在限定的时间内提供产品样品、产品的相关资料，然后，依据资料比较分析卖方在谈判态度、交易条件、经营能力、产品性价比等方面的差异，最终选择其中的一家供应商与其签订合同。

另外，在运用此策略时，买方应注意选择实力相当的供应商进行比较，以增加可比性和提高签约率。同时，买方还应以平等的原则对待所选择的供应商，以严肃、科学、实事求是的态度比较分析各方的总体情况，从而寻找企业的最佳供应商合作伙伴。

（5）声东击西策略。该策略是指为达到某种目的和需要，有意识地将洽谈的议题引导到无关紧要的问题上，转移对方的注意力，以求实现自己的谈判目标。具体做法是，在无关紧要的事情上纠缠不休，或在对自己来说不算问题的问题上大做文章，以分散对方在自己真正要解决的问题上的注意力，从而在对方毫无警觉的情况下，顺利实现自己的谈判意图。

例如，对方最关心的是价格问题，而己方最关心的是交货时间。这时，谈判的焦点不要直接放到价格和交货时间上，而是放到价格和运输方式上。在讨价还价时，己方可以在运输方式上做出让步，而作为双方让步的交换条件，要求对方在交货时间上做出较大让步。这样，对方满意了，己方的目的也达到了。

（6）最后通牒策略。处于被动地位的谈判者，总有希望谈判成功达成协议的心理。当谈判双方各持己见、争执不下时，处于主动地位的一方可以利用这一心理，提出解决问题的最后期限和解决条件。期限是一种时间性通牒，它可以使对方感到，如不迅速做出决定，就会失去机会。因为从心理学角度讲，人们对得到的东西并不十分珍惜，对要失去的本来在他看来并不重要的某种东西，却一下子觉得很有价值。在谈判中采用最后期限的策略就是借助人的这种心理定式来发挥作用的。

最后期限既给对方造成压力，又给对方一定的考虑时间，因为谈判不成功导致损失最大的还是自己。随着最后期限的到来，对方的焦虑会与日俱增。因此，最后期限压力迫使人们快速做出决策。一旦对方接受了这个最后期限，交易就会很快地顺利结束。

（7）其他谈判策略。除以上介绍的谈判策略和方法以外，在实际谈判活动中，还有许多策略可以采用：多听少讲策略、先苦后甜策略、讨价还价策略、欲擒故纵策略、以退为进策略等。限于篇幅，在此不做详细的论述。

链接 3

总之，只要谈判人员善于总结，善于观察，并能理论结合实践，就能创新出更多、更好适合自身的谈判策略，并灵活地将它们用于实际谈判中。

2．采购谈判的技巧

（1）入题技巧。谈判双方刚进入谈判场所时，难免会感到拘谨，尤其是谈判新手，在重要谈判中往往会产生忐忑不安的心理。为此，必须讲究入题技巧，采用恰当的入题方法。

1）迂回入题。为避免谈判时单刀直入、过于暴露，影响谈判的融洽气氛，谈判时可以采用迂回入题的方法，如先从题外话入题，从介绍己方谈判人员入题，从“自谦”入题，或者从介绍本企业的生产、经营、财务状况入题等。

2）先谈细节、后谈原则性问题。围绕谈判的主题，先从洽谈细节问题入题，丝丝入扣，待各项细节问题谈妥之后，便自然而然地达成了原则性的协议。

3）先谈一般原则、后谈细节。一些大型的经贸谈判，由于需要洽谈的问题千头万绪，双方高级谈判人员不应该也不可能介入全部谈判，往往要分成若干等级进行多次谈判。这就需要采取先谈原则问题、后谈细节问题的方法。一旦双方就原则问题达成了一致，那么洽谈细节问题也就有了依据。

4）从具体议题入手。大型谈判总是由具体的一次次谈判组成。在每次谈判中，双方可以首先确定本次会议的谈判议题，然后从这一议题入手进行洽谈。

（2）阐述技巧。

1）开场阐述。谈判入题后，接下来就是双方进行开场阐述，这是谈判的一个重要环节。

- 开场阐述的要点具体包括：一是开宗明义，明确本次会谈所要解决的主题，以集中双方的注意力，统一双方的认识；二是表明己方通过洽谈应当得到的利益，尤其是对己方至关重要的利益；三是表明己方的基本立场，可以回顾双方以前合作的成果，也可以展望或预测今后双方合作中可能出现的机遇或障碍，还可以表示双方可采取何种方式共同获得利益等；四是开场阐述应是原则的，而不是具体的，应尽可能简明扼要；五是开场阐述应以诚挚和轻松的方式来表达。

- 对对方开场阐述的反应具体包括：一是认真耐心地倾听对方的开场阐述，归纳并弄懂对方开场阐述的内容，思考和理解对方的关键问题，以免产生误会；二是如果对方开场阐述的内容与己方意见差距较大，不要打断对方的阐述，更不要立即与对方争执，而应当先让对方说完，认同对方之后再巧妙地转开话题，从侧面进行谈判。

2）让对方先谈。在谈判中，当你对市场态势和产品定价的新情况不太了解，或者当你尚未确定购买何种产品，或者你无权直接决定购买与否的时候，你一定要坚持让对方先说明可提供何种产品、产品的性能如何、产品的价格如何等，然后再审慎地表达意见。有时，即使你对市场态势和产品定价比较了解，有明确的购买意图，而且能直接决定购买与否，也不妨先让对方阐述利益要求、报价和介绍产品，然后在此基础上再提出自己的要求。这种先发制人的方式，常常能收到奇效。

3）坦诚相见。在谈判中应当提倡坦诚相见，不但将对方想知道的情况坦诚相告，而且可以适当透露己方的某些动机和想法。

坦诚相见是获得对方同情的好办法，人们往往对坦诚的人自然有好感。但是应当注意，与对方坦诚相见，难免要冒风险。对方可能利用你的坦诚逼你让步，你可能因为坦诚而处于被动地位，因此，坦诚相见是有限度的，并不是将一切和盘托出。总之，以既赢得对方的信赖又不使自己陷于被动、丧失利益为度。

（3）提问技巧。要用提问摸清对方的真实需要，掌握对方心理状态，表达自己的意见、观点。

1）提问的方式：封闭式提问、开放式提问、婉转式提问、澄清式提问、探索式提问、借助式提问、强迫选择式提问、引导式提问、协商式提问。

2）提问的时机：在对方发言完毕时提问，在对方发言停顿、间歇时提问，在自己发言前后提问，在议程规定的辩论时间提问。

3）提问的其他注意事项：注意提问速度；注意对方心境；提问后，给对方足够的答复时间；提问时，应尽量保持问题的连续性。

（4）答复技巧。答复不是容易的事，回答的每句话，都会被对方理解为一种承诺，都负有责任。

答复时应注意：不要彻底答复对方的提问，针对提问者的真实心理答复，不要确切地答复对方的提问，降低提问者的追问兴趣，让自己获得充分的思考时间，礼貌地拒绝不值得回答的问题，找借口拖延答复。

（5）说服技巧。

1）说服原则。包括：不要只说自己的理由；研究分析对方的心理、需求及特点；消除对方戒心、成见；不要操之过急、急于奏效；不要一开始就批评对方，把自己的意见、观点强加给对方；说话用语要朴实亲切，不要过多地讲大道理；态度诚恳、平等待人、积极寻求双方的共同点；承认对方“情有可原”，善于激发对方的自尊心；坦率地承认如果对方接受意见，己方也可获益。

2）说服具体技巧。包括：讨论先易后难；多向对方提出要求、传递信息、影响对方意见；强调一致、淡化差异；先谈好后谈坏；强调合同有利于对方的条件；待讨论赞成和反对意见后，再提出意见；说服对方时，要精心设计开头和结尾，要给对方留下深刻印象；结论要由己方明确提出，不要让对方揣摩或自行下结论；多次重复某些信息和观点；多了解对方，以对方习惯的、能够接受的方式和逻辑去说服对方；先做铺垫，不要奢望对方立即接受突如其来的要求；强调互惠互利、互相合作的可能性、现实性，激发对方在自身利益认同的基础上接纳己方的意见。

（6）注意正确使用语言。

1）准确易懂。在谈判中，所使用的语言要规范、通俗，使对方容易理解，不致产生误会。

2）简明扼要，具有条理性。由于人们有意识的记忆能力有限，对于大量的信息，在短时间内只能记住有限的、具有特色的内容，所以在谈判中一定要用简明扼要而又有条理性的语言来阐述自己的观点。这样，才能在洽谈中收到事半功倍的效果。反之，如果信口开河，不分主次，话讲了一大堆，不仅不能使对方及时把握要领，还会使对方产生厌烦的感觉。

3）第一次要说准确。在谈判中，当双方要求提供资料时，第一次一定要说准确，不要模棱两可、含混不清。如果对对方要求提供的资料不甚了解，应延迟答复，切忌脱口而出。要尽量避免使用包含上、下限的数值，以防止波动。

4）语言富有弹性。在谈判过程中使用的语言，应当丰富、灵活、富有弹性。对于不同的谈判对手，应使用不同的语言。

职业技能

如何在谈判过程中进行讨价还价？讨价还价是谈判中一项重要的内容，一个优秀的谈判者不仅要掌握谈判的基本原则、方法，还要学会熟练地运用讨价还价的策略和技巧，以达到谈判的成功。在谈判中，具有下列讨价还价的策略和技巧。

（1）投石问路策略。要想在谈判中掌握主动权，就要尽可能地了解对方的情况，尽可能地了解掌握某一步骤对对方的影响。例如，在价格阶段讨论中，想要试探对方对价格有无回旋的余地，就可提议："如果我方增加购买数额，贵方可否考虑价格优惠呢？"然后，可根据对方的开价，进行选择比较，讨价还价。

（2）抬价压价策略。在谈判中，要经过多次抬价、压价，才能相互妥协，确定一个双方认可的价格标准。由于谈判时抬价一方不清楚对方要求多少，在什么情况下妥协，所以运用的关键是抬到多高才是对方能够接受的。因此，时间越久，局势就会越有利于有信息、有耐力的一方。压价是抬价的破解：一种是买方先报价格，可以低于预期进行报价，留有讨价还价的余地；另一种是卖方先报价，买方再还价。

（3）价格让步策略。价格让步的方式和幅度直接关系到让步方的利益，理想的方式是每次做递减式让步，做到让而不乱，成功地遏制对方无限制让步的要求。

（4）最后报价策略。谈判者要掌握好最后出价的时机和方式。如果在双方各不相让，甚至在气愤、对峙状况下最后报价，无异于发出最后通牒，会危及谈判顺利进行。当双方就价格问题不能达成一致时，如果报价一方看出对方有明显的达成协议的倾向，这时提出最后的报价较为适宜。

链接 4

在讨价还价过程中，根据当时的情形和各个策略所具有的不同特点，恰当地运用，有助于谈判者掌握谈判过程中的主动权，获得最大的效益。

技能练习

模拟实际场景，分组进行角色扮演，逐一练习讨价还价的策略和技巧。

4.1.5　采购谈判的内容

采购谈判的内容包括产品条件谈判、价格条件谈判和其他条件谈判。

（1）产品条件谈判，包括产品品种、型号、规格、数量、商标、外形、款式、色彩、质量标准、包装等条件的谈判。

（2）价格条件谈判。它是采购谈判的中心内容，是谈判中最为关心的问题。通常，双方都会进行反复的讨价还价，最后才能敲定成交价格。价格条件谈判也包括数量折扣、退货损失、市场价格波动风险、商品保险费用、售后服务费用、技术培训费用、安装费用等条件的谈判。

（3）其他条件谈判。除了产品条件和价格条件谈判，还有交货时间、商品检验和索赔、付款方式、违约责任、货物保险和仲裁等其他条件的谈判。

4.1.6　采购谈判的程序

1. 采购合同的洽谈

（1）摸底阶段。在正式谈判开始前，因为双方的主要任务是相互摸底，希望知道对方的谈判目标底线，所以在这一阶段说话往往非常谨慎，通常以介绍自己的来意、谈判人员的情况（姓名、职务、分工等）、本企业的历史、产品的有关情况等为主，并倾听对方的意见和观察其反应。在这一阶段，价格这一敏感问题往往先不在谈话中涉及，而是在倾听对方意见后再做决定。

（2）询价阶段。价格是采购谈判的敏感问题，也是谈判的关键环节，在这一阶段要考虑的问题：谁先开价，如何开价，对方开价后如何还价等。

（3）磋商阶段。在进行询价后，谈判就进入了艰难的磋商阶段。因为双方都已经知道了对方的初始报价，所以在磋商阶段主要是双方彼此讨价还价，尽力为己方争取更多利益的阶段。初始报价已经表明了双方分歧的差距，要为己方争取更多的利益，就必须判断对方为何如此报价，他们的真实意图是什么。可以通过一系列审慎询问来获得信息，比如，这一报价和购买数量的关系，是否包括运费、零配件费用和其他费用在内等。在这一阶段，不适宜马上对对方的回答予以评论或反驳。

（4）解决分歧阶段。在明确了分歧类型和产生的原因之后，就要想办法消除双方之间的分歧。对由于误解而造成的分歧，通过加强沟通、增进了解，一般是可以消除的。由于策略的考虑而人为造成的分歧，如双方立场相差很远而形成的真正分歧，其消除是非常困难和漫长的，需要高明的策略和技巧。

（5）成交阶段。经过磋商之后，双方的分歧得到解决，就进入成交阶段。在这个阶段，谈判人员应将意见已经一致的方面进行归纳和总结，并办理成交的手续或起草成交协议文件。

2．采购合同的签订

这是谈判的最后阶段，在这一阶段主要做好以下工作。

（1）检查成交协议文本。应该对文本进行一次详细的检查，尤其是对关键的词、句子和数字的检查一定要仔细认真。一般应该采用统一的、经过公司法律顾问审定的标准格式文本，如合同书、订货单等。对大宗或成套项目交易，其最后文本一定要经过公司法律顾问的审核。

（2）签字认可。经过检查审核之后，由谈判小组长或谈判人员签字并加盖公章，予以认可。

（3）小额交易的处理。小额交易是直接进行交易，再检查确认，应主要做好货款结算和产品检查移交工作。

无论是什么样的谈判及谈判的结果如何，双方都应该诚恳地感谢对方并礼貌地道别，以致力于建立长期的合作关系。

链接 5

4.2 采购合同

4.2.1 采购合同的内容与格式

一份完整的采购合同通常是由首部、正文与尾部三部分组成的。

1．首部

合同首部主要包括名称、编号、签约日期、签约地点、买卖双方的名称、合同序言等。

2．正文

合同正文是购销双方议定的主要内容，是采购合同的必备条款，是购销双方履行合同的基本依据。合同的正文主要包括以下内容。

（1）采购商品的名称。

（2）品质。品质是指商品所具有的内在质量与外观形态的结合，包括各种性能指标和外观造型。该条款的主要内容有技术规则、质量标准、品牌等。

对合同品质的控制方法有两种：使用实物或样品和使用设计图纸或说明书。在使用样品确定品质时，供应商提供的物品的品质要与样品的品质完全一致。使用图纸或说明书确定品质时，供应商提供的物品的品质要符合设计图纸或说明书的要求。

（3）价格条款。该条款的主要内容包括计量单位的价格金额、货币类型、交货地点、国际贸易术语（如 FOB、CIF 等）、物品定价方式（固定价格、滑动价格、后定价格等）。

（4）数量。数量是采用一定的度量制度来确定买卖商品的重量、个数、长度、面积、容积等。它包括的主要内容有交货数量、单位、计量方式等。必要时，还应清楚地说明误差范围。例如，苹果为 10 000 千克，误差范围为 2%。

（5）包装。包装是为了有效地保护商品在运输存放过程中的质量和数量要求，它有利于分拣和环保，并把货物装进适当容器。该条款的主要内容有包装标志、包装方法、包装材料要求、包装质量、包装要求、环保要求、规格、成本、分拣运输成本等。

（6）运输方式。装运是把货物装上运载工具并运送到交货地点。该条款的主要内容有运输方式、装运时间、装运地与目的地、装运方式（分批、转运）和装运通知等。在 FOB、CIF、CFR 合同中，卖方只需履行合同中的交货义务。提单签发的时间和地点即交货时间和地点。

（7）到货期限。到货期限是指约定的最晚到货时间，它要以不延误企业生产经营为标准。

（8）交货地点。供应商将用户采购的物品最终交付给用户的地点。一般要求供应商提供“门到门”服务，即把物品送到用户的仓库或商店的门口。

（9）检验。采购方对购入的货物进行检验，要根据货物的生产类型、产品性能、技术条件的不同，采取感官检验、理化检验、破坏性检验等方法。双方应在合同中约定检验的标准、方法、期限及索赔的条件。

（10）支付条款，包括支付手段、付款方式、支付时间等。

（11）保险。该条款的主要内容包括确定保险类别及其保险金额，指明投保人并支付保险费。根据国际惯例，凡是按 CIF 和 CIP 条件成交的出口货物，一般由供应商投保；按 FOB、CFR、CPT 条件成交的出口货物由采购方办理保险。

（12）违约责任。违约责任是采购合同的当事人由于自己的过错，没有履行或没有全部履行应承担的义务，按照法律规定和合同约定应承担的法律责任。对于违约责任条款，当事人应根据《合同法》，在合同中进一步具体规定。

（13）仲裁。当事人在合同中约定仲裁条款或者在纠纷时达成仲裁协议，这是仲裁机构受理合同纠纷的法律依据。它包括仲裁机构、适应的仲裁程序、仲裁地点、解决效力等。

（14）不可抗力。遭遇不可抗力的一方可因此免除合同责任。该条款包括不可抗力的含义，适应范围，法律后果，双方的权利、义务等。

关键词

不可抗力　不可抗力是一项免责条款，是指买卖合同签订后，不是由于合同当事人的过失或疏忽，而是由于发生了合同当事人无法预见、无法预防、无法避免和无法控制的事件，以致不能履行或不能如期履行合同，发生意外事件的一方可以免除履行合同的责任或者推迟履行合同，在《中华人民共和国民法通则》上是指“不能预见、不能避免和不能克服的客观情况”。

3．尾部

合同尾部包括的内容有合同的份数、使用语言及效力、附件、合同的生效日期、双方的签字盖章。

4.2.2　采购合同的订立

采购合同确认了供需双方之间的购销关系和权利、义务。依法订立合同后，双方必须严格执行。因此，采购人员在签订采购合同前，必须审查供应商的合同资格、资信及履约能力，按《合同法》的要求，逐条订立购货合同的各项必备条款。

1. 订立采购合同的资格审查

（1）审查供应商的合同资格。为了避免和减少采购合同执行过程中的纠纷，在正式签订合同之前，采购人员首先应审查供应商作为合同主体的资格。它直接关系到所签订合同是否具有法律效力。

1）法人资格审查。审查供应商是否属于经国家规定的审批程序成立的法人组织。在审查供应商法人资格时应注意：没有取得法人资格的社会组织、已被吊销营业执照取消法人资格的企业或组织，无权签订购货合同。要特别警惕一些根本没有依法办理工商登记手续或未经批准的所谓“公司”，它们或私刻公章，冒充法人；或假借他人名义订立合同，旨在骗取购货方的货款或定金。同时，要注意识别那些没有设备、技术、资金和组织机构的“四无”企业，它们往往在申请营业执照时弄虚作假，以假验资、假机构骗取营业执照，虽签订供货合同并收取货款或定金，但根本不具备供货能力。

2）法人能力审查。法人能力审查主要是审查供应商的经营活动是否超出营业执照批准的范围。超越其业务范围以外的经济合同，属无效合同。法人能力审查还包括对签约的具体经办人的审查，购货合同必须由法人的法定代表人或法定代表人授权的承办人签订。法人的法定代表人就是法人的主要负责人，如厂长、总经理等，他们对外代表法人签订合同。法人代表也可授权业务人员，如推销员、采购员作为承办人，以法人的名义订立购货合同。承办人必须有正式授权证明书，方可对外签订购货合同。法人的代表人在签订购货合同时，应出示本人的身份证明、法人的委托书、营业执照或副本。

（2）供应商的资信和履约能力审查。资信，即资金和信用。审查供应商当事人的资信情况，了解供应商对购货合同的履约能力，对于在购货合同中确定权利和义务条款，具有非常重要的作用。

1）资信审查。具有固定的生产经营场所、生产设备和与生产经营规模相适应的资金，特别是拥有一定比例的自有资金，是一个法人对外签订购货合同的起码物质基础。在准备签订购货合同时，采购人员在向卖方当事人提供自己的资信情况说明的同时，要认真审查卖方的资信情况，从而建立互相信赖的关系。

2）履约能力审查。履约能力是指当事人除资信外的技术和生产能力、原材料与能源供应、工艺流程、加工能力、产品质量、信誉高低等方面的综合情况。总之，就是要了解对方有没有履行合同所必需的人力、物力、财力和信誉保证。

提示

资信审查和履约能力审查的区别：资信审查只是考虑资金方面所具备的信用能力，而履约能力是指当事人除资信外的技术和生产能力、原材料与能源供应、工艺流程、加工能力、产品质量、信誉高低等方面的综合情况。

2. 合同变更和解除

当一方要求变更或解除合同时，在新的协议未达成之前，原合同仍然有效。要求变更或解除合同的一方应采取书面形式（文书、电报等）及时通知对方。对方在接到通知后 15 天内（另有规定或当事人另外商定期限者除外）予以答复，逾期不答复的视为默认。

变更或解除合同的日期，以双方达成协议的日期为准；须报经上级主管部门批准的，以批准的日期为准。另外，签订合同有笔误需要修正的，须经双方协商同意后才生效。

3. 无购货合同

当采购数量不大、货款不多时，常常采用不签订合同的采购方式，购销双方即时货款两清，这就是无购货合同方式。在这种情况下，采购人员应注意：一是向商业信誉良好的厂商采购；二是在检验物资外观的同时，还要注意有无生产厂家标志、有无产品合格证及生产日期等，防止采购假冒伪劣产品；三是所购物资在使用过程中，一旦发生质量问题而使买方遭受人身伤亡或蒙受经济损失时，依照我国民法及有关的产品责任法规处理，产品的生产者及销售者既对受害者构成了侵权行为，受害者或者家属及其他人可起诉，依法追究其法律责任。

4.2.3　采购合同的履行

订立采购合同的目的是，让买卖双方的行为都受到一定的约束，以保护双方的利益不受侵害。一份好的采购合同对双方都是平等、公正的。

1. 采购合同履行的一般规则

采购合同生效后，当事人对质量、价款、履行期限和地点等内容没有约定或者约定不明确的，可以协议补充；不能达成补充协议的，按照合同有关条款或者交易习惯确定。如果按照合同有关条款或交易习惯仍不能确定的，适用下列规定：

- 质量要求不明确的，按照国家标准、行业标准履行；没有国家标准、行业标准的，按照通常标准或者符合合同目的的特定标准履行。
- 价款或者报酬不明确的，按照订立合同时的市场价格履行；依法应当执行政府定价或者政府指导价的，按规定履行。
- 履行地点不明确的，在履行义务一方所在地履行。
- 履行期限不明确的，债务人可以随时履行，债权人也可以随时要求履行，但应当给对方必要的准备时间。
- 履行方式不明确的，按照有利于实现合同目的的方式履行。
- 履行费用负担不明确的，由履行义务一方负担。

2. 采购合同标的物的权属转移

（1）标的物的交付时间依据《合同法》第一百三十三条规定，应按照下列规定处理：

- 送货标的物的交付时间。卖方负责标的物送货的，应以卖方将标的物送到指定地点交买方接收的时间为标的物的交付时间，此时标的物所有权也随之转移。
- 代运代邮标的物的交付时间。卖方代办运输或代邮的，卖方办理完托运或邮寄手续时为标的物的交付时间。
- 提货标的物的交付时间。买方自己提货的，应以卖方通知和买方提货的实际日期为标的物的交付时间。
- 事先占有标的物的交付时间。标的物在订立合同之前已为买方占有的，双方在合同中约定的交付时间即标的物的交付时间。如合同没有约定的，合同生效即视为标的物交付完成。

- 必须履行特定手续的标的物的交付时间。法律要求必须履行特定手续的，以履行完特定手续时为标的物的交付时间。

（2）确定标的物的交付地点依据《合同法》第一百四十一条规定，应按照下列步骤进行：

- 当事人在合同中有约定的，依其约定。
- 当事人未约定或约定不明确的，可以协议补充。
- 达不成补充协议的，当事人可以根据合同的有关条款或交易习惯确定交付地点。
- 按照以上方法均不能确定交付地点的，如标的物需要运输的，以卖方将标的物交给第一承运人的地点为交付地点。

按照以上方法均不能确定交付地点且合同标的物不需要运输的，如果当事人在订立合同时知道标的物在某一地点，则该地点为交易地点；如果当事人不知道标的物在某一地点，则以订立合同时卖方营业地为交付地点。

3．标的物质量、数量、包装条款的履行

（1）标的物质量条款的履行。关于标的物的质量履行，应首先以当事人在合同中的约定为准，如没有明确约定，但卖方提供了质量说明的，该说明可作为质量要求。另外，卖方的产品介绍、产品说明书等，均构成对标的物质量的明示担保，如果实际交付的标的物与这些说明不符，即构成违约。如果当事人对标的物质量要求未约定或约定不明确的，应按照采购合同履行的一般规则履行。

（2）标的物数量条款的履行。在采购合同的履行中，卖方多交付标的物的，买方有两种处理办法：第一种办法是接受卖方多交付的标的物，此时买方应当按照合同约定的价格支付多交付标的物的货款；第二种办法是拒绝接受卖方多交付的标的物，此时买方应及时通知卖方。

（3）标的物包装条款的履行。当事人应在合同中对标的物的包装要求做出明确规定，没有约定或约定不明确的，可以协议补充，达不成补充协议的，按照交易习惯来确定。仍不能确定的，卖方有义务提供通用的包装方式；没有通用包装方式的，卖方有义务提供足以保护标的物的包装方式。如因卖方提供的包装不符合要求而导致标的物受到损坏的，卖方应承担责任。

4.2.4 采购合同的争议与解决

在物资采购过程中，买卖双方往往因彼此之间的责任和权利问题引起争议，并由此引发索赔、理赔、仲裁及诉讼等。为了防止争议的产生，并在争议发生后能获得妥善的处理和解决，买卖双方通常都在签订合同时，对违约后的索赔、理赔事项等内容做出明确的规定。这些内容反映在合同内，就是违约责任条款。

1．争议、索赔和理赔的含义

（1）争议。争议是指买卖的一方认为另一方未能全部或部分履行合同规定的责任与义务所引起的纠纷。引起采购活动中的争议主要有下列三种原因：卖方违约，如拒不交货，未按照合同规定的时间、品质、数量、包装交货，货物与单证不符等；买方违约，如未按

合同规定时间付清货款，或未按合同规定的时间、地点提货、验收等；合同规定不明确、不具体，以致买卖双方对合同条款的理解或解释不一致。

（2）索赔和理赔。无论是买方还是卖方违反合同条款，在法律上均构成违约行为，都必须赔偿受害方因其违约而受到的损失。索赔就是指受害的一方在争议发生后，向违约的一方提出赔偿的要求。理赔就是指违约的一方受理遭受损害的一方提出的索赔要求。索赔和理赔其实就是一个问题的两个方面。

相关链接

合同存在的风险和管理

风险因素：成本、质量、履行期限、合同无效可能带来的后果和影响。

风险评估的四个方面：判断可能出现的问题，考虑问题出现的可能性，判断这些问题对采购运作的影响，设计减少或者规避风险及可能带来影响的方案。

2. 区分违反合同的责任

在采购合同履行过程中，如果未能按合同要求把采购物资送达卖方，那么首先应该分清是卖方的责任还是运输方的责任，认清索赔对象。

（1）违反购货合同的责任。

1）卖方的责任包括如下内容：

- 货物的品种、规格、数量、质量和包装等不符合合同的规定，或未按合同规定的日期交货，应赔付违约金、赔偿金。
- 货物错发到货地点或接货单位（人），除按合同规定运到规定的到货地点或接货单位（人）外，还要承担因此而多支付的运杂费。如果造成逾期交货，须赔付逾期交货违约金。

2）买方的责任包括如下内容：

- 中途退货应赔偿违约金、赔偿金。
- 未按照合同规定日期付款或提货，应赔付违约金。
- 填错或临时变更到货地点，要承担由此支出的费用。

（2）违反货物运输合同的责任。当物资需要从卖方收货地点收货时，如果未按购货合同要求到货，应分清是货物承运方还是托运方的责任。

1）承运方的责任如下所述：

- 不按运输合同规定的时间和要求发运的，赔付托运方违约金。
- 物资错运到货地点或接货人，应无偿运至合同规定的到货地点或接货人。如果货物逾期运到，赔付逾期交货的违约金。
- 运输过程中物资的灭失、短少、变质、污染、损坏，按其实际损失（包括包装费、运杂费）赔偿。
- 联运的物资发生灭失、短少、变质、污染、损坏，应由承运方承担赔偿责任的，具体是由终点阶段的承运方先按照规定赔偿，再由终点阶段的承运方向负有责任的其他承运方索赔。

- 在符合法律和合同规定条件下的运输，由于不可抗力的地震、洪水、风暴等造成物资灭失、短少、变质、污染、损坏的，承运方不承担违约责任。

2）托运方的责任如下所述：

- 未按运输合同规定的时间和要求提供货物运输，赔付承运方违约金。
- 在普通物资中夹带、匿报危险物资，错报笨重货物重量等而招致物资摔损、爆炸、腐蚀等事故，承担赔偿责任。
- 罐车发运的物资，因未随车附带规格、质量证明或化验报告，造成收货方无法卸货时，托运方偿付承运方卸车等费用及违约金。

（3）已投财产保险时，保险方的责任包括：对于保险事故造成的损失和费用，在保险金额的范围内被保险方为了避免或减少保险责任范围的损失而进行的施救、保护、整理、诉讼等所支出的合理费用，保险方依据保险合同规定赔付。

3．索赔和理赔应注意的问题

发生合同争议后，应首先分清卖方、买方或运输方的责任。如买方在采购活动中因卖方或运输方责任蒙受了经济损失，可以通过与其协商交涉进行索赔。

索赔和理赔既是一项维护当事人权益和信誉的重要工作，又是一项涉及面广、业务技术性强的细致工作。因此，在提出索赔和处理理赔时，必须注意下列问题。

（1）索赔的期限。索赔的期限是争取索赔一方向违约一方提出索赔要求的违约期限。如果逾期提出索赔，对方可以不予理赔。

（2）索赔的依据。提出索赔时，必须出具对方违约而造成需方损失的证据（保险索赔另行规定）。当争议条款为物资的质量条款时，该证据要与合同中检验条款的规定相一致。

（3）索赔金额及赔偿方法。处理索赔的方法和索赔的金额，除了个别情况，通常在合同中只做一般笼统的规定，而不做具体规定。因为违约的情况比较复杂，所以当事人在订立合同时往往难以预计。有关当事人双方应依据合同规定和违约事实，本着平等互利和实事求是的精神，合理确定损害赔偿的金额或其他处理方法，如退货、换货、补货、整修、延期付款、延期交货等。

4．仲裁

经济仲裁是指经济合同当事人双方发生争议时，如果通过协商不能解决，当事人一方或双方自愿将有关争议提交给双方所同意的第三者，依照专门的裁决规则进行裁决。裁决的结果对双方都有约束力，双方必须依照执行。

当采购方与供应商发生纠纷需要仲裁时，可按照一般的仲裁程序到相应的受理机构提出仲裁申请。仲裁机构受理后，经调查取证，先行调解，如调解不成，再进行庭审，开庭裁决。

案例分析

A 公司最近由于供应商表现不佳，例如，不能交货、不能按时交货，或者即使按时交货，但是交货规格不符合要求，因此经常和供应商发生合同纠纷。甚至由于供应商的不良表现影响了 A 公司的生产稳定性和正常的产品质量水平。假设你在 A 公司采购部工作，对表现不佳的供应商，你的上司认为直接起诉是最好的解决办法。但是你对此有保留意见，认为应该探讨解决合同纠纷的其他途径。

辩证性思考：

（1）试述采购商与供应商解决合同纠纷的各种途径。

（2）从时间、效率方面考虑，合同纠纷应优先考虑哪种解决途径？

4.2.5　采购合同的跟踪

采购合同的跟踪是对采购合同的执行、采购订单的状态、接收货物的数量及退货情况的动态跟踪。采购合同的跟踪目的在于促使合同正常执行，协调企业和供应商的合作，在满足企业货物需求的同时，又保持最低的库存水平。

（1）跟踪供应商的货物准备过程。采购方应该严密跟踪供应商准备货物的过程，以保证订单按时、按量完成。

（2）跟踪进货过程。货物准备完毕后，要进行包装、运输。无论是供应商负责送货，还是采购方自提货物，都要对进货过程进行跟踪。运输过程是很容易发生风险的过程，要注意运输工具的选择是否得当，货物是否有特殊要求，避免在运输过程中发生货损。尤其对于远洋或长途运输，跟踪进货的过程更显得重要。

（3）控制好货物的检验与接收。采购人员对货物的检验与接收进行跟踪，可以在发生缺货、货损、存在不合格品等问题的情况下，及时与供应商进行协商解决，进行补货、退还等。

（4）控制好库存水平。货物检验完毕之后就要入库，库存是采购物流中的重要环节，它是企业正常运转的调节器。库存量太小不能满足生产、销售要求，而库存太大又会占用资金，造成浪费，两种结果都会影响企业的正常周转。因此，控制一个合理的库存水平十分重要。采购部门应该以订单为导向，兼顾生产水平和供应商对订单的反应速度，来确定最优的订货周期和订货量，从而维持最低的库存水平，节约资金，防止浪费。

（5）督促付款。货物入库之后，财务部门要凭一系列单据办理对供应商的付款。采购方有义务及时提交单据，并督促财务部门按照流程规定按期付款，以维护企业的声誉。

链接 6

本章小结

谈判是采购业务流程中不可缺少的环节，它在控制采购成本等方面发挥着重要作用。本章介绍了采购谈判准备工作的重要性，重点阐述了采购谈判的原则、特点和内容，以及采购谈判资料的收集和谈判地点的选择等内容，叙述了采购谈判的基本程序，着重介绍了采购谈判的策略与技巧。

本章还介绍了采购合同的相关知识，包括采购合同内容与格式、采购合同订立和履行过程中应注意的问题，学会解决合同纠纷的办法、措施，以及进行索赔的主要手段和途径，采购合同在执行过程中的跟踪和执行效果的评估等，为将来从事采购业务打下基础。

评估练习题

1. 能力测验

你是否能够：

□ 解释企业重视采购谈判的理由？
□ 掌握采购谈判的概念、特点和原则？
□ 说明采购谈判的具体准备工作？
□ 理解并能运用采购谈判的策略和技巧？
□ 阐述采购谈判的内容和程序？
□ 阐述采购合同的内容和格式？
□ 举例说明采购合同是如何订立的？
□ 说明采购合同是如何履行与进行跟踪的？
□ 确定采购合同是有效合同？
□ 定义违约责任及识别解决合同纠纷的方法？

练习题参考答案

2. 关键术语回顾

________是指企业在采购方与供应商之间所进行的贸易谈判。

________是指买卖的一方认为另一方未能全部或部分履行合同规定的责任与义务所引起的纠纷。

________是指经济合同当事人双方发生争议时，如果通过协商不能解决，当事人一方或双方自愿将有关争议提交给双方所同意的第三者，依照专门的裁决规则进行裁决。

3. 关键概念回顾

◆ **单项选择题**

（1）了解准备购买的产品各种型号在过去的销售量及价格波动情况，该类产品的需求程度及潜在的销售量，其他购买者对此类新、老产品的评价及要求，这些属于市场资料调查内容中的________。

A. 产品供需情况　　B. 产品销售情况

C. 产品竞争情况　　D. 产品分销渠道

（2）________就是在采购谈判中，当买方对卖方的商业习惯或有关产品成本、价格等方面不太了解时，买方主动地提出各种问题，并引导对方做较全面的回答，然后从中获得有用的信息。

A. 投石问路策略　　B. 避免争论策略

C. 情感沟通策略　　D. 声东击西策略

（3）采购合同洽谈的正确程序是________。

A. 询价阶段→摸底阶段→磋商阶段→解决分歧阶段→成交阶段
B. 询价阶段→摸底阶段→解决分歧阶段→磋商阶段→成交阶段
C. 摸底阶段→询价阶段→磋商阶段→解决分歧阶段→成交阶段
D. 摸底阶段→询价阶段→解决分歧阶段→磋商阶段→成交阶段

（4）________就是指受害的一方在争议发生后，向违约的一方提出赔偿的要求。
A. 违约　　B. 索赔　　C. 理赔　　D. 仲裁

（5）未按运输合同规定的时间和要求提供货物运输，其责任属于________。
A. 承运方　　B. 保险方　　C. 接货方　　D. 托运方

◆ **多项选择题**

（6）采购谈判的目的包括________。
A. 获得供应商的质优价低产品
B. 获得供应商的较好服务
C. 促成战略合作伙伴关系
D. 发生纠纷时妥善解决，不影响双方关系
E. 发生物资差错、事故、损失时获得适当的赔偿

（7）采购谈判的合作基本原则包括________。
A. 量的准则　　B. 质的准则　　C. 关系准则
D. 方式准则　　E. 得体准则

（8）谈判方案的制订包括________。
A. 谈判地点的选择　　B. 谈判时间的选择
C. 谈判人员的选择　　D. 谈判方式的选择
E. 谈判纲领的选择

（9）买方违反购货合同责任包括________。
A. 未按照合同规定日期付款或提货　　B. 填错或临时变更到货地点
C. 中途退货　　D. 货物错发到货地点或接货单位
E. 货物的品种、规格等不符合合同规定

（10）依据《合同法》第一百三十三条规定，应按照________的标的物的交付时间规定处理。
A. 送货　　B. 代运代邮　　C. 提货
D. 事先占有　　E. 必须履行特定手续

◆ **判断题**

（11）争议是指人们为了改善彼此之间的关系而进行相互协调和沟通，以便在某些方面达成共识的行为和过程。（　　）

（12）谈判技巧是指谈判人员通过何种方法达到预期的谈判目标，而谈判策略是指谈判人员采用什么具体行动执行策略。（　　）

（13）产品条件谈判是采购谈判的中心内容，是谈判中最为关心的问题。（　　）

（14）订立采购合同的目的是让买卖双方的行为都受到一定的约束，以保护双方的利益不受侵害。（　　）

（15）索赔和理赔其实就是一个问题的两个方面。(　　)

4．情景问题

5．案例分析

第5章

采购物品的验收、结算与库存管理

学习目标

知识目标：

（1）熟悉采购物品验收的要点。
（2）认识采购物品验收和结算的基本内容。
（3）了解采购货款的结算方式。
（4）了解库存管理功能分类。
（5）熟悉和掌握库存管理的知识和理论。

能力目标：

（1）掌握采购物品验收的流程。
（2）掌握采购物品的结算步骤和程序。
（3）掌握库存成本分析的内容。
（4）掌握科学的库存管理方法。
（5）掌握库存控制、优化库存、减少库存成本和制定经济订货批量的方法。

学习重点与难点

（1）货物验收的基本内容。
（2）采购物品结算的流程。
（3）库存成本分析。
（4）科学的库存管理方法。

引导案例

沃尔玛库存管理

沃尔玛在全美有 3 000 多家分店，在海外拥有 1 000 多家连锁店，员工超过 88.5 万人，规模如此巨大，却仍能“天天平价”。沃尔玛之所以能天天平价，是因为它比竞争对手成本低，商品周转快。沃尔玛绕开中间商，直接从工厂进货。统一订购商品到配送中心后，再根据每个分店的需求配送。这种类似网络零售商“零库存”的做法使沃尔玛每年节省数以百万美元的仓储费。沃尔玛前任总裁大卫·格拉斯曾说："配送设施是沃尔玛成功的关键之一，如果说我们有什么比别人干得好的话，那就是配送中心。"灵活高效的物流配送系统是沃尔玛达到最大销售量和低成本的存货周转的核心。沃尔玛完整的物流系统不仅包括配送中心，还有资料输入采购系统、自动补货系统等。商品供应系统协调运行要求建立在各个环节主体间高质量的信息传递与共享基础上。沃尔玛投资 4 亿美元由休斯公司发射了一颗商用卫星，实现了全球联网，在全球 4 000 多家门店通过全球网络可在 1 小时之内对每种商品的库存、上架、销量全部盘点一遍，并通知货车司机最新路况信息，调整车辆送货的最佳线路。20 世纪 80 年代末，沃尔玛利用电子交换系统与供应商建立了自动订货系统，通过网络向供应商提供商业文件、发出采购指令、获取收据和装运清单等。沃尔玛还利用更先进的快速反应系统代替采购指令，真正实现了自动订货。凭借先进的电子信息手段，沃尔玛做到了商店的销售与配送同步，配送中心与供应商运转一致，提高了效率，降低了成本，使得沃尔玛所售货物在价格上占有绝对优势。从上可知沃尔玛能以低价取胜，得益于完善的物流管理系统与高质量的信息系统使其成功地实现了零库存。这两大系统成功整合了零售商，并创造了它独特的物流模式。它的内部物流网络监控系统可使采购库存、订货配送和销售一体化。配送中心的设置布点，通信卫星的信息传输，以及交叉配送以省略库存和分拣作业等，从各个细节节省成本，获取低价竞争优势。

（资料来源：https://wenku.baidu.com/view/6b3295d0ad51f01dc281f15b.html）

辩证性思考：

（1）沃尔玛零库存成功的关键是什么？

（2）沃尔玛主要是利用哪些系统实现库存管理的？

5.1 货物的验收

货物的验收是整个采购过程的一部分，有的企业把收货部直接划归为采购部管辖。有的企业的收货部虽划归货仓或物流部，但收货部仍间接归采购部负责。在日常工作中，两个部门有着千丝万缕的联系。

不同企业的管理水平有很大的差异，有的企业（以小企业居多）还在采取手工记账作业方式，另一些企业则在享用着高科技文明带来的高效、准确的作业方式。有无推行 MRP 计算机系统使仓库收货及物料管理的作业方式有很大的不同，其准确性、效率及信息的共享度有着天壤之别。

手工记账作业方式不仅要求作业员仔细、认真，而且由于信息共享性不强，令别的部门难以查询收货信息及库存状态。另外，一旦某个环节出错，往往很难找出错在什么地方。使用 MRP 计算机系统恰恰相反，不仅其他部门相关人员可轻易地从系统中查询到收货情况及库存量，而且还可让收货人员更准确、更高效地工作。例如，有些 MRP 软件允许收货人员用条形码扫描器将物料信息输入计算机中。

5.1.1　货物验收的内容

货物验收应做到进出验收，品质第一。货物的验收工作，是做好仓库管理的基础。收货作业流程如图 5.1 所示。

程　序	供应商	收货部门	品管部门	PMC 部门	会计部门	作业说明
制单						1. 本单共 4 联。 2. 收货部门开单后，交给品管部门检验。 3. 检验后交收货部门点收无误，第 1 联交供应商，留下第 2 联。 4. 第 3 联送生产及物料控制（Production Material Control，PMC）部门进行计算机资料处理。 5. 第 4 联交会计核算。
检验						
点收						
计算机处理						
存盘						

图 5.1　收货作业流程

一般来说，货物的验收主要包括四个方面：

（1）品名、规格。出入库的货物是否与相关单据的品名、规格一致。

（2）数量。明确出入库货物的计量单位，货物进出仓前应严格点数或过磅。

（3）品质。进库货物，只有接到海关检验书面合格报告后方可入库；出库货物，也要检验其品质，确保不良品不投入使用或不流向市场。

（4）凭据。单据不全不收，手续不齐不办。入库要有入库单据及检验合格证明，出库要有出库单据。

关键词

入库验收　入库验收是对即将入库的货物进行质量和数量的检验，是保证入库货物质量的重要环节。

相关链接

商品入库验收的依据

① 入库通知单和订货合同副本，这是仓库接收商品的凭证。

② 供货单位提供的材质证明书、装箱单、磅码单、发货明细表等。

③ 商品承运单位提供的运单，若商品在入库前发现残损情况，还要有承运部门提供的货运记录或普通记录，作为向责任方交涉的依据。

5.1.2　货物验收的步骤

货物验收入库工作涉及货仓、品质、物料控制、财务等诸多部门（主要流程见图 5.2），其主要步骤如下：

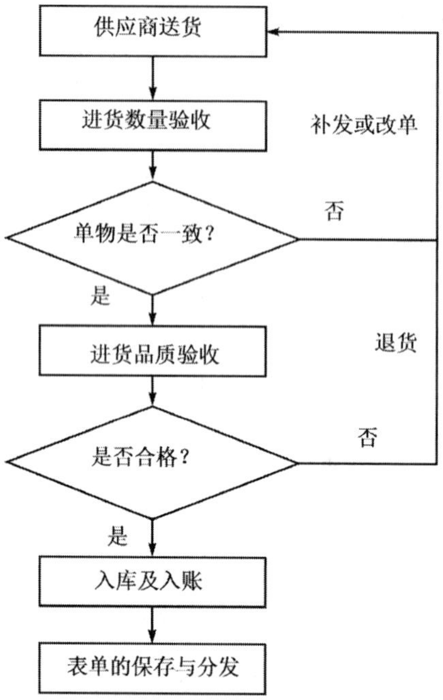

图 5.2　货物验收流程

（1）确认供应厂商。应确认货物从何而来，有无错误。如果一批货物分别向多家供应商采购，或者同时数种不同的货物进厂时，验收工作更应注意，验收完后的标志工作非常重要。

（2）确定交运日期与验收完工时间。交运日期是交易的重要日期，交运日期可以判定厂商交货是否延误，有时可作为延期罚款的依据，而验收完工时间被不少公司作为付款的起始日期。

（3）确定货物名称与品质。确定货物是否与所订购的货物相符并确定货物的品质。

（4）清点数量。查清实际承运数量与订购数量或送货单上记载的数量是否相符。对短交的货物，及时促请供应商补足；对超交的货物，在不缺料的情况下退回供应商。

（5）通知验收结果。将允收、拒收或特采的验收结果填写在货物验收单上通知有关单位。货物控制部门可以进一步决定货物进仓的数量，采购部门才能跟进短交或超交的货物，财务部门可根据验收结果决定如何付款。

（6）退回不良物料。供应商送交的货物品质不良时，应立即通知供应商，将该批不良货物退回，或者促请供应商前来用合格品交换，再重新检验。

（7）入库。验收完毕后的物料，入库并通知货物控制部门，以备产品制造之用。

（8）记录。

5.1.3　货物验收的要点

在验收货物时应注意以下几个问题：

（1）确认订购单或采购订货单（Purchase/Order，P/O）号是否与待收货的 P/O 号一致。有时，供应商会将 P/O 号漏写或搞错，使用 MRP 计算机系统的企业，如果供应商不提供

P/O 号或 P/O 号不对，就无法接收货物。

（2）确认供应商、物料名称、物料编号与 P/O 是否一致。实行了 MRP 系统的企业是按物料编号而不是物料名称收货的。

（3）清点货物数量。这是收货员最需要注意的一点，无论供应商送的数量是 P/O 上的一部分（分批送货的情况）还是某份 P/O 的全部，收货人员都需清点货物的实际数量，将实际数量输入计算机系统或记在收货卡上。在实际操作中，收货人员不太可能清点货物的小数（小包装中的数量），而只是清点大数（如一共有几箱或几包，每箱或每包的标准数量是多少，再加上尾数便可计算出实际收货数）。

（4）确认外包装有无损坏。

（5）确认单据是否齐全。

5.1.4 收货报表、单据

收货报表、单据主要有进货验收单、交期控制表、货物采购记录表、来货检验月报表四种。

1. 进货验收单

供应商应在进货验收单中记录供应商名称、货物名称、货物数量、P/O 号、送货单号、送货日期等信息。进货验收单至少一式三联，收货人员在确认所送货物无误后，在每联上盖上企业的收货章，由供应商保存一联，收货部门保存一联，另一联由收货部门送交财务（会计）部门作为付款的依据之一。进货验收单如表 5.1 所示。

表 5.1 进货验收单

<table>
<tr><td colspan="4">进货时间</td><td colspan="4">货　　号</td><td colspan="4">厂商名称</td><td colspan="4">订购数</td><td colspan="4">交货数</td></tr>
<tr><td colspan="4"></td><td colspan="4"></td><td colspan="4"></td><td colspan="4"></td><td colspan="4"></td></tr>
<tr><td colspan="4">订单号码</td><td colspan="4">发票规格</td><td colspan="4">品名规格</td><td colspan="4">点收数</td><td colspan="4">实收数</td></tr>
<tr><td colspan="4"></td><td colspan="4"></td><td colspan="4"></td><td colspan="4"></td><td colspan="4"></td></tr>
<tr><td colspan="4">检验项目</td><td colspan="4">检验规格</td><td colspan="4">检验状况</td><td colspan="4">数量</td><td colspan="4">判定</td></tr>
<tr><td colspan="4"></td><td colspan="4"></td><td colspan="4"></td><td colspan="4"></td><td colspan="4"></td></tr>
<tr><td colspan="8" rowspan="2">AQL 值</td><td colspan="4">严重</td><td colspan="4">一般</td><td colspan="4">轻微</td></tr>
<tr><td colspan="4"></td><td colspan="4"></td><td colspan="4"></td></tr>
<tr><td colspan="4">检验数量</td><td colspan="4"></td><td colspan="3">不良数</td><td colspan="3"></td><td colspan="3">不良率</td><td colspan="3"></td></tr>
<tr><td colspan="4">判定</td><td colspan="16">允收□ 拒收□　特采□ 全检□</td></tr>
<tr><td colspan="20">备注：</td></tr>
<tr><td colspan="4">仓库主管：</td><td colspan="4">仓管：</td><td colspan="4">收料：</td><td colspan="4">IQC 主管：</td><td colspan="4">IQC：</td></tr>
</table>

注：AQL（Acceptable Quality Level，合格质量标准或允许品质等级）。

IQC（Inside Quality Control，内部质量控制）。

2. 交期控制表

表 5.2 是交期控制表，它记录了某批货物的预定交期、请购日期、请购单号、物品名称、数量、供应厂商、单价、验收日期、迟延天数等，是为控制货物的准时交货而制定的

单据。

表 5.2　交期控制表

预定交期	请购日期	请购单号	物品名称	数　　量	供应厂商	单　　价	验收日期	迟延天数

3．货物采购记录表

货物采购记录表如表 5.3 所示。

表 5.3　货物采购记录表

请购日期	请购单号	料　号	品名规格	供应厂商	单　价	数　量	订购日期	验收日期	品质记录

4．来料检验月报表

来料检验月报表如表 5.4 所示。

表 5.4　来料检验月报表

货物检验报告汇总							
供应商							
检查批数							
不合格批数							
不良率							
批退报表汇总							
货物异常报告编号	货　号	品名规格	批　量	不 良 率	不良原因	供 应 商	处理结果

审核＿＿＿＿＿＿制表＿＿＿＿＿＿日期＿＿＿＿＿＿

5.1.5　货物入库的检验

检验活动包括核对采购订单与供货商发货单是否相符，开包检查商品有无损坏，商品分类，所购商品的品质与数量比较等。

入库验收是对即将入库的货物进行质量和数量的检验，是保证入库货物质量的重要环节。检验方式有全检和抽检两种，全检主要是数量的全检，大批量到货一般只进行抽检。

1．抽检比例的确定

由于配送中心的很多货物属于大批到货，在很多情况下不太可能进行全面检验，因此只需要确定一个合理的抽检比例。确定抽检比例时，一般根据商品的特点、商品的价值高低、物流环境等综合考虑。例如，易碎、易腐蚀、易挥发的商品抽检比例应适当加大，贵重商品抽验比例应高一些，而供应商信誉好，产品质量稳定，储运、包装等物流条件较好的货物可以适当降低抽检比例。

2．检验的方法

检验的方法主要有以下几种。

（1）质量验收。配送中心的质量验收通常是感官检验，广泛用于检验货物的外观及表面特征。为了避免感官检验的主观性，要用仪器配合进行检验。特别是对初次进货的新产品，以及对技术性能指标要求高的一些货物，更需要用仪器进行检验。

（2）包装验收。包装验收的内容主要包括包装是否牢固，包装标志是否符合要求。

（3）数量验收。数量检验主要有计件法和计重法两种。计件法包括标记法、分批清点及定额装载法三种。标记法是清点大批量入库货物时，将一定件数的商品做一标记，待全部清点完后，再按标记计算总的数量。分批清点是对包装规则、批数不大的商品采用的检验方法，先将货物堆码整齐，每层堆码数量相同，然后统计出层数后计算总的数量。定额装载法是对批量大、包装整齐的货物，先用托盘等进行定额装载，然后计算出入库商品总数。

> **相关链接**
>
> 三检制。操作者自检、工人之间互检和专职检验人员专检相结合的一种检验制度。这种三结合的检验制度有利于调动广大职工参与企业质量检验工作的积极性，加强责任感，是任何单位依靠专业质量检验的检验制度所无法比拟的。
>
> 自检。操作者对自己加工的产品，根据工序质量控制的技术标准自行检验，其显著特点是检验工作基本上和生产加工过程同步进行。因此，通过自检，操作者可以及时地了解自己加工的产品的质量问题，以及工序所处的质量状态，当出现问题时，可及时寻找原因并采取改进措施。
>
> 互检。工人之间相互检验。一般是指：下道工序对上道工序流转过来的在制品进行抽检；同一工作地轮班交接时的相互检验；班组质量员或班组长对本班组工人加工的产品进行抽检等。互检是对自检的补充和监督，也有利于工人之间协调关系和交流技术。
>
> 专检。由专业检验人员进行的检查。专业检验人员熟悉产品技术要求，工艺知识和经验丰富，检验技能熟练，效率较高，所用检测仪器相对正规和精密，因此，专检的检查结果比较正确可靠。由于专业检验人员的职责约束，以及和受检对象的质量无直接利害关系，其检验过程和结果比较客观公正。专业检验是现代化大生产劳动分工的客观要求，已成为一种专门的工种和技术。

5.2 采购货款的结算

付款是供应商最关心的问题，如果企业在货款的支付上引起供应商的不满，则会导致双方关系恶化，会为企业原材料的采购带来诸多困难。一般来说，付款是财务部门的主要工作之一，但不同的企业在付款操作上有很大的区别，有时，采购部也会成为付款的主要责任部门。

企业向供应商的付款时间一般有预付、货到付款、月结 30 天（或 60 天、90 天）等几种方式。由于激烈的市场竞争，对本地供应商的付款绝大多数都采用月结方式，并且付款期限也越来越长，但一般不宜超过 90 天。如果选择国际知名跨国公司或海外企业作为供应商，因双方对对方的信誉状况不了解，故供应商往往要求预付款。经过一段时间的贸易往来后，双方对对方的情况有了更多了解，经企业向供应商申请，通常可以改成月结 30 天。对于市场紧俏商品或供应商垄断的商品，供应商通常要求货到付款，如果企业有足够的流动资金，采用货到付款这种方式常能得到更优惠的价格。作为采购员，必须了解货款的支付方式及支付流程，以便选择合适的结算方式。

5.2.1 货款的结算方式

1. 支票

（1）支票是出票人签发一定的金额，委托银行或其他金融机构见票无条件支付给收款人或持票人的票据。由此可见，支票是无条件支付命令。支票有出票人、付款人和收款人三方当事人，付款人仅限于办理支票存款业务的金融机构，金融机构的存款户即出票人签发的支票金额应在其存款余额或与付款人约定的透支额度内，如不足支付即构成空头支票，付款人可拒绝付款，出票人应承担相应的法律责任。

（2）支票的分类。

1）按付款方式有无特别保障或限制可分为：

- 一般支票。又称普通支票、开放支票，持票人可凭票向银行兑现，也可通过银行代收货款。
- 保付支票。支票付款人在支票上注明“保付”并签名，由付款人承担全部付款责任。
- 横线支票。又称划线支票、平行线支票。其中，在支票左上角加注两条不平行线的称普通横线支票，可由任何银行代收转账；在支票左上角加注两条平行线，同时在横线内注明某银行名称的，只能由指定银行签收。

2）按支票是否记名可分为记名支票和不记名（空白）支票。

3）按支票结算范围可分为现金支票和转账支票。

（3）支票的内容。支票必须载明的事项包括表明为支票、确定的金额、无条件支付的委托、付款人名称、出票日期、出票人签章。未记载上述事项的支票无效。

（4）支票的使用。

- 支票一般为同城使用。
- 禁止签发空头支票。
- 不得签发与出票人预留本名的签名样式或印章不符的支票。

2. 汇票

（1）汇票是由出票人签发的，委托付款人在见票时或指定日期无条件支付一定金额给收款人或持票人的票据。汇票是一种支付命令。汇票的当事人一般有出票人、付款人和收款人，汇票对收款人资格不加限制。

（2）汇票的分类。

1）按信用性质不同分为：

- 银行汇票。银行汇票由银行因信用而签发并付款。
- 商业汇票。商业汇票的出票人和付款人是具有法人资格的公司、企业。

2）按付款期限不同可分为：

- 即期汇票。即期汇票指持票人只要在合理时间内提示付款，债务人就应付款。
- 远期汇票。远期汇票指出票人与付款人签发票据后在一定期限或特定日期汇款。

3）按商业汇票承兑的不同可分为：

- 商业承兑汇票。商业承兑汇票是指由收款人签发，经付款人承兑，或由付款人签发并承兑的商业汇票。
- 银行承兑汇票。银行承兑汇票是由在承兑银行开立存款账户的存款人出票，向开户银行申请并经银行审查同意承兑的，保证在指定日期无条件支付确定金额给收款人或持票人的票据。

4）按照有没有附属单据可分为：

- 光票。光票不附带货运单据，只要出示汇票本身，付款人就应付款，银行汇票多为光票。
- 跟单汇票。跟单汇票附有货物装运单据（提单、保险单、发票、商检证书、出口许可证、检疫证书等），出示单据后，付款人才予以付款；其信用度较高，国际贸易中多为跟单汇票。

5）按照记载收款人的不同可分为：

- 记名式汇票。记名式汇票的收款人是特定的，须经背书后票据才可转让。
- 指示汇票。指示汇票未最终确定收款人，经背书可转让指示人。
- 无记名式汇票。无记名式汇票又称来人式汇票，谁持有汇票，谁就拥有票据权利，凭交付即可转让。

（3）汇票的内容。据《票据法》规定，汇票必须记载以下事项：汇票字样、无条件支付的委托、确定的金额、付款人名称、收款人名称、出票日期、出票人签章。汇票上未记载规定事项之一的，汇票无效。

汇票上记载付款日期、付款地、出票地等事项时，应字迹清楚。付款日期可为见票即付、定日付款、出票后定期付款和见票后定期付款；未记载付款日期的，为见票即付。

（4）汇票的使用。

1）银行汇票的使用。根据现行结算办法，单位或个人需要付款时，可将款项交当地银行，由银行签发汇票给收款人在异地办理结算或提取现金。

2）商业汇票的使用。已在银行开立账户的法人之间根据买卖合同进行商品交易，可使用商业汇票。签发商业汇票需以合法的商品交易为基础。持票人可持未到期的承兑汇票向开户银行申请贴现，银行扣除贴现日至到期日的利息，付给现款并取得汇票。

3. 本票

（1）本票是出票人签发并承诺自己在见票时无条件支付确定的金额给收款人或持票人的票据。本票的当事人即出票人与收款人，出票人始终是债务人，本票是一种无条件支付的承诺，是自付证券。

（2）本票的分类。本票按出票人的不同可分为：

1）银行本票。银行本票有即期与远期之分。见票即付、不记载收款人名称的小额银行即期本票，其流通性与纸币相似，可代替现金使用；远期银行本票主要适用于大额交易，以保证交易的安全。

2）商业本票。商业本票由企业或个人开立，用于清偿自身债务。

（3）本票的内容。本票必须记载的内容包括表明是本票、无条件支付的承诺、确定的票据金额、收款人名称、出票日期、出票人签章。未记载上述事项的本票无效。

本票上记载付款地、出票地等事项的，应当清楚明确。未记载付款地、出票地的，出票人营业场所为付款地、出票地。

（4）银行本票的使用。银行本票由银行签发，本票的出票人必须具有支付本票金额的可靠资金来源，并保证支付，出票人的资格由中国人民银行审定。本票自出票日起，付款期最长不得超过两个月。

4. 汇兑

（1）汇兑是汇款人委托银行将款项汇给异地收款人的结算方式。

（2）汇兑的种类及其内容。汇兑分为信汇和电汇两种。

1）信汇是汇款人委托银行用邮寄凭证的方式，通知汇入行兑付的一种结算方式。信汇凭证的内容有日期、收款人、金额、账号或住址、汇入行名称、汇款人、汇出地点、汇款用途、汇款人签章等。

2）电汇是汇款人委托银行以拍发电报的方式，通知汇入行付款的一种结算方式。电汇凭证的内容与信汇凭证基本相同。

（3）汇兑的特点。这种结算方式便于汇款人向异地主动付款，适用于单位、个体经济户和个人的各种款项结算。个体经济户和个人需要在汇入行支取现金的，可凭填明“现金”字样的汇款凭证到汇入行支取现金。

5. 异地托收承付

（1）异地托收承付是指收款人根据购销合同发货后，委托银行向异地付款人收取款项，并由付款人向银行承认付款的结算方式。

（2）异地托收承付的有关规定。

1）办理异地托收承付结算的款项，必须是商品交易及因商品交易而产生的劳务供应的款项。代销、寄销、赊销商品的款项不得办理托收承付结算。

2）收付双方使用托收承付结算必须签有符合《经济合同法》的购销合同，并在合同上明确使用异地托收承付结算方式。

3）收付双方办理托收承付结算必须重合同、守信用。收款人对同一付款人发货托收累计三次收不回货款的，银行应暂停其向该付款人办理托收；付款人累计三次无理由拒付的，银行应暂停其向外办理托收。

4）收款人办理托收，必须具有商品确已发运的证件（包括铁路、航运、公路等运输部门签发的运单、运单副本和邮局包裹回执）。

6．委托银行收款

（1）委托银行收款是收款人向银行提供收款依据，委托银行向付款人收取款项的结算方式。

（2）委托银行收款的适用范围。这种结算方式在同城和异地均可使用，便于单位主动收款，既适用于在银行开立账户的单位和个体经济户的各种款项结算，也适用于水电、邮电、电话等款项的结算。

（3）委托银行收款的有关规定。委托银行收款不受金额起点限制，分为邮寄和电报划回两种，由收款人选择使用。付款期为 3 天，付款期满，付款人存款余额不足，按无款支付办理，不予延期。对于拒付的情况，银行不负责审查拒付理由。

7．信用卡

（1）信用卡是一种由银行及一些旅馆、饭店和其他专门机构发给私人使用的短期消费信贷凭证。

（2）信用卡的种类。

1）按发行机构的性质分为商业、旅游、劳务机构发行的旅游交际卡和银行发行的信用卡。

2）按使用地区、范围分为指定使用地区信用卡和国际通用信用卡。

（3）信用卡的内容。信用卡的发放通常是以一定量的存款、固定职业或担保人为条件，其外观为硬质金属卡片，卡上印自持卡人姓名、签字、账号和每笔赊销金额。持卡人可凭此到指定的商店、交通和旅游机构购买商品、支付劳务费用等，只需在发票或其他单证上签字，而不必支付现金。

5.2.2　付款的操作

1．查询物品入库信息

对国内供应商的付款操作，因为一般在物品检验通过且完成入库操作之后进行，所以订单操作人员（或专职付款人员）要查询物品入库信息，并对已经入库的物品办理付款手续。对于国外供应商，因为一般是“一手交钱，一手交货”，所以对国外采购项目，物品一到岸或一到指定的交易地点，就必须完成付款手续及开具付款票据，在验收后对供应商支付款项。对于长期采购的供应商，可通过谈判达成一定的付款周期，如在到货一周内付款等。

2．准备付款申请单据

对国内供应商付款，应拟制付款申请单，并且附合同、物品检验单据、物品入库单据、发票等。作为付款人员要注意：五份单据（付款申请单、合同、物品检验单、物品入库单、发票）中的合同编号、物品名称、数量、单价、总价、供应商必须一致。国外供应商付款手续较为复杂，在此省略。

3. 付款审批

付款审批的具体事宜由管理人员或财务部专职人员负责，主要包括三个方面：

（1）单据的匹配性。上述五份单据在 6 个方面（合同编号、物品名称、数量、单价、总价、供应商）的一致性及正确性。

（2）单据的规范性。特别是发票、付款申请单要求格式标准统一、描述清楚。

（3）数据的真实性。发票的真假鉴别，检验单、入库单的真假识别等。

4. 资金平衡

在采购过程中，企业必须合理利用资金，特别是在资金紧缺的情况下，要综合考虑物品的重要性、供应商的付款周期等因素，确定付款顺序。对于不能及时付款的物品，要与供应商进行充分沟通，征得供应商的谅解和同意。

5. 向供应商付款

企业财务部门在接到付款申请单及通知后即可向供应商付款，并提醒供应商注意收款。

职业技能

对采购和付款业务的控制

采购和付款业务循环是指从提出采购申请、填制请购单开始到企业支付价款结束的为生产经营而获取商品和劳务所必需的决策和处理过程。为了预防或纠正采购和付款业务的错误，需对采购和付款业务循环进行控制，常采用下列措施。

（1）职责分工。在采购和付款业务循环中，为保证所采购的物品确实为企业所需并符合企业的利益，所收到的商品完整、安全，支付的价款及时、准确，应将采购与付款业务循环的职责进行分工。

① 提出采购申请与批准采购申请职责相互独立。

② 批准请购的部门与采购部门相互独立。

③ 验收部门与会计部门相互独立。

④ 应付账款记账员不能接触现金、有价证券和其他资产。

⑤ 票的签字和应付账款的记账相互独立。

⑥ 内部检查与相关的执行和记录工作相互独立。

（2）信息传递程序控制。建立健全与采购和付款业务循环相关的内部控制，要求企业对与此循环相关的信息传递程序实施严格有效的控制。主要包括：

① 授权程序。有效的内部控制要求采购和付款业务循环的各个环节要经过适当的授权批准，如在企业内部建立分级采购批准制度。

② 文件和记录的使用。为了满足企业审批、财产保管及便于记录的要求，企业要合理地设计和使用各种文件和记录，如订单、验收单等。

③ 独立检查。在其循环外，还应当实施一些独立检查，防止各环节发生疏忽，同时有利于及时消除采购和付款业务中出现连续作弊的风险，如对买方发票、验收单等进行独立的内部检查。

（3）实物控制。包括两个方面：一是加强对已验收入库的商品实物进行控制，限制非授权人员接近货物，防止错用和盗窃等；二是限制非授权人员接近各种记录和文件，防止伪造和篡改会计资料。

技能练习

通过模拟采购和付款业务循环场景，运用以上措施进行控制，使其在实际操作中更加透明，从而保证其业务的顺利实施。

5.3 库存管理

对于企业来说，库存带来了收益，但也会增加成本。库存成本主要来源于两个方面：库存过多带来产品削价的损失和库存本身占用流动资金的成本。据统计，我国产品生产的直接成本只有总成本的 10%，而物流成本占产品总成本的 40%，其中库存成本占物流成本的 80% ~ 90%。也就是说，库存成本占产品总成本的 32% ~ 36%，远远大于生产直接成本。因此，通过有效的库存管理方法降低库存水平，对于大幅度提高企业的资金周转率、回报率及提升企业竞争力都具有特别重要的意义。

链接 1

5.3.1 库存管理功能分类

美国生产与库存管理协会将“库存”（Inventory）一词定义为“以支持生产、维护、操作和客户服务为目的的各种物料，包括原材料和在制品、维修件和生产消耗品、成品和备件等”。

库存是指仓库中处于暂时停滞状态的物资，一般分为两种类型：由于批量订货而带来的库存，称为批量订货库存；由于顾客需求与供应能力变化而带来的库存，称为安全库存。另外，在具体库存管理中，还可能遇到另两种库存：季节性库存和中转库存。

1．批量订货库存

批量订货库存是由订货经济规模决定的。订货量小，采购频繁，库存小，库存资金占用成本就小，但是采购成本由于运输次数增加而增大。订货量大，采购次数少，采购成本小，但是库存大，库存资金占用成本就大。在实践中，通过平衡采购成本和库存资金占用成本，以实现总库存成本最低的最佳订货量。

2．安全库存

安全库存是为了应付超出预期的顾客需求与供应能力变化而保存的额外库存。它与三个因素有关：一是顾客需求的变化程度，变化程度越大，所需安全库存就越大；二是订货的提前期和提前期的变化，提前期越长，所需安全库存也越大；三是顾客服务水平，服务水平越高，安全库存也越高，而且这个因素是由顾客确定的，一般不能改变。因此，在确定安全库存时，顾客需求与供货提前期的变化对安全库存具有决定性影响。在这个顾客需求多变的时代，安全库存有着不断增大的趋势，导致了大量的库存。一般来说，库存水平总是保持在安全库存之上，以防顾客需求或供应能力突然变化导致缺货情况的发生。控制库存水平在很大程度上就是控制安全库存。

3．季节性库存

一些商品具有明显的季节性消费特征，如空调、日历等。在某些季节的销售高峰期，产品会供不应求；在其他季节，产品会滞销。因此，需要在高峰期来临之前开始生产，保持一定量的库存。这类库存管理需要考虑企业生产能力与季节库存量之间的优化，投资设备、扩大生产能力可以降低季节库存量。

4．中转库存

中转库存也称运输库存（In-Transit Inventory，Pipeline Inventory）。由于运输不会瞬时完成，因此在存储点、运输中途会存在库存，这些库存主要是为了中转货品而存在的，它们与物流系统的设计息息相关。例如，改变运输方式，从空运变为水运，就会大大增加中转库存量，这就需要综合中转库存，优化运输方式；再比如，在一定范围内扩大配送中心的数量，可以减少中转库存量，但是过量的配送中心会大大增加管理费用，因此需要进行优化分析。

5.3.2 库存成本分析

物料采购决策通常建立在对成本分析的基础上，通过建立订货模型，寻求使总成本最小的订购策略。常用的有存储成本、订购成本、配送成本和缺货成本，现分述如下。

1．存储成本

为存储保管库存所需的成本，通常也可称为保管成本，其构成要素主要有处理与存储成本，损坏、过时与失窃成本，保险与税收成本及资金投资成本（机会成本）。

（1）处理与存储成本。存储成本包括储藏空间的成本（如仓库成本）及设备成本（如供暖照明）等。如采用现成的仓储设备，则存储成本为固定值，不随库存水平的变化而变化，一旦超出既定的库存水平，成本就会随库存水平增加而上升。处理成本随库存水平的变化而变化，主要包括对物料搬运人员和仓库保管人员支付的成本，如监督、实地清点物料、搬运等，如遇无效率的存储布置，则会增加处理成本。

（2）损坏、过时与失窃成本。许多物料在存储中会发生变质，从而使物料价值减损；另外，物料会因自然、人为等因素而损坏，损坏程度因物料性质不同而异；过时情况发生在成本市场需求消失后，仓库仍有许多库存，从而造成损失。此外，失窃也会造成资产的损失。

（3）保险与税收成本。库存是公司的一种投资，常常需要支付保险费、税收等，因而发生成本。

（4）资金投资成本（机会成本）。库存需要资本投资，一旦资金用于库存后，即无法用于其他用途，故机会成本决定于该项资金用于其他备选方案时的投资回报率。

2．订购成本

采购每批物料时通常需要耗费的成本，此成本常称为订购成本，其构成要素有填写请购单、制造订单、记录订单、追踪订单、质量检验、处理发票或企业报告及付款准备等事务的工作成本；另外，还包括每批物料的价格成本，该成本与批量大小有关。采购成本与每批订购量大小成反比，每批订购量越大，每年订购次数越少，则总采购成本越低。

3．配送成本

随着供应链各个环节的竞争不断加剧，物流配送近年来被认为是降低成本的最后一个“黑暗大陆”。第三方物流市场不断发展壮大，越来越多的生产企业把物料的运输、配送业务外包给第三方物流公司。在这种情形下，物流配送成本需要单独考虑。

4．缺货成本

缺货成本主要包括停工待料或无法立即满足需求所发生的各种损失，如加班费、特殊管理费、违约罚款、赶工成本、特殊处理成本、信誉损失成本等。通常情况是，发生需求时仓库无库存，并且无法立即得到补充，这种缺货会失去销售机会。这种销售损失会造成利益的损失，也可能是信誉的损失，还可能面临失去顾客的严重后果。

5.3.3　科学的库存管理方法

1．选择适当的物资订购方式

物资订购是影响库存成本的主要因素，因而物资订购是否合理是库存管理的关键所在。

2．传统库存控制方式

传统库存控制方式包括定期订货方式、定量订货方式、最大/最小订货方式。

3．经济订购批量

经济订购批量是确定订货量的常用方法，特别是经常性库存通常采用经济订购批量法，在此对经济订购批量进行简要的介绍。

（1）经济订购批量的定义。经济订购批量是通过平衡采购进货费用和保管仓储费用，确定一个最佳的订货数量来实现最低库存费用的方法。

（2）经济订购批量的求解。经济订购批量可以用图解法或数学求解法求得。因图解法涉及作图且存在作图误差，故在实际工作中应用较少，而常常采用经济订购批量的数学求解法。

经济订购批量数学求解法的计算公式：

$$\text{经济订购批量}=(2\times\text{每年需用量}\times\text{每次订购成本}\div\text{每年每单位占用成本})^{1/2}$$

4．联合库存管理

联合库存管理（Joint Managed Inventory，JMI）是一种基于协调中心的库存管理方法，是为了解决供应链体系中的牛鞭效应，提高供应链的同步化程度而提出来的。联合库存强调了供应链节点企业同时参与，共同制订库存计划，使得供应链管理过程中的每个库存管理者都能从相互之间的协调性来考虑问题，保证供应链相邻节点之间的库存管理者对需求的预测水平保持一致。任何相邻节点需求的确定都是供需双方协调的结果，库存管理不再是各自为政的独立运营的过程，而是供需联结的纽带和协调中心。

由以上定义可知，联合库存管理是从整体角度出发，通过供应链节点中各个企业之间的相互探讨进行需要量预测，并以此建立联合库存中心。在这个模型中，我们假设了一个基本的供应链模型包括一个零售商和一个制造商，因此联合库存中心是制造商和下游的几个零售商共同建立的。因为预测的其中一条原则——汇集预测更准确，所以联合库存中心对需求的预测更为准确（也可以理解为，某个零售商高于平均水平的需求很可能被另一个零售商低于平均水平的零售需求所补偿），从而降低了供应链的不确定性。

5. 供应商管理库存

供应商管理库存（Vendor Managed Inventory，VMI）是一种战略贸易伙伴之间的合作性策略，它以系统的、集成的管理思想进行库存管理，使供应链系统能够同步优化运行。在这种库存控制策略下，允许上游组织对下游组织的库存策略、订货策略进行计划和管理，在已经达成一致的目标框架下由供应链来管理库存。在一种持续改进的环境中，目标框架也会经常被修改。供应商与客户企业之间实现信息交换、信息共享后，信息便代替了库存，拥有最佳的信息就可以达到最小的库存，大大降低缺货的概率，更好地改善客户满意度和销售状况。

本章小结

采购货物的验收直接关系到采购货物的质量。本章主要介绍了采购货物验收的内容、采购货物验收的步骤与要点、采购货物质量的检验方法、收货报表与单据等内容。

采购货款结算是采购业务的最后一道程序，着重介绍了采购货款结算的基本方法。

简要介绍了库存管理的功能及库存成本，并详细地讲述了科学的库存管理方法。

评估练习题

1. 能力测验

你是否能够：

□ 了解货物验收的内容、步骤？
□ 说出货物入库的检验方法？
□ 识别几种货款结算的方式？
□ 定义支票、汇票、本票、汇兑等概念？
□ 区别异地托收承付和委托银行收款？
□ 掌握采购货款结算的操作流程？
□ 说出库存管理功能分类？
□ 举例分述库存成本内容？
□ 简述科学的库存管理方法？
□ 解释 JMI 和 VMI？

练习题参考答案

2. 关键术语回顾

________是出票人签发一定的金额，委托银行或其他金融机构见票无条件支付给收款人或持票人的票据。

________是由出票人签发的，委托付款人在见票时或指定日期无条件支付一定金额给收款人或持票人的票据。

________是出票人签发并承诺自己在见票时无条件支付确定的金额给收款人或持票人的票据。

________是指收款人根据购销合同发货后，委托银行向异地付款人收取款项，并由付款人向银行承认付款的结算方式。

3. 关键概念回顾

◆ **单项选择题**

（1）________记录了某批货物的预定交期、请购日期、物品名称、供应商、价格、验收日期、迟延天数等，是为控制货物的准时交货而制定的单据。

A. 进货验收单　　B. 交期控制表

C. 货物采购记录表　　D. 来货检验月报表

（2）________是清点大批量入库商品时，将一定件数的商品做一标记，待全部清点完后，再按标记计算总的数量。

A. 标记法　　B. 分批清点

C. 定额装载法　　D. 计件法

（3）对本地供应商的付款绝大多数都采用月结方式，由于激烈的市场竞争，付款期限也越来越长，但一般不宜超过________。

A. 30 天　　B. 60 天　　C. 90 天　　D. 120 天

（4）________指持票人只要在合理时间内提示付款，债务人就应付款。

A. 银行汇票　　B. 商业汇票　　C. 即期汇票　　D. 远期汇票

（5）________是为了应付超出预期的顾客需求与供应能力变化而保存的额外库存。

A. 安全库存　　B. 批量订货库存　　C. 季节性库存　　D. 中转库存

◆ **多项选择题**

（6）货物验收主要包括________。

A. 品名、规格　　B. 数量　　C. 品质

D. 凭据　　E. 包装

（7）在接收货物时应注意________。

A. 清点商品数量　　B. 外包装有无损坏

C. 单据是否齐全　　D. 确认 P/O 号是否与待收货的 P/O 号一致

E. 确认供应商、货物名称、货物编号与 P/O 号是否一致

（8）商品入库的检验方法有________。

A. 质量验收　　B. 包装验收　　C. 数量验收

D. 感官验收　　E. 仪器验收

（9）在准备付款的申请单据中所涉及的单据有________。

A. 付款申请单　　B. 合同　　C. 物品检验单
D. 物品入库单　　E. 发票

（10）商品采购决策通常建立在对成本分析的基础上，常用的有________。

A. 存储成本　　B. 订购成本　　C. 配送成本
D. 缺货成本　　E. 固定成本

◆ **判断题**

（11）入库验收是对即将入库的商品进行质量和数量的检验，是保证入库商品质量的重要环节。(　　)

（12）支票和汇票都有出票人、付款人和收款人三方当事人。(　　)

（13）银行本票由银行签发，本票的出票人必须具有支付本票金额的可靠资金来源，并保证支付，出票人的资格由中国人民银行审定。(　　)

（14）联合库存管理是一种基于协调中心的库存管理方法，是为了解决供应链体系中的牛鞭效应，提高供应链的同步化程度而提出来的。(　　)

（15）供应商管理库存是一种买卖交易之间的对抗性策略，它以系统的、集成的管理思想进行库存管理，使供应链系统能够同步化运行。(　　)

4．计算题

某配送中心内只储存两种物资：第一种物资就地堆垛，它的单位面积的储存定额为 $0.5t/m^2$，被分配的储存有效面积为 $250m^2$；第二种物资摆放在货架上，它的有效容积为 $500m^3$，每个货架的有效利用高度是 10m，它的单位面积储存定额是 $0.8t/m^2$，则配送中心的总储存能力是多少？

5．案例分析

第6章

采购方式选择

学习目标

知识目标：

（1）了解定量采购的定义及程序。

（2）掌握定期采购的基本内容。

（3）采购数量的计算及确定。

（4）经济批量的含义与特点。

（5）了解几种采购的模型。

能力目标：

（1）掌握采购模型的建立方法。

（2）掌握采购方式的选择。

学习重点与难点

（1）采购数量的确定。

（2）采购模型建立的流程。

引导案例

竞争性磋商方式

2015年3月31日，江苏省政府采购中心首次采用竞争性磋商方式为江苏国税呼叫中心服务外包项目遴选服务商。该项目不管是在采购方式的选择、供应商的选择，还是采购程序上都完全符合和满足了竞争性磋商的要求，遗憾的是，首次采购没有成功选择到服务商，但是本次采购活动为江苏省政府采购中心的业务工作提供了最宝贵的经验。接下来请看看，江苏省政府采购中心是怎么用竞争性磋商方式实施采购的。

（1）采购方式的选择。竞争性磋商的适用情形的第一条就明确了，政府购买服务项目可以采用。国税的12366呼叫中心是利用国家税务总局统一的热线系统软件建设的，以12366为特服号码，以全省省级集中呼入和呼出、各地远程座席支持为主要运作模式的、为纳税人提供税收咨询等服务的平台。该中心建于2011年，当时即采用服务外包运作的方式，由江苏国税局和服务供应商××企业共同管理，合同期3年。2014年年底，该中心面临规模扩大、业务拓展等一系列紧迫任务，国税局决定继续采用服务外包的模式运行该项目。江苏省政府采购中心接受委托后，明确该项目为政府购买服务项目，且技术复杂、性质特殊，因此选择竞争性磋商方式进行采购。

（2）投标供应商的选择。《政府采购竞争性磋商采购方式管理暂行办法》规定，供应商的选择有三种方式：一是通过发公告广泛征集供应商；二是从省级以上财政部门建立的供应商库中随机抽取；三是由采购人和评审专家分别书面推荐的方式产生。在该项目中，江苏省政府采购中心采用了第一种方式，也是该中心认为的最公平方式，在江苏省政府采购网上进行了为期十天的公示，接受满足条件的供应商前来参与该项目。

（3）磋商小组的成立。为了确保项目公平、公正地进行，江苏省政府采购中心在专家库内随机抽取了五位行业专家和两位采购人代表。

（4）磋商的程序及成交原则。磋商小组所有成员集中与单一供应商进行分别磋商，对磋商文件中未能详细或明确列明的事项进行补充，并要求所有对采购文件做出实质性响应的供应商在规定时间内提交报价。由磋商小组根据综合评分法，根据各供应商评审得分的高低顺序，选择成交人。

该项目一共来了三家投标供应商，其中两家的报价均在预算价之下，一家在预算价之上。磋商小组发现了该情况，在与该供应商磋商时，指出如果其坚持原有报价并超过预算很可能导致该项目终止。因为终止竞争性磋商采购活动条款中明确规定，除了市场竞争不充分的科研项目，以及需要扶持的科技成果转化项目的供应商可以是 2 家，其他在采购过程中符合要求的供应商或者报价未超过采购预算的供应商都必须满足 3 家或 3 家以上。但是，该供应商在磋商之后，仍然坚持原报价，磋商小组最终只能无奈地决定终止本次竞争性磋商活动。

（5）导致本次项目终止的原因分析及解决办法。就因为一个小小的报价而导致整个项目的失败，让江苏省政府采购中心的经办人员和采购人都感到可惜，在可惜之余，江苏省政府采购中心也曾分析其失败的原因：

一是因为竞争性磋商属于全新的采购方式，大部分供应商及采购人对该形式的采购方式还不太清楚。因此江苏省政府采购中心应该采用多种渠道和方式对新的采购方式进行宣传和培训，并总结其利弊为采购人做好参谋。

二是江苏省政府采购中心在选择供应商时，应尽量扩大范围。在购买服务项目选择竞争性磋商方式初期，尽可能地结合法律法规上所认同的三种模式，广泛征集符合条件的供应商参与竞争。

三是协助采购人做好预算申请的前期工作，新条例的正式出台和实施，对采购人的预算提出了更严格的要求，在采购文件中必须公开预算金额，拒绝超预算采购的情况发生，这势必对采购人提出了更高要求。

（资料来源：http://www.caigou2003.com/cz/aldp/256131.html）

辩证性思考：

（1）政府竞争性磋商采购选择供应商有哪几种方式？

（2）采购失败的原因有哪些？

6.1　定量采购模型

6.1.1　定量采购的定义及其作业程序

1. 定量采购的定义

所谓定量采购，是指当库存量下降到预定的最低库存数量（采购点）时，按规定数量（一般以经济订购批量为标准）进行采购补充的一种方式。当库存量下降到订购点（R，也称再订购点）时马上按预先确定的订购量（Q）发出货物订单，经过交纳周期（LT），收到订货，库存水平上升。采用定量采购必须预先确定订购点和订购量。通常，订购点的确定主要取决于需求率和订货、到货间隔时间这两个要素。在需求固定均匀和订货、到货间隔时间不变的情况下，不需要设定安全库存，订购点由以下公式确定：

$$R=\mathrm{LT}\times D/365$$

式中，D 代表每年的需要量。

当需要发生波动或订货、到货间隔时间是变化的时，订购点的确定方法较为复杂，并且往往需要安全库存。订货量通常依据经济批量方法来确定，即以总库存成本最低时的经济批量为每次订货时的订货数量。定量采购的优点：由于每次订货之前都要详细检查和盘点库存（看是否降低到订购点），能及时了解和掌握商品库存的动态；因为每次订货数量固定，并且是预先确定好的经济批量，所以方法简便。这种订货方式的缺点：经常对商品进行详细检查和盘点，工作量大且需花费大量时间，从而增加了库存保管维持成本；该方式要求对每个品种单独进行订货作业，这样会增加订货成本和运输成本。定量采购适用于品种数目少但占用资金大的商品。

2. 定量采购的作业程序

图 6.1 是定量采购的作业程序。作业的具体步骤如下所述。

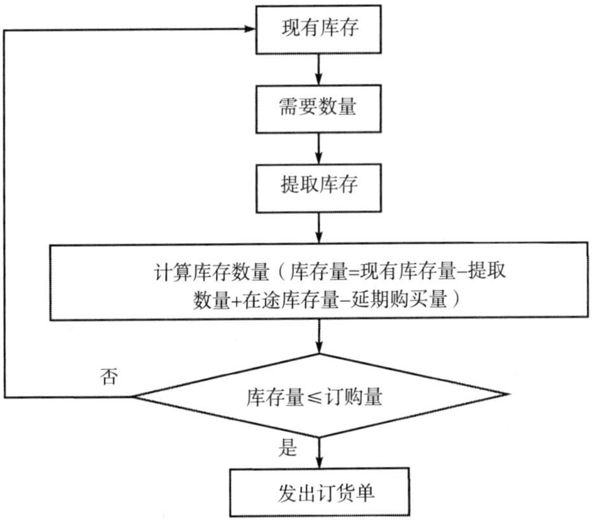

图 6.1　定量采购的作业程序

- 确定应采购商品的现有库存量。
- 根据用户的需求和现有库存量确定商品的需要数量。
- 如果现有库存量能满足用户的需求，为用户提取货物。
- 按以下公式计算库存数量：

库存量=现有库存量−提取数量+在途库存量−延期购买量

- 当库存量小于或等于用户的订购量时，向供应商发出订货单，请求订货。

6.1.2　定量采购模型假设及建模

1．定量采购模型假设

定量采购要求规定一个特定的点，当库存水平到达这一点时就应当进行订购且订购一定的量。订购点往往是一个既定的数，当可供货量（包括目前库存量和已订购量）到达订购点时，就应进行一定批量的订购。库存水平可定义为目前库存量加上已订购量减去延期交货量。以下这些假设与现实可能有些不符，但它们为我们提供了一个研究的起点，并使问题简单化。

- 产品需求固定，并且在整个时期内保持一致。
- 提前期（从订购到收到货物的时间）固定。
- 单位产品的价格固定。
- 存储成本以平均库存为计算依据。
- 订购或生产准备成本固定。
- 所有对产品的需求都能满足（不允许延期交货）。

定量采购模型如图 6.2 所示。

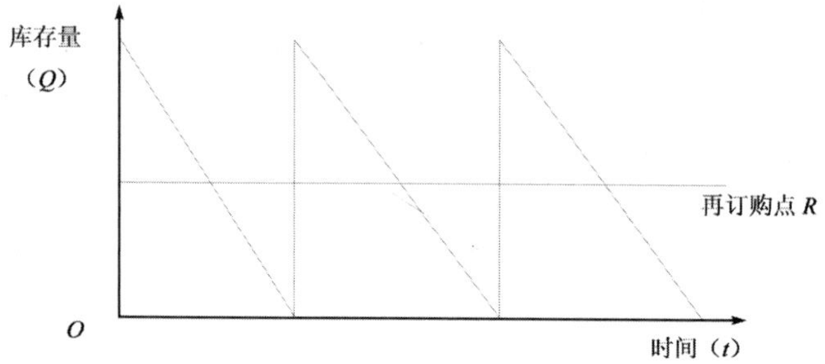

图 6.2　定量采购模型

2．建模

建立库存模型时，首先应在利息变量与效益变量指标之间建立函数关系。在本例中，关心的是成本，下面是有关的等式。

年总成本=年采购成本+年订购成本+年存储成本

即

$$TC=DC+(D/Q)\,S+(Q/2)H$$

式中，TC 为年总成本；D 为需要量（每年）；C 为单位产品成本；Q 为订购批量（最佳批量称为经济订购批量）；S 为生产准备成本或订购成本；H 为单位产品的年均存储成本（通常，存储成本以单价的百分率表示。例如，HiC，式中 i 是存储成本的百分率）。

等式右边，DC 指产品年采购成本，$(D/Q)S$ 指年订购成本（订购次数 D/Q 乘每次订购成本 S），$(Q/2)H$ 是年存储成本（平均库存 $Q/2$ 乘单位存储成本 H）。

在模型建立过程中，第二步是确定订购批量 Q，以使总成本最小。我们将总成本对 Q 求导数，并设其等于零。

最优订货批量公式：

$$Q=\sqrt{2DS/H}$$

因为该模型假定需求和提前期固定，并且没有安全库存，则再订购点 R：

$$R=\bar{d}L$$

式中，R 为再订购点；$\bar{d}$ 为日平均需要量（常数）；L 为用天表示的提前期（常数）。

定量订货系统是对库存水平进行连续的监控，并且当库存量降至某一水平 R 时就进行订购。在该模型中，缺货的风险只发生在订购提前期，即在订购时点与收到货物时点之间，则再订购点的公式：

$$R=dL+z\sigma_L$$

式中，d 为日需要量；L 为提前期（订购时点与收到货物时点之间的时段）；z 为既定服务水平下的标准倍数；$z\sigma_L$ 为提前期中使用量的标准差。

计算如下：

$$\bar{d}=\frac{\sum_{i=1}^{n}d_i}{n}$$

式中，n 为天数。

日需要量的标准差：

$$\sigma_d=\sqrt{\frac{\sum_{i=1}^{n}(d_i-\bar{d})^2}{n}}$$

i 天的标准差：

$$\sigma_L=\sqrt{\sigma_1^2+\sigma_2^2+\cdots+\sigma_i^2}$$

即

短缺概率×年需要量=每次订购短缺量×年订购次数

$$(1-P)\times D=E(z)\sigma_L\times D/Q$$

简化为：

$$E(z)=\frac{(1-P)Q}{\sigma_L}$$

式中，P 为期望服务水平。

6.2 定期采购模型

6.2.1 定期采购的定义及其作业程序

定期采购是指按预先确定的订货间隔期间进行采购补充库存的一种方式。企业根据过去的经验或经营目标预先确定一个订货间隔期间。每经过一个订货间隔期间就进行订货，每次订货数量都不同。在定期采购时，库存只在特定的时间进行盘点，如每周一次或每月一次。当供应商走访顾客并与其签订合同或某些顾客为了节约运输费用而将他们的订单合在一起的情况下，必须定期进行库存盘点和订购。另外，一些公司采用定期采购是为了促进库存盘点。例如，若销售商每两周打来一次电话，则员工就明白所有销售商的产品都应进行盘点了。

在定期采购时，不同时期的订购量不尽相同，订购量的大小主要取决于各个时期的使用率。它一般比定量采购要求更高的安全库存。定量采购是对库存连续盘点，一旦库存水平到达再订购点，立即进行订购。相反，标准的定期采购模型是仅在盘点期进行库存盘点。这就有可能在刚订完货时由于大批量的需求而使库存降至零，这种情况只有在下一个盘点期才会被发现，而新的订货需要一段时间才能到达。这样，有可能在整个盘点期和提前期会发生缺货。安全库存应当保证在盘点期和提前期内不发生缺货。图 6.3 为定期采购的作业程序。

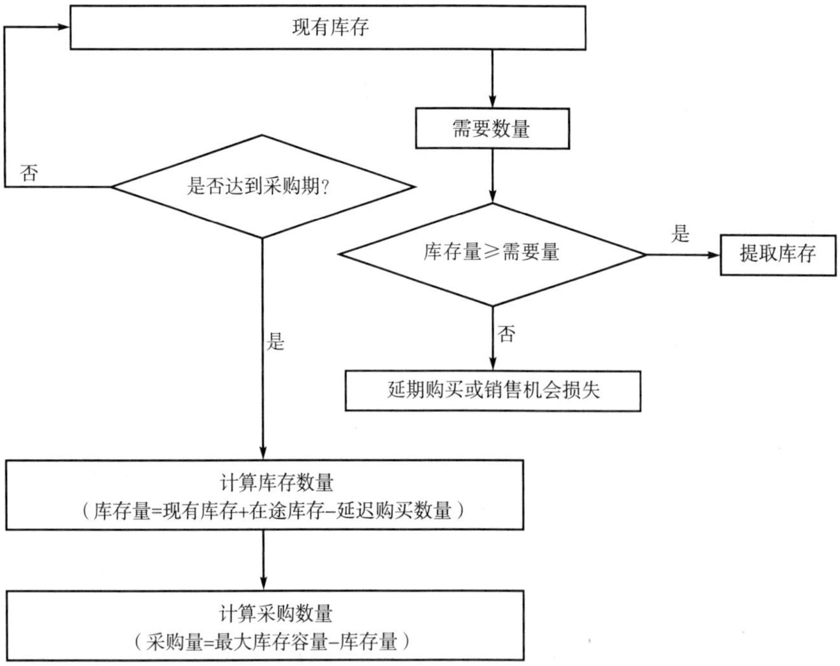

图 6.3 定期采购的作业程序

6.2.2 定期采购的特点及订货量的确定

定期采购是从时间上控制采购周期，从而达到控制库存量的目的。只要订货周期控制得当，既可以不造成缺货，又可以控制最高库存量，从而达到成本控制的目的，使采购成本最低。

定期采购的优点：由于订货间隔期间确定，因而多种货物可同时进行采购，这样不仅可以降低订单处理成本，还可降低运输成本；这种方式不需要经常检查和盘点库存，可节省这方面的费用。缺点：由于不经常检查和盘点库存，对商品的库存动态不能及时掌握，遇到突发性的大量需要，容易造成缺货现象带来的损失，因而为了应对订货间隔期间内需要的突然变动，往往库存水平较高。定期采购控制法适用于品种数量大、占用资金较少的超市商品。材料定期采购计划如表 6.1 所示。

表 6.1　材料定期采购计划

年月日　页次

材料名称	规　格	估计用量	订购交货日期	每日用量	每日最高用量	基本存量	最高存量	基本存量比率	每次订购数量

实际上，采购周期也可以根据具体情况进行调整。例如，根据自然日历习惯，以月、季、年等确定周期；根据供应商的生产周期或供应周期进行调整等。

定期采购方式中订货量的确定方法如下：

订货量=最高库存量–现有库存量–订货未到量+顾客延迟

6.2.3　定期采购模型简介

在定期采购系统中，在盘点期（T）进行再订购，同时安全库存必须为：

$$安全库存=z\sigma_{T+L}$$

订货量=盘点期和提前期内的平均水平需求+安全库存现有库存（已订购的也加上）

即

$$q=\bar{d}(T+L)+z\sigma_{T+L}-I$$

式中，q 为订货量；T 为两次盘点的间隔期；L 为提前期（订购与收到货物之间）；$\bar{d}$ 为预测的日平均需要量；z 为既定服务水平下的标准差倍数；σ_{T+L} 为盘点周期与提前期内的需求的标准差；I 为现有库存（包括已订购尚未到达的）。

需要注意的是：需要量、提前期、盘点期等可以使用任意时间单位，只要整个公式中的单位保持一致。在该模型中，需要量（$\bar{d}$）可以预测出来，并且可以随盘点期不同。或者可以使用年度平均值，假定需求是服从正态分布的。

z 值可以通过以下求 $E(z)$的公式，然后借助表 6.2 找出相应的值：

$$E(z)=\frac{\bar{d}T(1+P)}{\sigma_{T+L}}$$

式中，$E(z)$是σ为 1 时标准化表中的期望缺货量；P为用小数表示的服务水平（如 95%表示为 0.95）；$\bar{d}T$为盘点周期内的需要量，其中$\bar{d}$为日平均需要量，T为天数；σ_{T+L}为盘点周期和提前期内的需求的标准差；z为安全库存的标准差倍数。$E(z)$=期望缺货值。

表 6.2 表示相对于标准差的短缺期望值（该表建立的基础是标准差为 1）。

表 6.2　相对于标准差的短缺期望值

E(z)	z	E(z)	z	E(z)	z	E(z)	z
4.500	4.50	2.205	2.20	0.399	0.00	0.004	2.30
4.400	4.40	2.106	2.10	0.351	0.10	0.003	2.40
4.300	4.30	2.008	2.00	0.307	0.20	0.002	2.50
4.200	4.20	1.911	1.90	0.267	0.30	0.001	2.60
4.100	4.10	1.814	1.80	0.230	0.40	0.001	2.70
4.000	4.00	1.718	1.70	0.198	0.50	0.001	2.80
3.900	3.90	1.623	1.60	0.169	0.60	0.001	2.90
3.800	3.80	1.529	1.50	0.143	0.70	0.000	3.00
3.700	3.70	1.437	1.40	0.120	0.80	0.000	3.10
3.600	3.60	1.346	1.30	0.100	0.90	0.000	3.20
3.500	3.50	1.256	1.20	0.083	1.00	0.000	3.30
3.400	3.40	1.169	1.10	0.069	1.10	0.000	3.40
3.300	3.30	1.083	1.00	0.056	1.20	0.000	3.50
3.200	3.20	1.000	0.90	0.046	1.30	0.000	3.60
3.100	3.10	0.920	0.80	0.037	1.40	0.000	3.70
3.000	3.00	0.843	0.70	0.029	1.50	0.000	3.80
2.901	2.90	0.769	0.60	0.023	1.60	0.000	3.90
2.801	2.80	0.698	0.50	0.018	1.70	0.000	4.00
2.701	2.70	0.630	0.40	0.014	1.80	0.000	4.10
2.601	2.60	0.567	0.30	0.011	1.90	0.000	4.20
2.502	2.50	0.507	0.20	0.008	2.00	0.000	4.30
2.403	2.40	0.451	0.10	0.006	2.10	0.000	4.40
2.303	2.30	0.399	0.00	0.005	2.20	0.000	4.50

6.2.4　既定服务水平下的定期采购模型

在采用定期采购时，在盘点期（T）进行再订购，同时必须保证一定量的安全库存。图 6.4 表示盘点期为 T、固定提前期为 L 的定期采购模型。

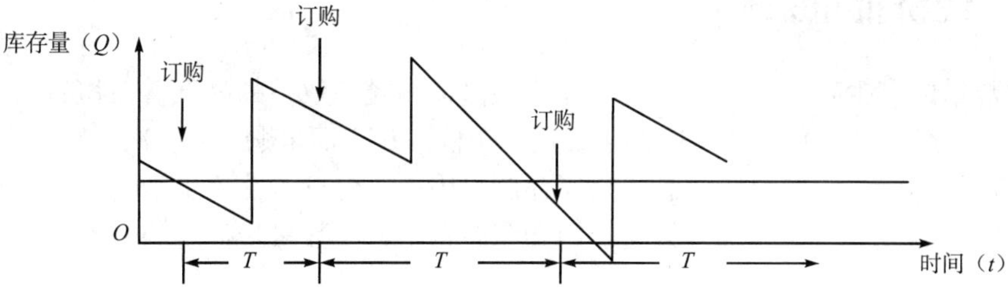

图 6.4　定期采购模型

6.3　定量采购模型与定期采购模型的比较

定量采购模型与定期采购模型的比较如图 6.5 和表 6.3 所示。

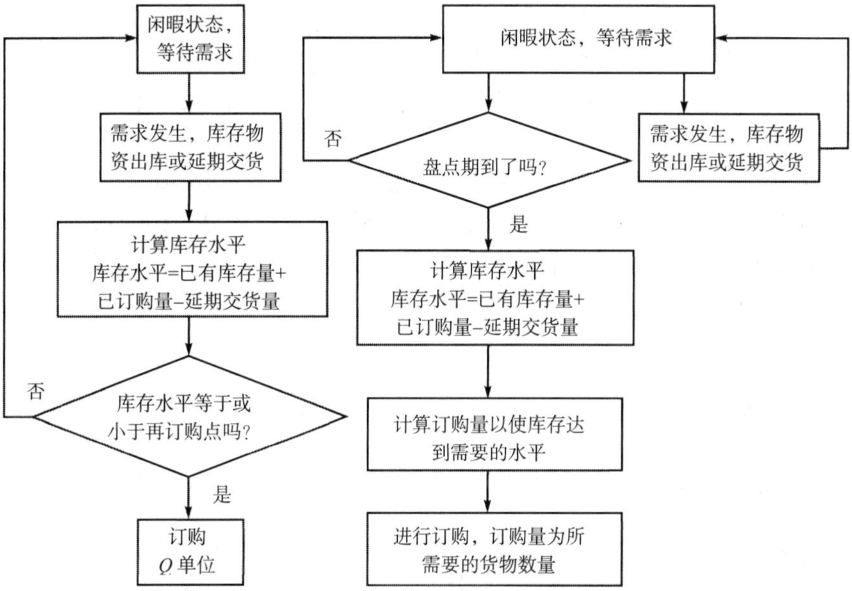

（a）定量采购模型　　（b）定期采购模型

图 6.5　定量采购模型与定期采购模型的比较

表 6.3　定量采购模型与定期采购模型的比较

特　征	定量采购模型	定期采购模型
采购量	固定的（每次采购量相同）	变化的（每次采购量不同）
订购时间	在库存量降低到再订购点时	在盘点期到来时
库存记录	每次出库都做记录	只在盘点期做记录
库存量	较小	较大
维持作业所需时间	由于记录持续，所需时间较长	简单记录，所需时间较短
物资类型	昂贵、关键或重要物资	品种数量大的一般物资

6.4 经济批量采购

采购数量的多少直接决定着对生产经营的保证和经济效益的高低。在物品的采购、储存过程中，会产生订购费用和仓库储存费用。在价格一定而采购量（一次采购量）较大时，可降低单位订购费用，但会增加总的仓库存储费用，单位订购费用也会提高。因此，采购部门在决定采购批量时，应选定订购费用和仓储费用合计数量最低时的采购量，即经济批量采购。

6.4.1 经济批量采购的含义及特点

经济批量采购是从企业本身节约费用开支的角度来确定物资经常储备的一种方法。从物资有关的费用来分析，主要有订购费用和保管费用两大类。从节约保管费来说，应增加采购次数，而减少每次采购数量；从节约订购费来说，应减少采购次数，而增加每次采购量。这表明，采购与保管费是相互制约的。客观上存在这样一种采购数量，使得按这种数量采购所需的采购费与保管费的总和最小，这个采购数量就是经济批量采购。

经济批量采购法是在保证生产正常进行的前提下，以库存支出的总费用最低为目标，确定订货（生产）批量的方法。

经济批量采购法必须在已知计划期间的需要量、每批工装调整费、项目每单位在计划期间的保管费等数据的情况下，才能计算出经济订货批量。算出结果后，就将其作为一定期间内的订货批量，直到各项费用和需求数量有较大变动时，才会有所变动。因此，可以认为经济批量采购法是一种静态批量法，它不太适合需求波动很大和项目价值很昂贵的情况。

6.4.2 采购数量的确定

下面简要介绍经济批量采购数量的确定方法。

例题 6-1

某企业计划一年内从外地购进A商品8 000吨，每次购进相同的数量，已知每次订购费用为50元，每吨商品的全年库存费用为5元，A产品的价格为80元/吨，试计算该企业A产品的经济订购批量。

如果我们假定全年购进总量为D，每次购进量为Q，每次购进费用为S，单位商品年平均库存费用为I，就可以推导出经济订购批量的计算公式：

订购费用=（全年购进总量÷每次购进量）×每次购进费用

$=DS/Q$

库存费用=平均库存量×单位商品年库存费用

=［（最低库存量+最高库存量）÷2］×单位商品年库存费用$=IQ/2$

购储总费用$=DS/Q+IQ/2$

根据高等数学求极值的方法，可以对上式的Q求导，求出当购储费用最低时的经济订购批量Q：

$Q=(2DS/I)^{1/2}$

$=$（2×年购进总量×每次订购费用/单位商品年保管费用）$^{1/2}$

例题中的经济订购批量 $Q=$（2×8 000×50/5）$^{1/2}$

$=400$（吨）

用经济订购批量确定企业物资的经常储备定额，是比较经济有效的方法。但是，采用这种方法需要具备一个前提条件，就是企业能自行决定采购的量和时间，不受物资供应方和运输条件的制约。

相关链接

在实际管理中，企业每隔一段时间，会检查产品的库存，然后再进行采购。可以访问 http//www.enet.com.cn/article/2007/0926/A20070926843918.shtml 查找 ERP 如何巧用经济订购批量来减少生产成本。决定最优订购批量除了考虑平均库存，还要考虑什么？限制模型使用的主要问题是什么？

6.4.3　经济批量采购模型

1．经济批量采购模型的假设条件

经济批量采购的计算公式是根据存储量推出的，进货间隔时间和进货数量是两个主要变量。运用这个方法，可以取得订货费用与保管费用之间的平衡，确定最佳进货数量和进货时间。订购费用是指从订购至入库中所需要的差旅费、运输费等；保管费用是指物料储备费、验收费、仓库管理费、所占用的流动资金利息费、物料储存消耗费等。经济批量采购一般用于需求、成本和提前期是常量和已知，库存能立即补充的情况，即它是用于需求连续、库存消耗稳定的场合，同时要求满足以下一些假设条件：

- 材料需求固定，并且在整个时期内保持一致。
- 提前期固定。
- 单位产品的价格固定。
- 所有的相关成本固定，包括存储成本和订购成本等。
- 所有的材料需求都能满足，并且不允许延期交货。

在现实中要满足上述所有条件几乎是不可能的，但这些假设提供了一个非常好的研究起点，可以使问题简单化。

2．经济批量采购公式及应用

经济批量采购模型如图 6.6 所示，该模型实际上反映了库存量和时间之间的关系。由图 6.6 可以看出，订购批量为 Q，也是库存量的最大值，再订购点为 Q^*，平均库存量为 $\bar{Q}$，$\bar{Q}=Q/2$，订货提前期为 T，$\bar{d}$ 为单位时间日平均需要量。根据前面的假设条件，提前期是固定的，所以每次订货的再订购点为 $Q^*=\bar{d}T$。通常，以产品成本、订购成本和储存成本的总和来表示总采购成本，即

$$总采购成本=产品成本+订购成本+储存成本$$

$$产品成本=产品单价×需要量$$

订购成本=每次订购成本×该期的采购次数

储存成本=平均库存量×该期单位储存成本

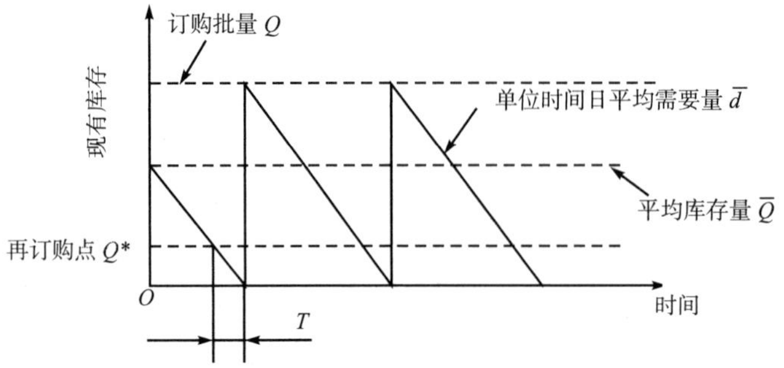

图 6.6 经济批量采购模型

设 D 为年需要量，C 为单位物料采购成本，H 为单位存货的年存储成本，S 为一次订货的订购成本，则每年的订购次数可以用年需要量除以每次订货的批量得到，即 D/Q。

由此，可以计算每年的存储成本为 $QH/2$，每年的订购成本为 DS/Q，总成本以 TC 表示如下：

$$TC=DC+DS/Q+QH/2$$

按照使总成本最小的原则，计算订购批量。以 Q 为变量对上述表达式求导，并设其一阶导数为零，则得

最佳批量 $Q_{opt}=\sqrt{\frac{2DS}{H}}$

最佳批次 $n_{opt}=\frac{D}{Q_{opt}}=\sqrt{\frac{DH}{2S}}$ （取近似整数）

最佳订货周期 $t_{opt}=\frac{365}{n_{opt}}=365\times\sqrt{\frac{2S}{DH}}$

例题 6-2

某生产企业对物料 A 的年需要量（D）为 2 500 单位，订购成本（S）为 80 元/次，年存储成本（H）为 12 元/（单位•年），提前期（T）为 7 天，单价（C）为 120 元/单位，求经济订购批量、再订购点和年总成本。

解：$Q_{opt}=\sqrt{\frac{2DS}{H}}=\sqrt{\frac{2\times 2\,500\times 80}{12}}=182.6\approx 183$（单位）

再订购点 $Q^*=\bar{d}T=(2\,500/365)\times 7=47.9\approx 48$（单位）

最佳批次 $n_{opt}=\frac{D}{Q_{opt}}=\sqrt{\frac{DH}{2S}}=\sqrt{\frac{2\,500\times 12}{2\times 80}}\approx 14$（次）

最佳订货周期 $t_{opt}=\frac{365}{n_{opt}}=365\times\sqrt{\frac{2S}{DH}}=\frac{365}{14}\approx 26$（天）

年总采购成本为：

$$TC=DC+DS/Q+QH/2$$

$$=2\,500\times120+2\,500\times80/183+183\times12/2=302\,190.9\text{（元）}$$

实际上，得到订购成本、生产准备成本、存储成本及短缺损失的数据非常困难，有时甚至不可能。假设条件有时不切实际。因此，所有库存订购点系统都要做以下两个工作：对每种库存物资进行适当的控制并确保库存记录准确可靠。

相关链接

对经济批量采购的评价

对经济批量的理论有许多批评，但并不是批评该方法在内容上的不足，而是批评那种不顾实际情况而不适当地随便使用这种方法的态度。伯比奇教授在其著作《生产管理原理》中，对经济批量提出的批评大略如下：

（1）它是一项鲁莽的投资政策，不顾有多少可供使用的资本，就确定投资的数额。

（2）它强行使用无效率的多阶段订货办法，根据这种办法所有的部件都是以不同周期提供的。

（3）它回避准备阶段的费用，更谈不上分析及减低这项费用。

（4）它与一些成功的企业经过实践验证的工业经营思想格格不入。似乎那些专心要提高库存物资周转率，以期把费用减少到最低限度的公司会比物资储备膨胀的公司获得更多的利益。

其他反对意见则认为，最低费用的订货批量并不一定意味着获利最多。

此外，许多公司使用了经另一学者——塞缪尔·艾伦教授加以扩充修订的经济批量法之后认为，在它们自己的具体环境下，该项方法要求进行的分析本身就足够精确地指明这项方法的许多缺点所在，而其他方法又不能圆满地解决它们试图要解决的问题。

本章小结

链接1

定量采购和定期采购是两种重要的采购方式。本章系统地介绍了定量采购和定期采购的定义、作业程序和数学模型。对建立数学模型的假设条件和推导过程进行了详细的分析和论证，通过对两种采购模型特点的比较，说明了它们各自的应用范围。在此基础上，重点介绍了经济批量采购的含义、特点和模型假设条件，详细地讲述了经济批量模型的推导过程和具体应用范围。

评估练习题

1. 能力测验

你是否能够：

□ 定义定量采购并识别其作业程序？
□ 说出采购模型建立的假设条件？
□ 简单说明定量采购模型？
□ 定义定期采购并识别其作业程序？
□ 说出定期采购方式的特点？
□ 掌握订货量的确定方法？
□ 简述定期采购模型的建立过程？
□ 定义经济批量采购并识别其特点？
□ 举例说明经济批量采购数量的确定方法？
□ 阐述经济批量采购模型建立的假设条件？

练习题参考答案

2. 关键术语回顾

________是指当库存量下降到预定的最低库存数量（采购点）时，按规定数量（一般以经济订购批量为标准）进行采购补充的一种方式。

________是指按预先确定的订货间隔期间进行采购补充库存的一种方式。

________是在保证生产正常进行的前提下，以库存支出的总费用最低为目标，确定订货（生产）批量的方法。

3. 关键概念回顾

◆ 单项选择题

（1）定量采购的优点是________。

A. 工作量小　　B. 减少订货成本和运输成本

C. 花费较少时间　　D. 及时了解和掌握商品库存的动态

（2）在最佳批量公式 $Q_{\text{opt}} = \sqrt{2DS/H}$ 中，S 是指________。

A. 年需要量　　B. 订购成本

C. 单位产品成本　　D. 单位产品的年均储存成本

（3）订购点公式 R=LT×D/365 中的 D 指________。

A. 订购点　　B. 交纳周期　　C. 年需要量　　D. 订货量

（4）________是指物料储备费、验收费、仓库管理费、所占用的流动资金利息费、物料储存消耗费等。

A. 订购费用　　B. 运输费用　　C. 管理费用　　D. 保管费用

（5）定量采购的作业程序正确的是________。

A. 现有库存→需要数量→满足则提取库存→计算库存量→比较→发出订货单

B. 需要数量→现有库存→满足则提取库存→计算库存量→比较→发出订货单

C. 现有库存→需要数量→计算库存量→满足则提取库存→比较→发出订货单

D. 需要数量→现有库存→计算库存量→满足则提取库存→比较→发出订货单

◆ 多项选择题

（6）定期采购的优点包括________。

A. 降低订单处理成本　　B. 降低运输成本

C．及时掌握库存动态　　　　　　D．库存水平较低

E．节省经常检查和盘点库存的成本

（7）定量采购模型与定期采购模型的不同点包括________。

A．采购量　　B．订购时间　　C．库存记录

D．库存量　　E．物资类型

（8）从物资采购的有关费用来分析，主要有________。

A．订购费用　　B．保管费用　　C．包装费用

D．运输费用　　E．装卸费用

（9）经济批量采购模型满足的假设条件包括________。

A．材料需求固定　　B．提前期固定　　C．所有的材料需求都能满足

D．所有的相关成本固定　　E．单位产品的价格固定

（10）定量采购模型的假设包括________。

A．产品需求固定　　B．提前期固定　　C．单位产品的价格固定

D．存储成本以平均库存为计算依据　　E．订购或生产准备成本固定

◆ **判断题**

（11）定量采购要求规定一个订购点，当库存水平到达订购点时，就应当进行订购并且订购一定的量。（　　）

（12）在定期采购时，不同时期的订购量不尽相同，订购量的大小主要取决于各个时期的使用率。（　　）

（13）定量采购法适用于品种数量大、占用资金较少的超市商品。（　　）

（14）在采用定期采购时，在盘点期（T）进行再订购，同时必须保证一定量的安全库存。（　　）

（15）采用经济批量采购确定企业物资的经常储备定额需要具备一个前提条件，就是企业能自行决定采购的量和时间，不受物资供应方和运输条件的制约。（　　）

4．计算题

某贸易公司每年以每单位30元的价格采购6 000单位的某产品，处理订单和组织送货需要125元的费用，每单位储存成本为6元，这种产品的最佳订货量是多少？

5．案例分析

第7章

招标采购

学习目标

知识目标：

（1）理解招标采购的概念和特点。
（2）了解招标采购的分类。
（3）熟悉招标文件、投标文件的编写方法及格式。
（4）掌握招标采购的运作程序。

能力目标：

（1）能根据要求编写招标文件、投标文件。
（2）能根据招标采购的程序组织招标采购。

学习重点与难点

（1）招标采购的概念和特点。
（2）招标、投标文件的编写。

引导案例

医院住院综合楼招标

某医院决定投资1亿余元，兴建一幢现代化的住院综合楼。其中土建工程采用公开招标的方式选定施工单位，但招标文件对省内的投标人与省外的投标人提出了不同的要求，也明确了投标保证金的数额。该院委托某建筑事务所为该项工程编制标底。某年10月6日招标公告发出后，共有A、B、C、D、E、F 6家省内建筑单位参加了投标。投标文件规定10月30日为提交投标文件的截止时间，11月13日举行开标会。其中，E单位在10月30日提交了投标文件，但11月1日才提交投标保证金。开标会由该省建委主持。结果，其所编制的标底高达6 200多万元，其中A、B、C、D 4个投标人的投标报价均在5 200万元以下，与标底相差1 000余万元，引起了投标人的异议。这4家投标单位向该省建委投诉，称某建筑事务所擅自更改招标文件中的有关规定，多计漏算多项材料价格。为此，该院请求省建委对原标底进行复核。第二年1月28日，被指定进行标底复核的省建设工程造价总站（以下简称总站）拿出了复核报告，证明某建筑事务所在编制标底的过程中确实存在这 4 家投标单位所提出的问题，复核标底额与原标底额相差近 1 000 万元。

由于问题久拖不决，导致中标书在开标三个月后一直未能发出。为了能早日开工，该院在获得了省建委的同意后，更改了中标金额和工程结算方式，确定某省公司为中标单位。

（资料来源：https://www.wenku1.com/news/26601AABBF5339AF.html）

辩证性思考：

（1）上述招标程序中，有哪些不妥之处？请说明理由。

（2）E 单位的投标文件应当如何处理？为什么？

（3）对 D 单位撤回投标文件的要求应当如何处理？为什么？

（4）问题久拖不决后，某医院能否要求重新招标？为什么？

（5）如果重新招标，给投标人造成的损失能否要求该医院赔偿？为什么？

链接 1

7.1　招标采购概述

7.1.1　招标采购的概念

招标采购是一种使用越来越广泛的采购方法，受到人们越来越多的关注。本章讨论招标采购的一些基本做法及有关《投标招标法》方面的知识。

所谓标，就是标书，就是任务计划书、任务目标。招标（Invitation to Tender）是指招标人（买方）发出招标通知，说明采购的商品名称、规格、数量及其他条件，邀请投标人（卖方）在规定的时间、地点按照一定的程序进行投标的行为。所谓招标采购，是指采购方作为招标方，事先提出采购的条件和要求，邀请众多企业参加投标，然后由采购方按照规定的程序和标准一次性地从中择优选择交易对象，并与提出最有利条件的投标方签订协议等过程。在招标采购过程中，最大的特征是公开性，凡是符合资质规定的供应商都有权参加投标。

从招投标业务活动来看，我国建设工程的招投标较多一些，开展得也早一些。在采购领域，机电设备的招标采购走在前头，而企业在物资采购中使用招投标的方式相对比较少。政府采购为招标采购提供了一个广阔的市场。因为政府采购的批量大，要求公开、公正和公平，招标采购将有一个较大的发展。

链接 2

7.1.2　招标采购的特点

1．招标程序的公开性

招标程序的公开性有时也称透明性，是指将整个采购程序全部公开：公开发布招标邀请；公开发布招标商资格审查标准和最佳投标商评选标准；公开开标，公布中标结果；公开采购法律，接受公众监督，防止暗箱操作、徇私舞弊和腐败违法行为。

2．招标程序的公平性

所有对招标感兴趣的供应商、承包商和服务提供者都可以进行投标，并且地位一律平等，招标方不允许歧视任何投标商。评选中标商是根据事先公布的标准进行的；招标是一次性的，并且不能与投标商进行谈判。所有这些措施既保证了招标程序的完整，又可以吸引优秀的供应商来进行投标。

3．招标过程的竞争性

招标是一种引发竞争的采购程序，是竞争的一种具体方式。招标活动是若干投标商的一个公开竞标的过程，是一场实力的大比拼。招标的竞争性体现了现代竞争的平等、诚信、正当和合法等基本原则。招标也是一种规范的、有约束的竞争，有一套严格的程序和实施方法。企业采购通过招标活动，可以最大限度地吸引投标商参与竞争，从而使招标企业有可能以更低的价格采购到所需的物资或服务，更充分地获得市场利益。

7.1.3 招标采购的适用范围

招标采购一般是一项比较庞大的活动，涉及面广，耗费人力、财力、物力较多。因此，并不是什么情况都要采用招标投标的方法，一般只适宜比较重大的或者影响比较深远的项目。例如，寻找较长时期供应物资的供应商；新企业开业寻找未来的长期物资供应伙伴；寻找一次批量比较大的物资供应商；寻找一项比较大的建设工程的工程建设和物资采购供应商等。

链接 3~链接 10

对于小批量物资采购和比较小的建设工程，则不宜采用招标方法。

7.1.4 招标采购的分类

招标作为采购的基本方式，主要有公开招标和邀请招标两种。二者除邀请方式不同以外，其他步骤都大体相同。

1．公开招标

公开招标又称竞争性招标，指由招标人在国家指定的报刊、信息网络或其他媒体上发布招标公告，邀请不特定的企业单位参加投标竞争，招标人从中选择中标单位的招标方式。按照竞争程度，公开招标又可分为国际竞争性招标和国内竞争性招标。

（1）国际竞争性招标是指在世界范围内进行招标，国内外合格的投标商都可以投标。它要求制作完整的英文标书，在国际上通过各种宣传媒介刊登招标公告。世界银行规定，我国利用世界银行贷款的工业项目在 100 万美元以上的，要采用国际竞争性招标来进行。

（2）国内竞争性招标是指在国内进行招标，要求用本国语言编写标书，在国内的媒体上登出广告，公开出售标书，公开开标。国内竞争性招标通常用于合同金额较小（世界银行规定在 50 万美元以下）、采购品种比较分散、分批交货时间较长、劳动密集型、商品成本较低而运费较高、当地价格明显低于国际市场等类型的采购。

2．邀请招标

邀请招标也称有限竞争性招标或选择性招标，指由招标单位选择一定数目的企业，向其发出投标邀请书，邀请它们参加投标竞争。一般选择 3 ~ 10 家企业参加较为适宜。由于被邀请参加投标的竞争者有限，可以节约招标费用，缩短招标有效期，提高每个投标者的中标机会。

相关链接

招标公证

据我国公证机关办理各类公证事项的一般程序、内容及招标投标活动的程序、特点，司法部对招标公证的程序做了特别规定，并专门制定了《招标投标公证程序细则》。根据该细则规定，招标公证程序主要分为四个阶段，具体内容如下。

1. 申请与受理

申请是指招标单位（招标方或受托招标方）向公证机关提出办理公证的请求。它是招标公证的第一道工序，也是公证机关办理招标投标公证的前提。受理是指公证机关根据招标单位的申请，初步做出接受办理该项招标投标公证的决定。它是公证机关正式开始办理招标投标的标志。主要任务是对招标单位的申请进行初步审查、判断，对符合条件的申请予以受理，否则不予受理。

2. 审查

审查是指公证机关在对招标投标公证的申请决定受理后，对该公证申请的有关事项、材料进行的审核、查证工作。它是招标投标公证的一个重要阶段，也是公证机关对该项招标投标活动进行现场监督的前提。主要任务是通过对申请人提交的全部材料的审核、查证及必要的调查，确认招标方或受托招标方是否具备招标的条件；招标项目和招标活动是否已获得批准；招标文件及有关材料是否真实、合法、完善；招标、评标组织机构的组成是否符合规定的条件；并决定该项招标投标是否应给予公证。

3. 现场监督

经对申请人所提交的材料的审查，对符合办理公证规定条件的，公证处应委派两名以上公证人员（其中应至少有一名为公证员）参加整个招标投标活动，进行现场监督。主要任务是监督招标投标各个环节的活动按照国家有关规定和招标文件要求的时间、地点、程序、原则和方法进行；对其中违反规定的行为予以纠正；查验有关人员的身份，审查投标方的投标资格；对招标投标过程中的主要环节和重要事项给予现场证明。根据招标投标活动各个阶段的特点和内容，公证员的现场监督活动的侧重不同。

4. 出具公证书

出具公证书是整个招标投标公证的最后一项内容。虽然公证人员在现场监督活动中已发表了公证词，对整个招标投标活动的真实性、合法性和中标情况给予了证明，但根据我国公证机关工作方式的要求，招标投标公证也必须出具公证书，并以公证机关最后出具的公证书为准。

7.2 招投标文件的制定

7.2.1 招标文件

招标文件是整个招投标活动的核心文件，是招标方全部活动的依据，也是招标方智慧与知识的载体。因此，拟定一个高水平的招标文件，是搞好招标采购的关键。

招标文件没有一个完全严格不变的格式，招标企业可以根据具体情况灵活地组织招标文件的结构。但是一般情况下，一个完整的招标文件应当包括以下 8 项内容。

1．招标邀请书

招标邀请书也称招标书，其主要内容是向未定的投标方说明招标的项目名称和简要内容，发出投标邀请，说明招标书编号、投标截止时间、投标地点、联系电话、传真、电子邮件地址等。招标书应当简短、明确，让读者一目了然，并得到基本信息。

2．投标人须知和投标资料表

投标人须知是招标文件的重要组成部分，是采购企业对投标人如何投标的指导性文件。其内容包括投标条件、有关要求及手续等，具体有资金来源，对投标商的资格要求，货物产地要求，招标文件和投标文件的澄清程序，投标文件的内容要求、语言要求，投标价格和货币规定，修改和撤销投标的规定，标书格式和投标保证金的要求，评标的标准和程序，国内优惠的规定，投标程序，投标有效期，投标截止日期，开标的时间、地点等。

投标资料表是关于拟采购货物的具体资料，是对投标人须知的具体补充和修改。如果有矛盾，则应以投标资料表为准。投标人须知和投标资料表都是指导投标商编制投标文件的重要文件，都不包含在采购企业与投标商签订的合同中。

3．合同条款

合同条款包括一般合同条款和特殊合同条款，它们是采购企业与供应商签订合同的基础。一般合同条款适用于没有被本合同其他部分的条款所取代的范围，特殊合同条款是对一般合同条款的补充。一般合同条款内容包括：买卖双方的权利和义务，运输、保险、验收程序，价格调整程序，付款条件程序及货币支付规定，履约保证金的数量、货币及支付方式，不可抗力因素，延误赔偿和处罚程序，合同中止程序，解决争端的程序和方法，合同适用法律的规定，有关税收的规定等。特殊合同条款内容包括：交货条件，履约保证金的具体金额、提交方式，验收和测试的具体程序，保险的具体要求，零配件和售后服务的具体要求等。

4．技术规格

技术规格是招标文件和合同文件的重要组成部分。它规定所要采购的设备和货物的性能、标准及物理和化学特征。如果是特殊设备，还要附上图纸，规定设备的具体形状。货物采购技术规格一般采用国际或国内公认的标准。

5．投标书的编制要求

投标书是投标供应商对其投标内容的书面声明，包括投标文件构成、投标保证金、总投标价和投标书的有效期等内容。投标书中的总投标价应分别以数字和文字表示。投标书的有效期是投标商确认受其投标书约束的期限，该期限应与投标须知中规定的期限一致。

6．投标保证金

投标保证金的作用是防止投标商在投标有效期内任意撤回其投标，或者中标后不签订合同，或者不缴纳履约保证金，使采购方蒙受损失。

投标保证金的金额不宜过高，可以确定为投标价的 1%～5%，也可以确定为一个固定数额。由于按比例确定投标保证金的做法很容易导致报价泄露，因而确定固定投标保证金的做法较好，它有利于保护各投标商的利益。国际性招标采购的投标保证金的有效期一般为投标有效期加上 30 天。

投标商有下列行为之一的，应没收其投标保证金：投标商在投标有效期内撤回投标；投标商在收到中标通知书后，不按规定签订合同或不缴纳履约保证金；投标商在投标有效期内有违规违纪行为等。

在下列情况下应及时把投标保证金退还给投标商：中标商已按规定签订合同并缴纳履约保证金，没有违规违纪行为的未中标投标商。

7．供应一览表、报价表和工程量清单

供应一览表应包括采购商品品名、数量、交货时间和地点等。在国境内提供的货物和在国境外提供的货物在报价时要分开填写。在报价表中，境内提供的货物要填写商品品名、商品简介、原产地、数量、出厂单价、出厂价境内增值部分占的比例、总价、中标后应缴纳的税费等。境外提供的货物要填写商品品名、商品简介、原产地、数量、离岸价单价及离岸港、到岸价单价及到岸港、到岸价总价等。工程量清单由分部分项清单、措施项目清单和其他项目清单组成，应由具有编制招标文件能力的招标人或受其委托具有相应资质的中介机构进行编制。

8．投标文件格式

有的招标文件把这一部分称为“附件”。这一部分很重要，就是要告诉投标者，他们将来的投标文件应该包括什么文件，每种文件的格式应当如何。例如，有一份招标文件，把这一部分作为附件：

链接 11

- 附件一，规定了投标书的格式。
- 附件二，规定了资格文件的内容，包括投标方公司全称；公司历史简介及现状；公司运营执照（商业登记证书）复印件；公司的组织结构、主要成员及属于何集团；开户银行名称和开户银行出具的资格证明书；有关授权代理人的资料和制造商的授权书（若投标方为代理商）；质量保证能力；提供 2～3 个能代表其公司业绩水平且与本项目类似的项目简介，如项目名称；项目单位联系方法；实施时间、内容等，出具工程验收证明。
- 附件三，包括完成项目的详细方案和技术说明要求。

总之，这一部分规定了投标方投标时所需要提供的所有文件的内容和格式。

7.2.2　投标文件

投标与招标是一个过程的两个方面，它们的具体程序和步骤是相互衔接和对应的。投标一般包括以下 3 个阶段：申请投标资格、编制投标文件、递交投标文件。在招标企业实行资格预审时，投标商应及时向招标企业提出资格预审申请。如果申请通过，投标商应认真编写投标文件并及时递交投标书。投标书的递交是投标商参与投标程序的关键所在，采购企业应保证投标商有充足的时间来编写他们的投标书。

1．申请投标资格

如果招标企业没有要求进行资格预审，投标商可以直接购买招标文件，并进行投标准备。但是，现在大多数招标企业都要求进行资格预审，因此，投标商应及时向招标企业购买投标资格申请书，经认真研究后填写投标资格申请书。投标资格申请书格式一般由招标企业拟定，并作为资格预审文件的组成部分提供给投标商。投标资格申请书的格式如下。

投标资格申请书

注册营业名称：

注册营业地址：

电话：

电传：

电报：

谨致（招标机构名称）

先生：

（1）我们兹向××（招标机构名称）申请作为××（项目及合同）的投标人。

（2）我们授权××（招标机构名称）或其授权代表，为查证我们提交的报告书、文件及资料，并澄清本申请书提供的财务和技术情况而进行任何调查。为此目的，我们授权××（任何官方官员、工程师、银行、托存人、制造商、分配人等）或任何其他人员或企业向××（招标机构名称）提供它所需要并要求提供的有关材料，以查证本申请书所提出的报告书和资料或我方是否能胜任。

（3）如有需要，可向下列人员进一步了解情况：

① 技术方面（姓名及职务）。

② 财务方面（姓名及职务）。

③ 人事方面（姓名及职务）。

（4）我们声明，在慎重完成的本申请书中所提供的报告书和资料，其细节都完整、真实而正确。

（申请人授权代表）谨上

年　月　日

招标企业将从技术、财务、人事等方面对投标商进行资格审查，审查合格的投标商准许投标。投标商便可以购买招标文件准备投标书。

2．编制投标文件

投标文件也称投标书，是投标商投标的全部依据，也是招标企业招标所希望的成果，投标商应当集中集体智慧，认真准备一份高水平的投标文件参加投标。投标书是投标者对于招标书的回应。投标书的基本内容，是以投标方授权代表的名义，明确表明对招标方招标项目进行投标的意愿，简要说明项目投标的底价和主要条件。除此以外，还要对投标文件的组成及附件清单、正本本数、副本本数做出说明，并且声明愿意遵守哪些招标文件给出的约定、规定和义务。最后要有授权代表的签字和职位。

投标文件要根据招标文件要求提供的内容和格式进行准备，一般应包括以下基本内容。

（1）投标函和投标报价表。投标函实际上就是投标人的正式报价信，说明投标商所提供的货物、来源、数量及价格。投标商应在投标报价表上注明本合同拟提供货物的单价和总价。

（2）投标资格证明文件。这一部分要列出投标商的资格证明文件，包括投标商企业的全称、历史简介和现状说明、企业的组织机构、企业的营业执照副本复印件、企业组织机构代码证、技术交易许可证等，还要有开户银行名称及开户银行出具的资格证明书。如果投标商是某些制造商的产品代理，还要出具制造商的代理协议复印件及制造商的委托书。

（3）公司有关技术资料及客户反馈意见。这一部分主要是投标方企业就自己的业务水平、技术能力、市场业绩等提出一些让招标方可信的说明及证明材料，增加投标方对自己的信任，也是对自己技术资格的另一种方式的证明。内容包括投标报价表中对货物和服务来源地的说明，并有装运货物时出具的原产地证书；证明货物和服务与招标文件要求的技术指标和性能相符的详细说明，并逐条对招标文件所要求的技术规格进行评议；说明所提供货物和服务已经对买方的技术规格做出实质性的响应，或者说明与技术规格条文的偏差和例外。

在这部分文件里，一般可以用实例写出自己令人信服的技术能力、质量保证能力等，列出自己的有关技术资格证书、获奖证书、兼职聘任证书等复印件。可以简述几个自己完成的具体实例，说明它们创造的效益，尤其是用户的使用证明、主管部门的评价或社会的反映等。并且留下有关证明人的联系电话、地址、邮箱等，为招标方证实情况提供方便。

（4）投标保证金。投标保证金是为了避免招标商因投标商的行为而蒙受损失，要求投标商在提交投标书时提交的一种资金担保。

（5）投标文件的封装。投标文件要整理好，封装成一份正本，还要根据招标文件的要求分别复印若干份，封装成若干份副本。每本封装好后，在封口处签名盖章，直接递送或邮寄给招标方。

链接 12~链接 15

3．递交投标文件

投标文件经密封后，在截止日期和时间之前递交到指定地点。递交方式可以是邮寄或派专人送交。

7.3　招标采购的运作程序

招标采购是一个复杂的系统工程，它涉及各个方面、各个环节。一个完整的招标采购过程，基本上可以分为策划、招标、投标、开标、评标、定标 6 个阶段。招标采购流程如图 7.1 所示。

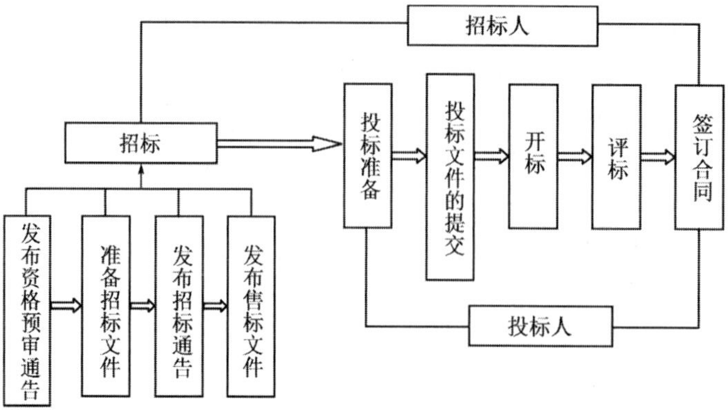

图 7.1 招标采购流程

7.3.1 策划

招标活动是一次涉及范围很大的大型活动。因此，开展一次招标活动，需要进行很认真、周密的策划。招标策划主要应当做以下工作：

- 明确招标的内容和目标，对招标采购的必要性和可行性进行充分的研究和探讨。
- 仔细研究并确定招标书的标的。
- 对招标的方案、操作步骤、时间进度等进行研究、决定。例如，是采用公开招标还是邀请招标；是自己亲自主持招标还是请人代理招标；分成哪些步骤，每步怎么进行等。
- 讨论研究评标方法和评标小组。
- 把通过上述讨论形成的方案组织成文件，交由企业领导决策层讨论决定，取得企业领导决策层的同意和支持，有些甚至可能还要经过公司董事会的认可。

以上的策划活动有很多诀窍。有些企业为了慎重起见，特意请咨询公司代为策划。

7.3.2 招标

招标阶段是指采购方根据已经确定的采购需求，提出招标采购项目的条件，向潜在的供应商或承包商发出投标邀请的行为，是招标方单独操作的。在这一阶段，采购方需要做的工作主要有：确定采购机构和采购要求，编制招标文件，确定标底，发布采购公告或发出投标邀请，进行投标资格预审，通知投标商参加投标并向其出售标书，组织召开标前会议等。

7.3.3 投标

投标人在收到招标书以后，如果愿意投标，就要进入投标程序。其中投标书、投标报价需要经过特别认真的研究和详细的论证完成。这些内容是要和许多供应商竞争评比的，既要领先，又要合理，还要有利可图。

投标文件要在规定的时间准备好，包括一份正本、若干份副本，并且分别封装签名盖章，信封上注明“正本”“副本”字样，直接送给或寄到招标单位。

相关链接

丢单是在采购项目投标和竞标中经常出现的，失利的因素有多种。标书制作是否规范、对于项目的投标和竞标是否具备规划性和技巧性、项目管理思路清晰与否等因素都会影响中标率。可以访问 http://zhidao.baidu.com/question/64994100.html 了解如何运用投标技巧使公司中标，保证中标的三要素是什么，如何运用。

7.3.4　开标

开标是采购机构在预先规定的时间和地点将投标人的投标文件正式启封揭晓的行为。开标由招标人组织，邀请所有投标人参加。开标时，由投标人或者其推选的代表检查投标文件密封情况，经确认无误后，由工作人员当众拆封，宣读投标人名称、投标价格和投标文件的其他主要内容。开标结束后，由开标组织者编写一份开标纪要，并存档备查。

7.3.5　评标

招标方收到投标书后，直到招标会举行当天，不得事先开封。只有当招标会开始，投标人到达会场，将投标书邮件交投标人检查签封完好后，才能当面开封。

开封后，投标人可以拿着自己的投标书，向全体评标小组宣读自己的投标书，并且接受全体评委的咨询甚至参加投标辩论。陈述辩论完毕，投标者退出会场，全体评标人员进行分析评比，最后投票或打分选出中标人。

1. 对投标书进行初步审查

投标书一经开标，即转送到评标委员会进行评标。

评标是招标企业的权利。招标企业要依法组建评标委员会，其成员由招标企业代表和有关技术、经济等方面的专家组成。成员人数为 5 人以上的单数，其中技术、经济等方面专家不得少于成员总数的 2/3。评标委员会成员名单在中标结果确定前应当保密。

在正式开标前，招标企业要对所有的投标书进行下列初步审查：

- 审查投标书是否完整，是否提交投标保证金，文件签署是否合格，投标书的总体编排是否有序。
- 审查是否有计算错误。如果单价与数量的乘积与总价不一致，以单价为准修改总价。投标商不接受对其错误的更正，可以拒绝其投标书，没收其投标保证金。如果用文字表示的数值与用数字表示的数值不一致，以文字表示的数值为准。
- 审查每份投标书是否实质上与招标文件要求的全部条款、条件和规格相符，没有重大偏差。对关键条文的偏离、反对，如投标保证金、关税等偏高将被认为是实质上的偏离。如果投标书实质上没有响应招标文件的要求，招标企业将予以拒绝。

2. 评标内容

评标的目的是根据招标文件中确定的标准和方法，对每个投标商的标书进行评价和比较，以评出最佳的投标商。评标必须以招标文件为依据，不得采用招标文件规定以外的标准和方法进行评标，凡是评标中需要考虑的因素都必须写入招标文件中。

评标分为技术评审和商务评审两个方面。

（1）技术评审。技术评审的目的是确认备选的中标商完成本招标项目的技术能力，以及其后提供方案的可靠性。技术评审的主要内容：

- 标书是否包括了招标文件要求提交的各项技术文件，它们与招标文件中的技术说明和图纸是否一致。
- 实施进度计划是否符合招标商的时间要求，计划是否科学和严谨。
- 投标商准备用哪些措施来保证实施进度。
- 如何控制和保证质量，措施是否可行。
- 如果投标商在正式投标时已列出拟与之合作或分包的公司名称，则需要审查这些合作伙伴或分包公司是否具有足够的能力和经验保证项目的实施和顺利完成。
- 投标商对招标项目在技术上有何种保留，建议的可行性和技术经济价值如何。

（2）商务评审。商务评审的目的是从成本、财务和经济分析等方面评定投标报价的合理性和可靠性，并估量授标给各投标商后的不同经济效果。商务评审的主要内容：

- 将投标报价与标底进行对比分析，评价该报价是否可靠合理。
- 分析投标报价构成是否合理。
- 分析投标文件中所附现金流量表的合理性及其所列数字的依据。
- 审查所有保函是否被接受。
- 评审投标商的财务能力和资信程度。
- 投标商对支付条件有何要求或给招标商何种优惠条件。
- 分析投标商提出财务和付款方面建议的合理性。

7.3.6 定标

定标是采购方决定中标人的行为。定标是采购方的单独行为，但需要由使用机构或其他人一起裁决。在这一阶段，采购方所要进行的工作主要有：决定中标人；通知中标人其投标已经被接受；向中标人发出授权意向书；通知所有未中标的投标人并向他们退还投标保函，同时对他们表示感谢。

链接 16~链接 18

以上是一般情况下招标采购的全过程。在特殊的场合，招标的步骤和方式也可能有一些变化。

本章小结

招标采购是一种使用越来越广泛的采购方式，本章介绍了招标采购的概念及分类、特点、适用范围。招投标文件是招标采购中相当重要的环节，本章在介绍招投标文件概念和内容的基础上，重点描述了招标文件、投标文件的编写方法及格式，以及招标采购的运作程序。

评估练习题

1. 能力测验

你是否能够：

☐ 定义招标和招标采购？
☐ 说出招标采购的特点？
☐ 了解招标采购的适用范围？
☐ 识别招标采购的两种基本方式？
☐ 举例说明一个完整的招标文件的内容？
☐ 举例说明投标的三个阶段？
☐ 说出投标保证金的作用及占投标价的比例？
☐ 阐述投标文件的基本内容？
☐ 说明评标的目的和分类？
☐ 阐述一个完整的招标采购流程？

练习题参考答案

2. 关键术语回顾

________是指招标人（买方）发出招标通知，说明采购的商品名称、规格、数量及其他条件，邀请投标人（卖方）在规定的时间、地点按照一定的程序进行投标的行为。

________是指采购方作为招标方，事先提出采购的条件和要求，邀请众多企业参加投标，然后由采购方按照规定的程序和标准一次性地从中择优选择交易对象，并与提出最有利条件的投标方签订协议等过程。

________又称竞争性招标，指由招标人在国家指定的报刊、信息网络或其他媒体上发布招标公告，邀请不特定的企业单位参加投标竞争，招标人从中选择中标单位的招标方式。

________也称有限竞争性招标或选择性招标，指由招标单位选择一定数目的企业，向其发出投标邀请书，邀请它们参加投标竞争。

3. 关键概念回顾

◆ **单项选择题**

（1）邀请招标一般选择________家企业参加投标较为适宜。

A. 1～3　　B. 3～10　　C. 10～15　　D. 15～20

（2）世界银行规定，我国利用世界银行贷款的工业项目在________美元以上的，要采用国际竞争性招标来进行。

A. 50 万　　B. 100 万　　C. 150 万　　D. 200 万

（3）国际性招标采购的投标保证金的有效期一般为投标有效期加上________天。

A. 20　　B. 30　　C. 40　　D. 50

（4）________阶段是指采购方根据已经确定的采购需求，提出招标采购项目的条件，向潜在的供应商或承包商发出投标邀请的行为，是招标方单独操作的。

A. 策划　　B. 招标　　C. 投标　　D. 开标

（5）一个完整的招标采购过程，正确的程序是________。

A. 招标→策划→投标→开标→评标→定标

B. 策划→招标→开标→投标→评标→定标

C. 招标→策划→开标→投标→评标→定标

D. 策划→招标→投标→开标→评标→定标

◆ **多项选择题**

（6）招标采购的特点包括________。

A. 公开性　　B. 公平性　　C. 竞争性

D. 有序性　　E. 合法性

（7）招标作为采购的基本方式，主要有________。

A. 定向招标　　B. 谈判招标　　C. 两段招标

D. 公开招标　　E. 邀请招标

（8）一般合同条款内容包括________。

A. 买卖双方的权利和义务　　B. 运输、保险、验收程序

C. 价格调整程序　　D. 付款条件程序及货币支付规定

E. 履约保证金的数量、货币及支付方式

（9）投标一般包括________。

A. 申请投标资格　　B. 编制投标文件　　C. 审核投标文件

D. 递交投标文件　　E. 封装投标文件

（10）评标分为技术评审和商务评审两个方面，其中商务评审包括________。

A. 投标商准备用哪些措施来保证实施进度

B. 分析投标报价构成是否合理

C. 审查所有保函是否被接受

D. 评审投标商的财务能力和资信程度

E. 如何控制和保证质量，措施是否可行

◆ **判断题**

（11）在招标采购过程中，最大的特征是公开性，所有供应商都有权参加投标。（　　）

（12）招标采购一般适宜小批量物资采购和比较小的建设工程。（　　）

（13）投标保证金的作用是防止投标商在投标有效期内任意撤回其投标，或者中标后不签订合同，或者不缴纳履约保证金，使采购方蒙受损失。（　　）

（14）投标书的基本内容，是以投标方授权代表的名义，明确表明对招标方招标项目进行投标的意愿，简要说明项目投标的底价和主要条件。（　　）

（15）开标是采购机构在预先规定的时间和地点将投标人的投标文件正式启封揭晓的行为。（　　）

4．情景问题

5．案例分析

第 8 章

政府采购

学习目标

知识目标：

(1) 掌握政府采购的含义。
(2) 了解政府采购的特点。
(3) 了解政府采购的主体、客体。
(4) 了解政府采购的原则和采购周期。
(5) 了解政府采购制度。
(6) 了解政府采购的方式。
(7) 了解政府采购带来的经济效益。

能力目标：

(1) 能够澄清对政府采购的错误认识。
(2) 能够分清政府采购的主体与客体。
(3) 能够分析政府采购方式的利弊。
(4) 掌握政府采购周期的 8 个阶段。
(5) 掌握建立政府采购制度的意义。

学习重点与难点

(1) 政府采购的基本内容。
(2) 政府采购周期的 8 个阶段。
(3) 政府采购的不同方式。
(4) 区分政府采购的主体与客体。
(5) 对政府采购有系统的认识。

引导案例

一个现场变更政府采购方式的案例

日前，某采购单位就其办公用房装修改造工程项目委托一家代理机构实施公开招标采购。项目评审过程中，经评委会评审，符合资格要求且投标方案满足招标文件要求的供应商只有两家，评委会的意见是按《政府采购法》第三十六条应予废标。但采购人提出，本项目时间紧，须尽快完成，如废标再重新组织招标恐怕来不及，提议直接与这两家供应商进行谈判，在这两家供应商中选取一家。也有专家建议，可按照《政府采购非招标采购方式管理办法》（财政部第 74 号令）的有关规定，转为竞争性谈判方式与这两家供应商进行谈判。评委会经研究后同意按采购人及部分专家的意见处理。采购人遂现场提出申请，经在现场进行监督的财政部门工作人员签字同意，转为竞争性谈判方式。此后进行的谈判过程中，原评委会成员即谈判小组成员，经与两家供应商分别进行谈判，两家供应商提交了最后报价。谈判小组经过评审，出具了评审报告，推荐确定了成交候选供应商的排序名单。

（资料来源：http://www.ccgp.gov.cn/dfcg/jingyan/201610/t20161018_7445731.htm）

辩证性思考：

（1）在评审过程中，符合资格要求且投标方案满足招标文件要求的供应商只有两家，如何处理？

（2）本案中的项目能否由公开招标方式现场转为竞争性谈判继续进行？

（3）采购人提出的时间紧、不适宜重新招标的理由是否充分？

（4）该项目竞争性谈判方式的报批程序是否符合规定？

链接 1

8.1　政府采购概述

8.1.1　政府采购的含义

政府采购是采购的一种形式。一般认为，政府采购是指一国政府部门或其他直接或间接受政府控制的企事业单位，为实现其政府职能和公共利益，使用公共资金获得货物、工程和服务的交易行为。

关于我国政府采购的含义，应从我国的实际情况出发，对“政府采购”做出具有中国特色的解释和定义。由于我国实行政府采购制度还在探索阶段，因此各地对“政府采购”的定义各不相同。借鉴西方发达国家的经验，结合国情，应给予我国政府采购这样的定义：政府采购是指各级国家机关和实行预算管理的政党组织、社会团体、事业单位，使用财政性资金在政府的统一管理和监督下获取货物、工程和服务的行为。

上述定义包括了以下几层含义：

- 实行政府采购制度的，不仅是政府部门，还应包括其他各级各类国家机关和实行预算管理的所有单位。
- 政府采购资金不仅包括预算内资金，同时把使用预算外资金进行政府采购的活动也纳入政府采购统一管理的范围。
- 强调购买方式的转变。将过去由财政部门供应经费，再由各个单位分散购买所需货物、工程和服务的方式，转变为在政府的管理和监督下，按照规定的方法和程序，集中购买和分散购买相结合、统一的管理模式。

8.1.2　政府采购的特点

政府采购与私人采购相比，具有以下 4 个特点。

1．行政性

私人采购可以按照个人的爱好、企业的需求做出决定。但是，政府采购作为组织的选择就不能按照个人意志行事。因此，政府采购决策运用的是政府部门办公的决策程序，是一种行政运行过程。例如，采购中要遵守组织的规则、制度及程序，体现集体的作用，而不能像一些私人企业那样，鼓励发挥采购人的主观能动性和创造性。尽管现代政府的决策提倡运用现代化的管理手段，但是公共采购要买什么、怎么买，需要以国家利益实现为目的，完成多重目标，符合多重标准。因此，在进行政府采购管理的过程中，无论是在国内还是在国外，都或多或少地具有较强的行政色彩，代表集体或政府的意志。

2．社会性

政府要承担社会责任或公共责任，也就是说，政府部门的所作所为，包括采购行为，要向国家和社会负责，并且要在工作的同时，为人民树立一种良好的形象和榜样。比如，政府采购不但要满足社会在某一时期对一种服务的需要，而且要考虑环境问题、就业问题等对社会的影响。为此，政府采购首先强调采购部门的责任性，即部门内部的上下级负责制，采购结果对社会、对国家的负责制。总之，部门对所做的工作承担全部责任，而不管这项工作最终属于哪个办事人员。其次，政府采购要受到社会的监督。采购过程随时受到外界的监督和检查，政府管辖区的社会成员有权利对采购的程序和结果进行评论。

相比之下，私营企业董事会虽然向股东负责，向股东大会解释，但就受监督和检查的广泛性和程度来说，远不及公共部门所要承担的责任。

3．公共管理性

由于采购部门使用公共资金进行采购，所以政府采购部门履行的是委托人的职能，因此政府采购具有明显的公共管理特点。政府采购过程是一个受管制的，却是透明的过程，在严格的法律和管理限制下进行。

4．广泛性

由于政府一方面是财力的最大拥有者和分配者；另一方面是它管理的事务广，需要量大，涉及范围宽，所以政府始终是各国国内市场的最大用户。政府采购对象从汽车、办公用品到武器等无所不包，涉及货物、工程和服务等各个领域，具有明显的广泛性。

8.1.3 政府采购的主体

政府采购的主体是指在政府采购过程中负有直接职责的参与者。从我国政府采购的实践来看，政府采购的主体包括政府采购管理机关、政府采购机关、采购单位、政府采购社会中介机构、供应商和资金管理部门。

（1）政府采购管理机关是指在财政部门内部设立的，制定政府采购政策、法规和制度，规范和监督政府采购行为的行政管理机构。政府采购管理机关不参与和干涉政府采购中的具体商业活动。

（2）政府采购机关是具体执行政府采购政策，组织实施政府采购活动的执行机构。采购机关分为集中采购机关和非集中采购机关。狭义的采购机关即我们平时所称的采购机关，主要是指集中采购机关。政府采购机关实施采购活动可以自己组织进行，也可以委托社会中介机构代理组织进行。

（3）采购单位即政府采购中货物、工程和服务等的直接需求者，主要包括各级国家机关和实行预算管理的政党组织、社会团体、事业单位及政策性的国有企业。

（4）政府采购社会中介机构就是取得政府采购业务代理资格，接受采购机关委托，代理政府采购业务的中介组织。

（5）供应商是指在中国境内外注册的企业、公司及其他提供货物、工程、服务的自然人、法人。采购单位的任何采购都必须从合格的供应商处获得。

（6）资金管理部门是指编制政府采购资金预算，监督采购资金使用的部门。我国现阶段政府采购资金管理部门包括财政部门和各采购单位的财务部门。

链接 2

链接 3

8.1.4　政府采购的客体

政府采购的客体也就是政府采购的内容。它包括的种类和项目非常广泛，既有标准产品，也有非标准产品；既有有形产品，又有无形产品；既有价值低的产品，也有价值高的产品；既有军用产品，也有民用产品。按照国际上的通常做法，粗略地将采购客体分为 3 类：货物、工程和服务。

1．货物

货物是指各种各样的物品，包括原料产品、设备、器具等。具体可分为下列 6 类。

- 通用设备类。包括大或中型客车、面包车、吉普车、小轿车、微型车、摩托车、电梯、大型工器具等。
- 专用设备类。包括医疗设备、教学仪器、体育器材、大型乐器、摄影器材、农机机械、水利设施、警用器材、环保设备、消防设备等。
- 办公家具类。包括办公桌、办公椅、文件柜、保险柜、电风扇、空调、沙发等。
- 现代化设备类。包括电视机、扩音器、电话机、寻呼机、移动电话、计算机及网络设备、稳压电源；打字机、传真机、复印机、打印机、速印机、碎纸机、软件及系统集成等。
- 日常办公用品类。包括大宗的纸、笔、墨、文件袋、订书机、磁盘、电源插座、照明器材、工作服装等。
- 药品类。包括成品药、注射器等。

2．工程

工程是指新建、扩建、改建、修建、拆除、修缮或翻新构造物及其所属设备，以及改造自然环境，包括兴修水利、改造环境、建造房屋、修建交通设施、安装设备、铺设下水道等建设项目。具体包括：

- 工程投资与房屋维修类，如道路、桥梁、房屋建设和维修等。
- 设备安装类，如设备的购置及安装。
- 锅炉购置改造类，如锅炉、管道等的购置和改造。

- 市政建设类，如植树、花草种养、街道养护等。

3．服务

服务是指除货物或工程以外的任何采购，包括专业服务、技术服务、维修、培训、劳动力等。财政拨款的机关事业单位所需的各类服务，应在财政部门的指定服务地点取得服务。对各类指定服务地点，每年要组织一次公开竞标，不搞终身制。具体包括：

- 车辆的维修、保险和加油类。对修配厂、保险公司、加油站等进行公开竞标后定点。
- 会议、大型接待及医疗保健类。对宾馆、医院、疗养院等进行公开竞标后定点。

8.2 政府采购的原则和采购周期

8.2.1 政府采购的原则

政府采购的原则是为了实现政府采购目标而设立的，贯穿政府采购全过程的一般性规则。根据我国的实践经验，借鉴国外的成功典范，我们认为政府采购应遵循以下几个最重要的原则，这些原则是实现政府采购目标的重要保障。

1．公开原则

政府采购的公开原则是指政府采购的法律、政策、程序和采购活动的有关信息和要求都要公开。由于采购机关组织实施政府采购使用的是公共资金，因此就对公众产生了一种管理的责任，这就要求采购机关谨慎地执行采购政策并使采购活动具有透明度。因此，公开原则是政府采购的一个重要原则。透明度高、规范性强的采购法和采购程序具有可预测性，使投标商可以计算出他们参加采购活动需要承受的代价和风险，从而提出最有竞争力的价格。公开原则还有助于防止采购机关及上级主管部门做出随意的或不正当的行为或决定，从而增强潜在供应商参与采购并中标的信心。

在政府采购制度中，公开原则贯穿在整个采购过程中。有关采购的法律和程序要公之于众，并严格按照法律和程序办事。这些法律文件也要便于公众及时获得。采购项目的要求和合同的条件要公开，使采购单位与供应商双方履约明晰化；采购活动要做好采购记录，以备公众和监督机构的审查和监督；为保证采购透明度，要接受供应商的质疑和申诉。当然，对一些特殊的采购项目，由于采购物品的性质和国家保密的要求，使得采购过程不能公开。即使如此，采购机构也必须做出说明和记录，并需经严格审批和授权。采购活动的公开程度与采购主体的法律意识、监督力度和传媒手段等有着密切的关系。

2．公平原则

政府采购的公平原则首先是指所有参加竞争的供应商都机会均等，并受到同等待遇。允许所有有兴趣参加政府采购的供应商、服务提供者参加竞争；资格审查和投标评价对所有参加政府采购的供应商使用同一标准；采购机关向所有投标人提供的信息都应一致。

公平性的另一个重要表现是，合同的授予要兼顾政府采购社会目标的实现。由于在政府采购的竞争中，小企业、少数民族企业、困难企业等处于不利地位，如果按其实力，它们很难赢得政府采购合同，因此在政府采购制度中，制定一些规则并采取一些措施，使小企业等也能分得政府采购合同的一部分，从而促进社会经济的协调发展。

3. 公正原则

政府采购的公正原则是建立在公开和公平的基础上的，只有公开和公平，才能使政府采购得到一个公正的结果。公正原则主要由政府采购管理机关、采购机关和中介机构来执行。作为政府采购的管理机关，除制定统一的政策、法规和制度外，还必须坚持这些规则在执行中不偏不倚、一视同仁。因为政策、法规和制度都只是一些文字性的说明，很多只是原则性规定，没有很具体、很详细的解释。因此，不同管理者、不同时间，对不同的对象，就会产生不同的理解程度和思维方式，在掌握执法的尺度上就会不同。为了避免这种过大的差异而导致不公正性，管理机关应尽可能地统一思想和认识，统一执法力度，尽量做到公正合理。作为采购机关要做到公正，首先必须对各供应商提出相同的供货标准和采购需求信息，对物品的验收要实事求是、客观公正，严格执行合同的标准，不得对供应商提出合同以外的苛刻要求或不现实的条件。作为政府采购的中介机构，主要是参与采购中的开标和评标，因此贯彻公正原则必须体现在开标和评标的过程中。在评标时，对各供应商提供的标书进行客观、科学的评价，既要看到各种标的优点，也要指出其缺陷和不足，尽可能地采用评分的方法进行评价，用分数的高低评出优劣及等次，为决标提供显而易见的依据，尽量使各供应商口服心服，从而得到真正的公正结果。

4. 效率原则

政府采购的效率原则包括经济效率和管理效率两个方面。

经济效率原则主要表现在两个方面：一是宏观经济效率，即切实强化财政支出调控，有效提供公共产品，保持宏观经济稳定，实现经济结构调整，促进民族工业发展，以实现市场机制与财政政策的最佳结合；二是微观经济效率，即该政府采购实施后是否节约财政资金，财政资金的使用效率是否有了提高。

管理效率原则要求政府经常公布招标信息，及时购买物美价廉的商品和劳务，缩短采购时间，降低采购成本；同时，便于支出控制和财政监督，实现支出由价值领域向实物领域的延伸管理。管理效率主要体现在实施政府采购所花费的成本上，具体表现为节约的财政资金与实施政府采购的成本比。一般来说，采购成本越低，节约财政性资金的比例越大，管理效率也越高；反之，管理效率就低，甚至出现管理无效率的情况。

5. 物有所值原则

政府采购的物有所值原则是指购买“物”的投入（成本）与产出（收益）之比，这里的投入不是指所采购物品的现价，而是指物品的寿命周期成本，即所采购物品在有效使用期内发生的一切费用减去残值。政府采购追求的主要是寿命周期成本最小而收益最大。目前，物有所值原则的内涵在发达国家和发展中国家之间引起了激烈的争论，争论的焦点为对物有所值中的“值”的理解。我们认为，它不仅包括资金的使用效率和物品在使用过程中的满意程度，还应包括为国内产业发展提供的机会及促进技术转让等。

8.2.2 政府采购周期

政府采购周期是指完成一次政府采购的整个过程和各个组成环节。一个项目的完整采购周期可分为以下 8 个阶段。

1．确定采购需求

采购需求由各采购单位提出，报政府采购管理机关审核。政府采购管理机关在审查各采购单位的采购需求时，既要考虑采购预算的限额和财务规章制度的制约，还要考虑各采购单位采购要求的合理性，把可能和需要两个方面结合起来，从源头上控制盲目采购、重复采购等问题。

2．采购立项

采购单位根据本地区政府采购目录及自身工作需要，将年度内所需购置的货物、工程和服务向主管部门申报；由主管部门根据行业特点及实际情况，汇总上报本级政府采购管理机关；政府采购管理机关根据本年度预算方案和财力状况，对各单位所申报的项目进行审核和综合分析，汇总编制本地区的政府采购项目计划草案，连同本级财政预算草案报同级人民代表大会审查批准立项。

3．预测采购风险

采购风险是指在采购过程中可能出现的一些意外情况，致使采购行为难以达到预期目的。它主要包括：支出增加，推迟交货，供应商的交货不符合采购单位的要求，采购人员工作失误，采购单位和供应商之间存在不诚实甚至违法行为。这些情况都会影响采购预期目标的实现，因此，事前要做好防范措施。

4．选择采购方式

采购方式很多，具体采用何种方式，要看其是否符合政府采购原则和充分实现政府采购目标。目前，国际上使用的采购方式很多，有招标采购、询价采购、单一来源采购、谈判采购等。一般来说，一个国家对国内使用的采购方式及适用条件都有明确的规定，但这些规定都是相对而言的，因为每个项目的情况都不一样。总的标准是按照政府采购的原则来进行选择。

5．进行采购操作

这一阶段即进入具体的采购过程，包括采购的前期准备，如调查市场，发布采购信息，组织招标评标或与供应商进行协商谈判，解决采购过程中的质疑与争端问题等，最后确定中标供应商。

6．签订采购合同

这是指采购单位与中标供应商签订合同。合同的签订必须遵守《合同法》。

7．采购合同的履行

这是指采购合同的执行。供应商按合同的规定，按期交货、竣工或提交服务成果；采购单位则采用科学的方法按合同的规定进行验收。

8．资金结算

资金结算就是根据合同规定验收结算报告，由采购管理机关向供应商支付资金。对于复杂或高成本的采购项目，还需要进行市场调查，评估其为产业发展提供的机会等。

链接 4

8.3　政府采购制度

8.3.1　政府采购制度的含义

政府采购制度是指国家为了使政府采购合理有效、经济节省、公开透明而制定的法律和规定，其目的是要求采购机关用一种公开的、竞争的方式和程序完成采购活动。政府采购制度是国家为规范政府采购行为而形成的。为了实现上述目标，国家建立了一系列审查、管理和监督机制。

制度是在一定历史条件下形成的，旨在为人类行为设定制约和控制，并为人们所接受或公认的规则和习惯，它作用于各种社会主体并由权威予以保障，其外在表现形式是规则和习惯。基于对制度的一般认识，我们认为政府采购制度是一国政府根据本国经济体制和具体国情而制定的旨在管理政府采购行为的一系列规则，其表现形式是一国管理政府采购活动的法律和惯例。实际上，各国正是通过管理政府采购活动的立法确立其政府采购制度的。

政府采购制度因各国经济制度、政治制度的不同而有所差异。在一些国家，政府采购制度内容涵盖了管理政府采购活动各个方面的所有规则和惯例。就采购管理而言，包括采购政策的制定及实施、采购的组织管理、采购活动的监督和审查、采购不当的补救等；就具体的采购活动而言，包括采购计划的制订、采购资金的预算和划拨、采购方法的选择、采购程序的控制和管理、采购合同的管理等。美国的政府采购制度正是如此，它涵盖了政府采购的整个周期，包括制订采购计划、组织货物或服务采购、识别或组织供应源、确定供应源、确定采购合同授予方法及合同管理。

虽然政府采购在西方已有 200 多年的历史，但在我国还是新生事物，各方面对建立这一制度的紧迫性、必要性、重要性及其在市场经济条件下的客观必然性还没有完全形成统一的思想和共同的认识。因此，需要大力宣传和普及政府采购制度的基本知识和基本原理，使政府各部门和社会各方面达成共识，从思想上打好基础。由于预算外资金的大量存在，建立政府采购制度时必须把这部分资金纳入统一账户，财政对各部门资金使用的监督力度将大为加强，这必将触动各部门的既得利益。同时，统一、公开的政府采购活动对行业垄断构成很大威胁，这必然遇到获得垄断利益的部门和行业的阻力。因此，要达成共识，统一思想，必须做大量细致的说服和教育工作，尤其要澄清下列思想上的错误认识。

（1）认为实行政府采购制度是财政想垄断采购事务，减少支出单位的既得利益。建立政府采购制度，并不影响各支出单位对所需货物、工程或服务的采购，它们仍是采购主体，而财政部门只是加强对财政资金的管理，从价值形态延伸到实物形态，改变目前财政部门对实物形态支出管理基本失控的状况。

有些人担心政府财政部门包揽采购事务会产生新的垄断和腐败，其实这是不可能的，原因如下：第一，财政部门不包揽具体采购事务，在规范采购行为中，只是起到一个裁判员的作用，在商品的价格、质量和财政资金的使用方向等方面进行把关；第二，政府采购依照公开、公平、公正的原则进行公开性招标，大大降低了采购环节中出现舞弊的可能；第三，在整个采购过程中，由多家部门进行监督，采购部门只是其中之一，如通过采购委员会审定采购计划、制定采购政策，招标过程邀请人大、纪检等执法监督部门参加，并进行公证，同时，对采购机构、人员违规行为建立处罚制度，以保证采购过程公正、透明。

如果把政府采购比作一种活动，活动的一方是采购单位，另一方是供应商；活动的规则为政府采购制度；活动的裁判应由政府采购管理机关即财政部门承担，因为财政部门掌握制约活动的主要手段——支付手段，可使裁判工作事半功倍。

（2）认为政府采购制度就是政府控购制度。政府采购与计划经济体制下财政对实物形态的直接管理方式有着根本区别。政府控购是政府通过直接的行政手段抑制社会集团对某些商品的需求，实现社会商品的供求平衡。政府采购制度是通过经济手段和法律手段相结合，规范政府购买行为，以取得价廉物美质优的货物、工程和服务。一个是“允不允许买”的问题，另一个是“如何购买”的问题。两者在管理上的目的、手段、范围等都不一样。从目的看，政府控购是控制集团需求，平衡供求矛盾，避免政府与民争夺商品；政府采购主要是细化预算，节约支出，提高资金使用效率，抑制采购中的违法违纪行为。从管理手段上看，政府控购主要是通过直接的行政性采购计划实现的，政府采购主要是通过间接的规范的购买方式和财政监督实现的。从管理范围看，政府控购针对的是某些具体的商品，政府采购针对的是政府对所有商品、工程和服务的购买，没有品目的限制。

（3）认为实行政府采购就是恢复供给制时代的做法。这是一种错误的认识。在供给制条件下，财政是采购商品的主体，商品的使用者只能被动地接受商品。实行政府采购制度，财政只是参与、监督商品的采购过程，使采购工作在公开、公平、公正的条件下进行，保证采购过程的廉洁和资金的有效使用。实行政府采购制度，作为商品使用者的采购单位是采购商品的主体，商品使用者可以按照政府采购的有关规定，根据自身的采购需求，通过政府采购使得所购商品的性能、质地、到货期限、安装及售后服务等技术和物理指标都能满足商品使用者的要求，即由供给制下的被动获得转为采购制下的主动取得。

（4）认为政府采购会影响行政事业单位的正常工作，单位所需的商品和劳务在时间上不像以前那样及时、便捷，这是对政府采购制度理解不深透所造成的。其实，政府采购是一项经常性采购活动，只不过是把原来的单位分散采购变为集中规模的经常性采购，在时间上没有阶段性。

提示

政府采购法中政府采购的定义，即本法所称政府采购，是指各级国家机关、事业单位和团体组织，使用财政性资金采购依法制定的集中采购目录以内的或者采购限额标准以上的货物、工程和服务的行为。

长期以来，我国政府采购一直处于一种分散无序的状态，存在诸多问题。究其原因，主要是没有一套完善的政府采购制度的约束。为此，必须适应社会主义市场经济的要求，尽快制定具有中国特色的政府采购制度。我国的政府采购制度应包括以下内容：

- 政府采购的主体。指整个采购过程的组织实施者，包括采购管理机关、采购机关、采购单位、供应商和中介机构等。
- 采购政策法规。最重要的是采购目标和原则的制定，它是政府采购的灵魂。

链接 5

- 采购模式的选择。采购模式是采购集中管理的程度和类型，可供选择的政府采购模式有集中采购模式、分散采购模式、半集中和半分散的采购模式。
- 采购程序的规范操作。指与政府采购有关的法律、法规。
- 政府采购的组织管理。它是制度有效运作的基础。
- 政府采购的监督。它是采购活动规则运行的外在“监控网”。

8.3.2　我国建立政府采购制度的意义和作用

政府采购制度是国家财政管理制度的一个重要组成部分。从本质上看，它是一项非常重要的宏观经济政策手段。因此，借鉴西方国家的成功经验，建立与我国社会主义市场经济体制相适应的政府采购制度具有以下重要意义。

1. 建立政府采购制度有利于健全和完善财政政策

财政政策包括两个方面：一是收入管理政策；二是支出管理政策。这两个方面处于同等重要的位置，只有收支政策的科学和健全完整，才能使财政职能最有效地发挥，资源得到最合理的配置。定员定额、零基预算等方法规范了经常性支出的方向，但对建设性支出和资金消费使用的监督、管理尚无好办法，政府采购制度的实施正好填补这一缺陷。同时，对资金从分配到消费的全方位监督管理也能促进定员定额、零基预算等方法的实施。

2. 建立政府采购制度有利于促进财政支出在管理方面实现根本性转变

在社会主义市场经济条件下，利用行政手段来节减财政资金已远远不够。财政是管理分配的，它可以利用行政手段直接左右大多数机关事业单位的消费，但这只是总体上粗放型预算规划及控制财政资金，而且因为对于这种粗放型的只管分配资金而忽视消费环节的方法，在使用资金时是否合理考察得很少，所以导致了传统的分散采购在市场经济条件下的缺陷：它一般是在零售市场上购买，无法享受由厂商直接供应带来的价格优惠，而且缺少统一规划，造成了一些重复建设，致使财政资金使用效益低、浪费大。这显然有违财政改革的目标：建立效益型财政。实行政府采购制度的目的是充分发挥买方市场这一优势，在继续坚持运用行政手段的同时，自觉地运用市场经济规律的手段，将市场经济与财政支出有机地结合在一起，强化预算约束，实现对财政支出从价值形态到实物形态的延伸管理，从而达到对财政支出管理的深化和细化。通过实施政府采购制度，财政部门从资金的分配到消费，实行了全方位的监督。通过对来自多方面生产者的统一招标，既增加了政府采购的透明度，又保证了质量，可以用有限的财政资金购买到物美价廉的商品，或得到高效、优质的服务，从而降低行政成本，提高财政资金的使用效率。同时，将采购商品的资金直接支付给供货商，减少了资金的流转环节，可避免各单位挤占、滥用财政资金，堵住了资金流失的渠道。政府通过参与市场招标、投标活动，对有关劳务和商品的价格均有比较深入和细致的了解，这对于各种预算的重新核定和执行均十分有利，真正做到“少花钱多办事”，大大提高了预算支出的准确性和财政支出的可控性，从而更好地节约资金，提高资金的使用效率，最终达到最佳的资源配置，以促进经济健康稳定的发展。

3. 建立政府采购制度有利于反腐倡廉

政府采购制度的核心内容是通过公开的招标方式进行商品或劳务的交易行为，其基本特征是公开、公平、公正，这就要求将财政支出的详细情况公之于众。这种强公开性、高透明度，有利于加强社会化的监督。与分散采购相比，政府统一采购主体少，采购次数也少，便于财政部门审查和监督。另外，财政部门一般都参与政府采购。有关部门负责采购事务，财政部门负责付款，这种付款和购买的分离，增加了部门间的牵制和监督，基本上可以杜绝个人的腐败行为，有利于树立政府的廉洁形象，促进政府廉政建设。

4. 建立政府采购制度有利于我国经济走向世界

企业要生存和发展，必须走向世界市场。开放政府采购市场是相互的，不能只享受权利不承担义务。随着我国出口产品的升级，即由农副产品向工业产品转变和劳动密集型向技术密集型转变，这些产品的最大需求者是各国政府部门，要进一步扩大我国产品的出口，就需要进入其他国家的政府采购市场，这样就必须相应地开放我国的政府采购市场。目前，我国国有大、中型企业的产品走出国门、进入世界市场的较少，一方面是因为企业内部及产品缺乏竞争力，另一方面是因为客观的大环境尚未成熟，其中包括尚未完善的政府采购制度。因此，有必要进一步完善我国的政府采购制度。

5. 建立政府采购制度是国家加强宏观调控的政策工具

政府采购制度实质上是一种行之有效的国家调控经济的政策工具。它不仅作用于微观经济领域，调节部分商品劳务的供给和需求，而且作用于整个社会的经济生活领域，从而实现政府的宏观调控目标。具体作用表现在以下几个方面。

（1）通过建立政府采购制度，调节社会供求总量，实现社会总供求的平衡。比如，当经济过热、通货膨胀、供给与需求矛盾加剧时，政府可以通过压缩和推迟采购，减少社会总需求，从而抑制厂商商品和劳务的供给；反之，当经济偏冷、商品过剩、失业增加时，政府可以加大或提前采购，以刺激厂商的积极性，从而带动需求的增加，摆脱市场疲软状态。

（2）通过建立政府采购制度，调节产业结构和产品结构，实现经济的协调、均衡发展。在市场经济条件下，整个社会的产业结构和产品结构大多是由众多厂商根据市场信号组织生产经营行为所形成的。国家对产业结构和产品结构的调整，往往不能像计划经济时代那样借助行政手段，而主要依靠经济手段来实现结构调整目标。政府采购制度是一种运用简便、效果明显的经济调控手段。如果政府想发展什么产业或增加什么产品的生产，不一定要采取行政命令方式强迫厂商改行或增加产量，而可以采取增加政府购买的方式来引导厂商做出方向上的调整和数量上的改变；反之，如果政府意在紧缩或限制哪种产业或产品，则可以采取少买或不买的方式来达到目的。这就意味着，政府采购实际上具有一种“导向仪”或“晴雨表”的作用。

链接 6

（3）通过建立政府采购制度保护民族工业，支持国有经济的发展。保护民族工业并不是狭隘的民族主义，而是出于对国家的整体利益和长远利益的考虑。支持国有经济也不是人为地厚此薄彼，而是完善和巩固社会主义经济制度的需要。同时，还可以通过以公开招标方式严格确定供应商，形成对国有企业和民族经济的压力，促使其面向市场、不断改进技术和加强管理，在公平竞争中占据一席之地。

8.3.3 政府采购制度的实施范围

政府采购制度实施范围的界定是制定政府采购制度的重要组成部分，各国因国情不同在范围上也存在较大差异。根据我国政府采购的实践经验，结合当前的经济、政治体制，我们认为政府采购制度实施范围应从以下几个方面加以研究和明确：一是财政支出范围；二是采购资金来源范围；三是采购单位范围。

1．政府采购的财政支出范围

按照现代财政理论，财政支出从性质上讲，可划分为转移性支出和购买性支出两大类。转移性支出是政府间财政资金的转移，因此在拨付时不应进行政府采购。购买性支出不管具体用途如何，都有一个共同点：政府一手支付资金，另一手相应地获得货物、工程和劳务，即在这一支出活动中，政府如同其他经济主体一样从事等价交换活动。这类支出反映了公共部门对这些资源的运用，排除了私人运用的可能性。因此，购买性支出一般都应纳入政府采购的范围。

在政府购买性支出中，除公务人员经费外，其余的原则上都应纳入政府采购的范围，从办公设备、学校、医院等公共建筑到飞机、导弹。一般认为，政府采购的范围是为各级政府及其所属机构购买日常政务活动所需的商品和劳务，即主要是政府消费品的购买。但我们认为，政府采购的范围并不仅仅局限于这些方面，还应该包括政府投资品的购买。

（1）政府消费品的购买。政府消费品主要是指党政机关的日常公共用品和劳务服务，既包括除低值易耗品外的一般办公用品、公共办公设备，也包括各种公共服务和劳务，如公用汽车及维修、会议接待和招待等。政府消费品的界定可从以下几方面进行：一是看其是否为政府公共管理事务所需要，具有公共物品的性质；二是这些物品的购买和使用不以营利为目的，不具有经营性；三是政府消费品在使用过程中应产生较明显的社会效益。

（2）政府投资品的购买。政府采购的范围除政府消费品外，还应包括政府投资品的购买，即凡属应由政府提供的公共工程、公共基础设施，如水资源的开发和利用，能源、通信、交通等公共设施的提供，环境保护，安居工程等，都应以政府采购的方式来完成。

2．政府采购的资金来源范围

在国外，政府采购的资金范围只限于财政性预算内资金。在我国，由于存在大量的预算外资金，这部分资金主要是履行国家职能时强制性收取的各种基金和费用，有着准税收的性质，属于财政性资金。因此，我国实行的政府采购制度必须把这部分资金也纳入政府采购资金管理范围。至于纳入政府采购的比重为多大，主要取决于这部分资金在使用过程中是否符合政府采购的条件和规定。原则上，只要是作为政府的消费品和投资支出，从理论上说都应服从政府采购的统一管理。此外，我国各级政府存在着一定的债务收入，对于这部分收入的支出，凡是有消费性和投资性且符合条件的都应实行政府采购。

3．政府采购的单位范围

我国是社会主义国家，生产资料占有形式以公有制为主。从理论上讲，凡是公共资金和财产的使用、消费都应由政府统一进行监督管理。政府采购作为公共资金和财产监督的一种形式，其实施范围应有所选择，即哪些公有性单位可以实行，哪些不能实行，应有划分标准。目前分歧较大的集中在国有企业上，因为国有企业的资产是全民所有，这与行政事业单位没有多大区别，但是它作为自负盈亏的经营主体，在财务开支上必须拥有自主权，否则就无法承担相应的责任。对于国有企业是否参加政府采购，我们认为要分两种情况对待，即把国有企业划分为两类：一类是经营性国有企业，另一类是政策性国有企业。经营性国有企业不宜纳入政府采购的范围，而政策性国有企业应纳入政府采购的范围。因为政策性国有企业的实质是政府职能的延伸，它履行了政府在生产领域的职能，这类企业基本上不具有竞争性，其亏损也由国家进行弥补，如印钞厂、特种兵工厂等，这类国有企业应视为准事业单位，纳入政府采购的范围。

8.3.4 政府采购的政策法规体系

为了加强对政府采购的管理，实现政府采购的政策目标，各国都制定了一系列有关政府采购的法律和规章。各国的基本法规为政府采购法或合同法，如我国的《中华人民共和国政府采购法》《中华人民共和国招标投标法》《政府采购管理暂行办法》《政府采购运行规程暂行规定》《中华人民共和国合同法》等；韩国的《政府采购合同法案》；美国的《联邦采购办公室法案》《联邦采购条例》《合同竞争法案》等；新加坡的《政府采购法案》；英国的《通用合同及商业法》等。除基本法规外，各国还制定了大量的配套法规，如美国的《合同纠纷法案》《购买美国产品法案》等近 20 个配套法规；新加坡的《政府采购指南》；英国的《非公平合同条款》《贪污礼品法案》等。

各国的部门、单位根据政府采购的基本法规和配套法规的精神，结合本部门、本单位的实际情况和特定需要，制定补充条例。地方政府根据中央政府的政府采购基本法规，制定地方实施细则。

相关链接

政府采购在我国的发展

我国的政府采购 1996 年开始试点，1998 年试点范围迅速扩大，到 2000 年，政府采购工作已在全国铺开。集中采购与分散采购相结合的政府采购模式已初步确立，政府采购规模和范围不断扩大。

2002 年 6 月 29 日，《中华人民共和国政府采购法》经全国人大常委会第 28 次会议审议通过，从 2003 年 1 月 1 日起正式实施。该法于 2014 年 8 月 31 日修正。

辩证性思考：

我国现阶段推行政府采购的根本目的是什么？对发展我国经济的深层次意义何在？

8.4 政府采购类型

8.4.1 政府采购模式

政府采购模式是对政府采购进行集中管理的程度和类型。各国的政府采购模式不尽相同，有的国家实行集中采购模式，即本级政府所有的采购均由一个部门负责；有的国家实行分散采购模式，即由各采购单位自己负责。完全实行分散采购模式的国家不多。多数国家实行半集中和半分散采购模式，即一部分物品由一个部门统一采购，另一部分物品由采购单位自己采购。下面对这 3 种政府采购模式进行介绍和阐述。

1．集中采购模式

集中采购模式是指所有应纳入政府采购范围的货物、工程和服务统一由政府委托一个部门负责。集中采购必然带来大型、合并的采购要求，这有利于吸引潜在的供应商，比零散采购更有利于获得更好的供应商履约表现和更有利的价格。另外，管理少量的大型合同所带来的管理成本的节约也是巨大的。采购集中化有利于培养更多技能精湛、知识全面的采购职员，从而增强采购员对采购活动的理解。再者，集中采购增强了对采购单位的直接控制，有利于采购政策、决策在采购部门各个层次上的执行。

2．分散采购模式

分散采购模式是指所有纳入政府采购范围的货物、工程和服务由各需求单位自行组织采购。分散采购的主要优点是易于沟通，采购反应迅速。

3．半集中和半分散采购模式

这种采购模式是把所有应纳入政府采购范围的货物、工程和服务分为两种类型进行采购，即一部分由政府委托一个专门部门统一采购，另一部分由需求单位自行采购。至于集中和分散的程度主要根据采购物品的性质、数量和采购政策而定。高价值、高风险的采购由采购部门专业化、技术精湛的采购人员进行管理会更加经济和有效；低价值、低风险的采购在性质上很可能是常规采购，通常由采购单位进行分散采购。这种颇为常用的组织方法可能同时获得集中采购和分散采购的双重利益。

相关链接

国际上通行的几种政府采购模式

◇ 美国。政府采购经历了 100 多年的发展，经过不断探索和实践，基于三权分立制衡的政治制度和规范化、法制化的政府采购管理体系，采用了非集中化的采购模式。目前，负责全面的政府采购（国防采购除外）管理及制度执行的专门机构是“美国事务管理总署”，下设“联邦供应局”作为具体采办部门。“美国事务管理总署”除在华盛顿设立总部外，还在美国各大城市设立了分部，负责各地区政府采购制度的执行。各级政府部门的绝大多数采购活动是由其遵照既定的政府采购管理制度和规范的操作程序直接自行实施的，选择的是一种非集中化的采购模式。当然，也有一些例外，如美国一般服务管理办公室就代表许多民事机关处理许多房地产购买、租用和兴建等工作，或者受托为政府中许多民事机关进行采购活动。许多小机关也依赖其他机关进行采购，以弥补由于缺少信息来源而无法进行直接采购的不足。

◇ 英国。政府各部门都通过各种政府采购代理机构或政府采购中心获取一定的物资和设施。各部门的采购权力有逐步扩大的趋势，可以自由决定是否由政府采购机关为其所属各部门或由其他公共机构代为采购所需货物或服务。各政府部门可在财政部门授权支出范围内、向议会负责及遵守《采购政策指南》和《采购实施指南》的前提下对政府采购自行决策，在实现物有所值的原则下，各政府部门可以自由地根据各自政策环境选购友好合作方的物品及服务。只有一种情况例外，即宣传设施的采购必须由专门的部门集中进行。综上所述，英国政府选择的也是一种分散型政府采购模式。

◇ 韩国。政府支出市场份额在其经济中占有较大比例，一般约为国民生产总值的40%左右。与世界许多发展中国家一样，韩国一直实行公共市场集中采购制度，由专门的政府部门——采购供应厅负责各公共部门所需物资的计划审批、合同制定、价格确定、合同签订及货物供应。按照韩国《国家合同法》规定，金额超过 5 000 万韩元的政府采购活动都应由采购供应厅集中实施。同时，为规范政府采购活动，韩国政府颁布和制定了详尽的基本法规和配套的实施细则。可见，韩国政府选择的是一种高度集中的政府采购模式。

◇ 新加坡。它是个城市国家，没有地方政府，政府采购政策由财政部预算署负责制定，1995 年以前，各政府部门所需物品由中央采购处集中采购，而其法定机构自行采购。此后，新加坡政府关闭了中央采购处，规定除少数物品（如纸张、计算机）外，其他物品都实行分散采购，由各政府采购机构自行实施。可见，新加坡政府选择了一种较为分散的政府采购模式。

8.4.2 政府采购方式

政府采购方式是指政府在采购所需的货物、工程和服务时应采取什么方式和形式来实现。根据各国政府采购的经验，目前使用较多的政府采购方式有单一步骤招标采购、两阶段招标采购、询价采购、竞争性谈判采购、单一来源采购、批量采购和小额采购等。

1. 单一步骤招标采购

单一步骤招标采购是指按照一般的招标程序所进行的一步到位的招标采购方式。公开招标采购就是单一步骤招标采购方式。这种招标是在物资采购和建设项目没有特殊要求和规定的前提下，按照规范的步骤一次性完成招标，因此称为单一步骤招标采购。这种招标采购一般有以下特点：

- 准备时间长。要达到一步到位的结果，必须做好招标的前期准备工作，对各个环节和程序做仔细的设计和考虑。
- 规模大。这种采购一般属于集中性采购，把各种性能需求相同的采购品集中起来，以达到规模效益，因此采用这种方式要求采购资金达到一定的规模。
- 效率高。由于资金量大，集中度高，把几次或几十次的分散采购集中起来，大大降低了管理成本，提高了透明度和竞争性，因此效率是比较高的。

2. 两阶段招标采购

两阶段招标采购是一种特殊的招标采购方式，即对同一采购项目要进行两次招标。第一次招标是采购单位要求供应商提交不含价格的技术标，目的是征求各供应商对拟采购项目在技术、质量或其他方面的建议。第二次招标是采购单位根据第一阶段征求的建议修改招标文件，要求供应商按修改后的招标文件提交最终的技术标和价格标。

对大型、复杂或技术升级换代快的货物（如大型计算机和通信系统等）及特殊性质的土建工程，事先准备好完整、准确的技术规格是困难的，可采用两阶段招标采购方式。两阶段招标采购适用于下列情况：采购单位不可能拟定有关货物或工程的详细规格或不可能确定服务的特点；采购单位为了签订一项进行研究、实验、调查或开发工作的合同，并且不带有营利的性质；采购单位的采购涉及国防或国家安全，并且采购机关认为采用这种方法是最合适的；已采用公开招标程序，但没有投标人或采购单位拒绝了全部投标，而且采购机关认为再进行新的招标程序也不太可能产生采购合同。

3. 询价采购

询价采购也称货比三家，是指采购单位向国内外有关供应商（通常不少于三家）发出询价单，让其报价，然后在报价的基础上进行比较并确定中标供应商的一种采购方式。

达到限额标准以上的单项或批量采购项目，属于下列情形之一的，经政府采购管理机关批准，可以采取询价采购方式：招标后，没有供应商投标或者没有合格标的；出现了不可预见的急需采购，而无法按招标方式得到的；投标文件的准备需较长时间才能完成的；供应商准备投标文件需要高额费用的；对高新技术含量有特别要求的；政府采购管理机关认定的其他情形。

4. 竞争性谈判采购

竞争性谈判采购是指在紧急情况下，采购单位通过与多位供应商进行谈判，确定最优供应商的一种采购方式。有些达到竞争性招标金额的采购项目，由于出现了不可预见的紧急情况或灾难性事件，采购招标程序或任何其他采购方法都会延误时机。在这种情况下，如果当地至少有两家能够提供采购单位所需货物、工程或服务的供应商，采购单位应采用竞争性谈判采购方式。

达到竞争性招标金额的采购项目，由于货物、工程的技术特点或由于服务的性质，采购单位必须与供应商进行谈判，也可实行竞争性谈判的采购方法。

5. 单一来源采购

单一来源采购即没有竞争的采购，是指达到了竞争性招标采购的金额标准，但所购产品的来源渠道单一或属专利、首次制造、合同追加、后续维修扩充等特殊情况的采购。

达到限额标准以上的单项或批量采购项目，属于下列情形之一的，经政府采购管理机关批准，可以采取单一来源采购方式：只能从特定供应商处采购，或供应商拥有专有权，并且无其他合适替代标的；原采购的后续维修、零配件供应、更换或扩充，必须向原供应商采购的；在原招标目的范围内，补充合同的价格不超过原合同价格 50%的工程，必须与原供应商签约的；预先声明需对原有采购进行后续扩充的；采购机关有充足理由认为只有从特定供应商处进行采购，才能实施相关政策目标的；从残疾人、慈善等机构采购的；政府采购管理机关认定的其他情形。

6. 批量采购

批量采购即小物品的集中采购，适用条件：在招标限额以下的单一物品，个别单位购买的数量不大，但本级政府各单位经常需要；单一物品价格不高但数量较大。

7．小额采购

小额采购指对单价不高、数量不大的零散物品的采购。

链接 7

8.5 政府采购的经济效益分析

所谓效益，从经济学的一般意义来讲，是指经济过程中所费与所得的对比关系。财政效益是指在既定的约束条件下，财政支出和政府目标实现程度的对比关系，经济效益是政府财政效益的具体体现。政府采购制度对提高我国财政支出效益，节约有限的财政资金，缓解当前的收支矛盾，实现政府目标最优化，具有重要的现实意义。

采购支出和其他财政支出一样，都是为了实现一定的政府职能和提供公共服务的需要而付出的资金成本。这类支出所产生的效益，不同于一般物质资料生产领域企业的支出效益，它不仅表现为微观领域的直接经济效益，而且还包括宏观领域的间接经济效益，涉及许多因素。因此，政府采购支出效益的评价较为复杂。下面简要介绍政府采购的微观经济效益和宏观调控效应。

8.5.1 政府采购的微观经济效益

政府采购的微观经济效益主要表现为采购过程中支出的节约和采购成本的降低。

1．政府采购制度的招投标制度避免了供应商与采购单位合谋

在传统的采购模式中，采购过程不透明造成了采购过程中的种种腐败现象。供应商的选择、商品的品种及价格的确定都是“暗箱操作”，往往是一个人说了算。而且由于采购点多面广，管理部门很难对这些采购活动进行有效监督。供应商为了取得交易上的优势，往往利用各种利诱手段，通过贿赂有关当事人，使有些人损公肥私。这种“暗箱操作”使采购者易于贪占国家的便宜，贪污财政性资金。

规范的政府采购制度运作后，由于政府采购制度引入了招投标的竞争机制，采购单位和供应商之间由“合谋”型博弈转化为“囚犯困境”型博弈。采购单位在众多的供应商中，要经过竞争选出最优标。众多的投标商在竞标中的市场化成本加大，中标的风险加大，冲标的概率下降，供应商行贿的预期下降，因而其主动合谋的预期支付函数也因成功的概率太低、风险加大而降低。

2．政府采购使政府消耗性资产管理纳入轨道

在传统的财政资源管理体制下，各单位条块分割，造成设备不能充分利用，从而降低了这些资产的使用效率。政府采购建立后，政府采购管理机关将建立政府单位部门的消耗性资产的档案，并根据这些资产的年限进行补充和更新，统一采购政府各部门和单位所需的商品和服务，并直接将商品及服务分配到需求的单位和部门。政府采购管理机关将评估采购单位采购要求的合理性，并实行以旧换新的方法，将采购了新的办公设备和固定资产的单位仍可用的旧设备和淘汰的固定资产调剂给其他单位和部门。等于花一份钱，办两件事，做到了物尽其用，缓解了供求矛盾。

3. 政府采购有利于竞争及有效市场的建立

实行规范的政府采购制度，一方面，有利于建立运行有效的市场。市场竞争就是一种公平竞争，政府采购制度运作后，政府无疑将成为国内市场上的最大买主，政府的市场行为必将影响整个国内市场的运行。政府采购制度使各种市场主体面临同样的竞争环境和竞争条件，使各类市场主体在同一条起跑线上展开竞争，平等的竞争必将导致公正的结果，使竞争的优胜劣汰机制得以贯彻实施。另一方面，政府采购的原则也有利于激励国有企业摆脱过去的行政干预和地方保护，促使企业逐步适应市场，使其在市场竞争的大潮中学会游泳，造就中国的现代企业家和企业集团，提高微观经济的运行效率。

8.5.2　政府采购的宏观调控效应

1. 通过政府采购，可以促进产业结构的优化

政府作为国内市场上最大的消费者，其购买商品和服务的选择无疑对经济结构具有举足轻重的影响，当政府对某种产品的购买增加时，往往导致该类产品的生产规模扩大和占国民生产总值的比重提高，导致社会经济结构的变动。

2. 通过政府采购，可以发挥稳定物价的调控作用

政府采购具有数额大、规模大的特点，是市场供求平衡关系中较大的砝码，对市场价格水平和走向可以产生一定的影响。政府在统一采购中以招标竞争方式压低供给价格的行为和效应，一般体现为对同类商品价格乃至价格总水平的平抑和稳定。政府也可有意地利用这种调节能力，在某些商品的购买时机、购买数量等方面做出选择，在一定的范围和程度上形成积极的价格调控。

链接 8

目前，西方国家都已经将政府采购作为宏观调控的一个十分重要的杠杆来使用。在我国改分散采购为集中采购，改单位自行采购为统一的政府采购，对提高支出效益、促进宏观经济的“帕累托改进”，具有非常重要的意义。

本章小结

本章详细介绍了政府采购的概念和特点，阐述了政府采购的主体和客体、政府采购的原则、采购周期、政府采购制度的作用及适用范围、政府采购的方式，介绍了政府采购的微观经济效益和宏观调控效应。

评估练习题

1. 能力测验

你是否能够：

□ 定义政府采购并说出其特点？

□ 说出政府采购的主体和客体？

□ 说出政府采购的原则？
□ 说出一个项目的完整政府采购周期包括哪几个阶段？
□ 阐述政府采购制度的含义、意义和作用？
□ 说明政府采购制度的实施范围？
□ 识别不同的政府采购模式？
□ 说出目前使用较多的政府采购方式？
□ 阐述政府采购的微观经济效益？
□ 阐述政府采购的宏观调控效应？

练习题参考答案

2．关键术语回顾

________是指一国政府部门或其他直接或间接受政府控制的企事业单位，为实现其政府职能和公共利益，使用公共资金获得货物、工程和服务的交易行为。

________是指国家为了使政府采购合理有效、经济节省、公开透明而制定的法律和规定。

3．关键概念回顾

◆ 单项选择题

（1）________是指在财政部门内部设立的，制定政府采购政策、法规和制度，规范和监督政府采购行为的行政管理机构。

A．政府采购管理机关　B．政府采购机关　C．采购单位　D．社会中介机构

（2）一个项目的完整政府采购周期可分为________个阶段。

A．6　B．7　C．8　D．9

（3）________是指所有应纳入政府采购范围的货物、工程和服务统一由政府委托一个部门负责。

A．分散采购模式　B．半分散采购模式
C．半集中采购模式　D．集中采购模式

（4）________是指在紧急情况下，采购单位通过与多个供应商进行谈判，确定最优供应商的一种采购方式。

A．单一步骤招标采购　B．询价采购
C．竞争性谈判采购　D．单一来源采购

（5）政府采购的宏观调控效应表现为________。

A．投标制度避免了供应商与采购单位合谋
B．使政府消耗性资产管理纳入轨道
C．促进产业结构的优化
D．有利于竞争及有效市场的建立

◆ 多项选择题

（6）政府采购与私人采购相比较，具有的特点是________。

A．行政性　B．社会性　C．公共管理性
D．广泛性　E．有序性

（7）政府采购的客体包括________。

A. 供应商　　B. 资金管理部门　　C. 货物

D. 工程　　E. 服务

（8）政府采购的原则包括________。

A. 公开原则　　B. 公平原则　　C. 公正原则

D. 效率原则　　E. 物有所值原则

（9）我国的政府采购制度包括________。

A. 政府采购的主体　　B. 采购政策法规　　C. 采购模式的选择

D. 采购程序的规范操作　　E. 政府采购的组织管理

（10）政府采购制度实施范围包括________。

A. 财政支出范围　　B. 采购资金来源范围　　C. 采购单位范围

D. 行政区划范围　　E. 采购产品范围

◆ **判断题**

（11）政府采购的原则是为了实现政府采购目标而设立的，贯穿政府采购全过程的一般性规则。（　　）

（12）政府采购制度是国家财政管理制度的一个重要组成部分。从本质上看，它是一项非常重要的宏观经济政策手段。（　　）

（13）财政政策包括两个方面：一是收入管理政策；二是支出管理政策。（　　）

（14）按照现代财政理论，财政支出从性质上讲，可划分为购买性支出和转移性支出两大类。（　　）

（15）政府采购的宏观经济效益主要表现为采购过程中支出的节约和采购成本的降低。（　　）

4. 情景问题

5. 单元实训

第9章

国际采购

学习目标

知识目标：

（1）了解国际采购产生的原因和发展障碍，如何选择国际采购的供应商。

（2）了解国际采购的支付工具，掌握国际采购货款的结算方式。

（3）掌握国际运输单据及其流程。

（4）掌握国际商业单据、国际运输单据和国际支付单据的种类。

（5）掌握国际货运保险的险种。

（6）了解货物索赔的方法。

能力目标：

（1）国际采购中选择供应商的注意事项。

（2）掌握国际商业单据的种类、内容。

（3）掌握国际运输单据的种类和流程。

（4）掌握国际支付单据的主要方式和管理要点。

（5）根据情况选择并确定保险险种。

（6）掌握保险费的计算方法。

学习重点与难点

（1）国际采购货款的结算方式。

（2）国际商业单据的种类、内容。

（3）国际运输单据的种类和流程。

（4）保险费的计算。

引导案例

国际采购贸易术语下的风险及规避

1. 案件起因

中国某钢企J公司于2016年11月通过CFR条款从印度供应商S公司购买了一船印度铁矿粉，目的港为中国北方港口，预计到港日期为2016年11月中旬。此船装货出发后，S公司于11月4日从印度给J公司寄出单据，11月7日到（交）单。11月8日完成议付。议付后，J公司发现这艘船迟迟没有到达中国港口，遂询问S公司。S公司回复该船正在新加坡加油。又过几天，该船依然没有动静。J 公司再次追问 S 公司，这时 S 公司也没有了明确回复，网上查询显示该船在新加坡处于泊船状态。J 公司再通过其他渠道查询，得知该船已被新加坡法院扣留，申请扣船令的是中东地区的一家银行。J 公司了解到，S 公司委托的承运船务公司正面临破产。自 2016 年 11 月起，该船及所载 J 公司采购的铁矿粉被扣留在新加坡港口。

2．纠纷处理

事发后，J 公司先是抱着友好协商的态度跟 S 公司方面沟通，并强调 CFR 术语（成本加运费），是“到岸价”，S 公司有义务把这艘载有 J 公司货物的船按合同规定送抵指定的中国港口，但 S 公司不认可。J 公司提出两种解决方案：一是退还货款；二是 S 公司再发一船铁矿粉给 J 公司，均被 S 公司否决。此后 J 公司也提出过其他的解决方案，但是 S 公司均不能接受，双方经历了一段时间的谈判，但始终没有拿出一个实质性解决问题的方案。2016 年 12 月后，J 公司聘请相关律师处理后续工作。

买卖双方的争端已持续一年，2016 年年末起，双方公司终止协商，均委托律师打理相关事宜；其间该被扣矿船每天产生的 6 000 美元费用由申请扣船的银行来承担。承运船务公司 2017 年年初已申请破产，且没有偿还能力，近期的一次开庭审理中，法院判定对该船进行拍卖，但拍卖前船上的货物必须全部由货主转移走。新加坡港口没有卸载能力，需一家有该类业务的德国船务公司倒货，相关费用累计 200 多万美元。在审理中，法院判定倒货的相关费用由 J 公司支付。J 公司犹疑于应否承担昂贵倒运费，目前货物仍然滞留在新加坡。

（资料来源：https://mp.weixin.qq.com/s?__biz=MjM5MjAyNzg2MA）

链接 1

辩证性思考：

（1）为什么货款不宜过早议付？

（2）什么是 CFR 条款？

（3）解决贸易纠纷要依据哪些国际惯例及相关的法律？

9.1　国际采购概述及供应商选择

世界市场的形成是经济分工全球化深入发展的必然结果，它突破了国与国之间的界限，使世界各国之间的经济联系日益密切。全球经济一体化的当代，中国应当更积极主动地参与国际交流和国际合作，这样不仅能开拓国内、国外两个市场，还能充分利用国内、国外两种资源，加速我国经济国际化的进程，与世界经济接轨，加入国际大流通，促使中国企业及中国政府的采购工作向国际采购的方向发展。

9.1.1　国际采购的原因及发展障碍

1．国际采购的原因

（1）品质高。有时，采购者宁愿从国外采购商品，这是因为国外产品的性能是国内生产的同类型产品所达不到的。从事国际贸易的厂商通常具备较高的技术能力，这在消费产品中是非常明显的。

（2）成本低。可能在国外采购同样的货物比在国内更便宜，这是因为订购量大、工资低、生产力高、工厂好或者是货币兑换率的原因。

（3）交货及时。购买国际商品或服务的另一个主要原因通常是，国外供应商有及时交货的可靠性。

（4）扩大供应基地。国外采购也有其战略上的原因，为了拥有具有竞争力的供应基础及保证供给，开发国际供应商是必需的。

（5）补充供应缺口。尽管所需的产品已在国内生产，但是国内生产可能满足不了需求，所以这个差额必须要用国外资源来补充。

（6）互惠贸易。许多国家作为甲方会要求国外供应商在甲方国内购买原料，以此作为交易条件的一部分，此种方式又称为以货易货、冲销或互惠贸易。这种为销售至某一国家而先购买此国家货物的方式，可以使买卖国家双方获得比纯粹的货币交易更多的利益。

2．影响国际采购发展的障碍

（1）语言沟通问题。不同国家间的文化差异客观存在，由风俗习惯而形成的人们共同遵守的行为规则大不相同。在特定国家的国民中进行商品交易的范围，特定人群的利益、习惯、价值观、交流方式和谈判风格等，都会受到文化差异的影响。语言通常是一个成功的国际商业关系的主要障碍，不同的文化、语言、方言或专有名词等都会造成沟通问题。即使使用同一种语言，也可能因为文化的差异而造成对意思表达或者合同条款的理解不同，有时可能还会导致灾难性后果。

（2）货币问题。在国内采购时，供应商与采购方都使用本国货币，不存在计价货币的选择和货币兑换的问题。在国际采购中，至少一方要使用外币进行计价、结算和支付。从交易达成、应收账款的收进、应付账款的付出，到借贷本息的最后偿付，会有一个期限。在这个期限确定的时间内，外币与本国货币的折合比率可能发生变化，从而产生外汇风险。

（3）价格水平不同。在国际市场上，商品价格以商品的国际价值为依据，随着国际市场上商品供求关系的变化而变化。尽管由于先进的通信工具把各国间的市场连接成一个大的网络，但是由于国境的存在，较高的运输费用和交易成本，以及由于语言和其他原因造成的市场信息传递迟缓，各国间劳动、资本等生产要素流动受到种种限制，使同种商品在各国市场中的价格存在较大的差异，并且随着供求关系的不断变动，其差异时而扩大，时而缩小。国际采购交易从合同磋商到履行往往时间间隔较长，使得国际采购比国内采购具有更大的价格风险。

（4）贸易手续复杂。国际采购除包括国内采购几乎所有的手续和程序外，还涉及进出口许可证的申请、货币兑换、保险、租船订舱、商品检验、通关及争议处理等烦琐复杂的手续和相关事宜。国内采购一般受到较少的限制，但不同的国家由于经济发展水平、商品竞争能力存在较大差异，所以实施不同的关税和非关税保护措施。随着经济状况和国际收支状况的变化，其保护措施还会实行动态调整。因此，在进行国际采购时，必须了解本国对所采购商品的进口管制和供应商所在国对商品的出口管制，以便采取相应的对策。

（5）运输成本问题。国际采购往往意味着长距离的商品运输问题，必须考虑由此带来的时间成本和费用成本。如果供应商不负责提供将货物运输到门的服务，则必须安排运输和支付费用，至少是部分运输费用，它可能包括因转换运输方式而产生的服务费用和因延误卸货、重新装货、商品检验及组织两个以上供应商管理货物的费用。

（6）前置时间较长。因为运输时程不确定，无法预估各种不同活动所需的时间，所以国际采购需要更多的沟通协调。例如，码头工人的罢工、船员工会活动、暴风雨等，都会使前置时间加长。

9.1.2　国际采购供应商的选择

随着外包规模和范围的不断扩大，企业的采购运作逐渐由传统的对抗性、以交易为重点的谈判等活动，转变成确保企业从供应商处获得足够支持，从而更好地完成生产和销售的重要行为。这种转变使得供应商的选择与管理在采购管理中的地位变得异常重要。

在国际采购过程中，应根据供应商所在国家和地区的法规和政策，建立对供应商的评价标准，可以从质量、价格、交货时间、服务、柔性、信誉和财务状况等方面进行评价。

关键词

外包　外包是指企业动态地配置自身和其他企业的功能和服务，并利用企业外部的资源为企业内部的生产和经营服务。外包是一个战略管理模型，所谓外包，在讲究专业分工的 20 世纪末，企业为维持核心竞争能力，且摆脱组织人力不足的困境，可将组织的非核心业务委托给外部的专业公司，以降低营运成本，提高品质，集中人力资源，提高顾客满意度。外包业是新近兴起的一个行业，它给企业带来了新的活力。

9.2　国际采购货款的支付

在国际采购合同中，虽然用货币进行计价和结算，但由于运送的不便及各国对货币的管制，国际采购中的货款支付很少使用现金，大多使用票据作为支付工具。票据作为国际通行的结算和信贷工具，是指由出票人在票据上签名，无条件约束自己或指定他人，以支付一定金额为目的的证券。票据是可以流通和转让的债权凭证。国际采购中常用的票据包括汇票、本票和支票 3 种。

9.2.1　国际采购的支付工具

1．汇票

汇票是一个人向另一个人签发的，要求见票时或在将来的固定时间或可以确定的时间，对某人或其指定的人或持票人支付一定金额的无条件的书面支付命令。

2．本票

本票是一个人向另一个人签发的，保证于见票时或定期或在可以确定的将来的时间，对某人或其指定人或持票人支付一定金额的无条件的书面承诺。简言之，本票是出票人对受款人承诺无条件支付一定金额的票据。本票可分为商业本票和银行本票：由工商企业或个人签发的称为商业本票或一般本票，由银行签发的称为银行本票。商业本票有远期和即期之分，银行本票都是即期的。在国际采购中使用的本票，大都是银行本票。

3．支票

支票是以银行为付款人的即期汇票，即存款人签发给银行的无条件支付一定金额的委托或命令，出票人在支票上签发一定的金额，要求受票的银行于见票时，立即支付一定金额给特定人或持票人。

9.2.2 国际采购的货款结算方式

1．信用证

信用证是银行做出的有条件的付款承诺，即银行根据开证申请人的请求和指示，向受益人开具的有一定金额并在一定期限内凭规定的单据承诺付款的书面文件，或者银行在规定金额、日期和单据的条件下，愿代开证申请人承购受益人汇票的保证书。信用证属于银行信用，采用的是逆汇法。

信用证是目前国际贸易中的一种主要支付方式，它无统一的格式，但主要内容基本上是相同的，大体包括以下 7 项：

- 对信用证自身的说明。包括信用证的种类、性质、编号、金额、开证日期、有效期及到期地点、当事人的名称和地址、使用本信用证的权力可否转让。
- 信用证有关当事人。包括开证申请人、开证行、通知行、受益人和付款行。
- 货物的描述。包括货物的名称、品质、规格、数量、包装、运输标志、单价等。
- 对运输的要求。包括装运期限、装运港、目的港、运输方式、运费应否预付、可否分批装运和中途转运等。
- 对单据的要求。包括单据的种类、名称、内容和份数。
- 特殊条款。根据进口国政治经济贸易情况的变化或每笔具体业务的需要，可做出不同的规定。
- 对开证行的要求。开证行对受益人和汇票持有人出具保证付款的责任文句。

2．托收

托收是指出口商（债权人）出具汇票或单据委托银行通过其分行或代理行向债务人（进口商）代为收款的一种结算方式。托收是仅次于信用证的常用的结算方式。托收根据是否随附货运单据，分为跟单托收和光票托收。在国际贸易中使用的多为跟单托收。跟单托收有两种交单方式：付款交单和承兑交单。

（1）付款交单。出口方在委托银行收款时，指示银行只有在付款人（进货方）付清货款时，才能向其交出货运单据，即交单以付款为条件，称为付款交单。按付款时间的不同，付款交单又可分为即期付款交单和远期付款交单。

1）即期付款交单。出口方按合同规定日期发货后，开具即期汇票（或不开汇票）连同全套货运单据，委托银行向进口方提示，进口方见票（和单据）后立即付款。银行在其付清货款后将商业单据交给进口方。

2）远期付款交单。出口方按合同规定日期发货后，开具远期汇票连同全套货运单据，委托银行向进口人提示，进口方审单无误后在汇票上承兑，于汇票到期日付清货款，然后从银行取得货运单据。

（2）承兑交单。承兑交单指出口方发运货物后开具远期汇票，连同货运单据一起委托银行办理托收，并明确指示银行，进口人在汇票上承兑后即可领取全套货运单据，待汇票到期日再付清货款。承兑交单方式只适用于远期汇票的托收。承兑交单是在买方未付款之前，即可取得货运单据，凭其提取货物。一旦买方到期不付款，出口方便可能银货两空。因此，出口商对采用此方式持严格控制的态度。

> **提示**
>
> 付款交单指出口方在委托银行收款时，指示银行只有在付款人付清货款时，才能向其交出货运单据；承兑交单指出口方发运货物后开具远期汇票，连同货运单据一起委托银行办理托收，并明确指示银行，进口人在汇票上承兑后即可领取全套货运单据，待汇票到期日再付清货款。

（3）光票托收。所谓光票托收，是指不附货运单据的托收，主要用于向进口人收取货款差额、从属费用和索赔款。

3．汇付

汇付指由汇款人（进口方）委托银行，将货款汇交给收款人（出口商）的一种支付方式。在国际采购交易中采用汇付，通常是由买方按合同规定的条件和时间（如预付货款或货到付款或凭单付款）通过银行将货款汇交卖方。汇付包括 4 个当事人，即汇款人、汇出行、汇入行和收款人。汇付支付方式由于所使用的支付工具不同，通常分为信汇、电汇和票汇 3 种。

（1）信汇。信汇是汇出行应汇款人的申请，将信汇委托书寄给汇入行，授权其向指定收款人解付一定金额的汇付方式。信汇方式费用低廉，但速度较慢。因信汇方式的人工手续较多，故目前欧洲银行已不再办理信汇业务。信汇委托书必须由汇出行签字，经汇入行核对无误，方能解汇。

（2）电汇。电汇指汇出行应汇款人的申请，用电报或电传通知其在国外的分行或代理行（汇入行），向指定收款人解付一定金额的汇款方式。电汇因其交款迅速，故在 3 种汇付方式中使用最广。因银行利用在途资金的时间短，故电汇的费用比信汇的费用高。在电报或电传上应加注双方约定的密押，以便汇入行核对金额和进行确认。

（3）票汇。票汇是以银行即期汇票为支付工具的一种汇付方式。由汇出行应汇款人的申请，开立以其代理行或账户行为付款人，列明汇款人所指定的收款人名称的银行即期汇票，交由汇款人自行寄给收款人。由收款人凭票向汇票上的付款人（银行）取款。票汇除汇票外，也适用于本票与支票等票据。

4．银行保函

在国际采购交易中，合同当事人为了维护自己的经济利益，往往需要对可能发生的风险采取相应的保障措施。其中，跟单信用证是买方向卖方提供银行信用作为付款保证，但在卖方需要向买方做担保的场合，以及国际合作中货物买卖以外的其他各种交易方式中，信用证无法起到为买方提供担保的作用，这时就需要银行保函来完成这一工作。

银行保函是银行应委托人的请求，向受益人开立的一种书面担保凭证。银行作为担保人，对委托人的债务或义务承担赔偿责任。委托人、受益人的权利与义务由双方订立的合同规定，当委托人未能履行合同义务时，受益人可按银行保函的规定向担保人索赔。从使用情况来看，银行保函既可以作为合同的支付手段，也可以作为其他义务履行的保证手段；它既可以是国内贸易项下的结算方式，也可以是国际贸易项下的结算方式，更可以是非贸易项下的信用工具。银行保函的应用范围远远大于信用证、银行承兑汇票等银行支付工具。

职业技能

从国外采购时，货币管理是需要周密考虑的一个方面。这是因为货币有涨落的风险，所以采购可能以支付多于原先设想的价钱而告终。采购人员参与货币管理的程度在不同的组织机构中有所不同。作为一个组织机构，它本身要以交易风险、转化风险和经济风险等形式来承担货币变动的风险。交易风险是短期现金流动受到外汇兑换浮动影响的程度。转化风险是货币变化对组织机构收支平衡所产生的影响。经济风险是兑换率浮动对组织机构盈利能力产生的影响。可供采购人员参考的货币管理的技巧如下：

（1）使用本国货币支付。一个国外的卖方很可能接受买方用本国的货币支付。这可能是由于当时的买方货币币值具有吸引力，或者卖方也要在买方的所在国内购买商品。这种方法的危险性是，卖方很可能提高价格以保护自己免受货币汇率变动的不利影响。

（2）使用双方协定的货币支付。就是既非买方也非卖方所在国的货币，如美元或欧元等。

（3）在合同中可增加一项条款，如“该合同中的货币兑换率受制于 X 加或减 $Y\%$”。如果兑换率超出了这些参数限定的范围，那么合同价格就可另行商定。

（4）在合同中可增加另一项条款，取签订合同当时和交货时的货币兑换率的平均数。

（5）达成一个期货合同，协议在未来的某个日期（交货日期），以商定的兑换率购买一定数量的货币，合同中商定的兑换率即该日期所使用的兑换率，而不是在协议当天通行的货币兑换率。

（6）现在就买进货币，并持有它一直到需要卖出的时候。尽管这样做会捆住资金，但是它能赚取利息，而且从一开始就知道兑换率。

（7）套头交易。如同对商品期货进行套头交易一样，也可以对货币进行套头交易。

技能练习

模拟不同的国际采购中的货币风险，运用不同货币的管理技巧。

9.3 国际采购单据

国际采购单据主要涉及商业单据、运输单据和支付单据。对国际采购单据的严格管理与及时跟踪，是保证国际采购顺利实现的必要前提与有效手段。

9.3.1 国际商业单据

1. 合同

国际采购中的商业单据是以国际贸易购销合同为核心的一系列单据。买卖双方订立的购销合同是国际采购的基础，主要约定商品名称及规格（Description）、数量（Quantity）、单价（Unit Price）、包装（Packing）、装运唛头（Shipping Mark）、装运期（Time of Shipment）、装运口岸和目的地（Loading & Destination）、保险（Insurance）、付款条件（Payment）、仲裁条款（Arbitrate Clauses）等内容。国际采购合同格式如表 9.1 所示。

表 9.1 国际采购合同

合同号（Contract No.）:

日期（Date）:

签约地点（Signed at）:

卖方（Sellers）:

买方（Buyers）: 传真（Fax）:

地址（Address）:

兹经买卖双方同意按下列条款成交：

The Undersigned Sellers and Buyers Have Agreed to Close the Following Transactions According to the Terms and Conditions Stipulated Below：

货号 Art. No.	品名及规格 Description	数量 Quantity	单价 Unit Price	金额 Amount	总值 Total Value

1．数量及总值均有%的增减，由卖方决定。

With % More or Less Both in Amount and Quantity Allowed at the Sellers Option.

2．包装（Packing）:

3．装运唛头（Shipping Mark）:

4．装运期（Time of Shipment）:

5．装运口岸和目的地（Loading & Destination）:

6．保险由卖方按发票全额 110%投保至××为止的××险。

Insurance：To be Effected by Buyers for 110% of Full Invoice Value Covering ××Up to××Only.

7．付款条件（Payment）：买方须于××××年××月××日将保兑的、不可撤销的、可转让可分割的即期信用证开到卖方。信用证议付有效期延至上列装运期后 15 天在中国到期，该信用证中必须注明允许分运及转运。

By Confirmed，Irrevocable，Transferable and Divisible L/C to Be Available by Sight Draft to Reach the Sellers Before ×× And to Remain Valid for Negotiation in China Until 15 Days after the Aforesaid Time of Shipment. The L/C Must Specify That Transhipment And Partial Shipments Are Allowed.

8．仲裁条款（Arbitrate Clauses）：凡因本合同引起的或与本合同有关的争议，均应提交中国国际经济贸易委员会，按照申请仲裁时该会现行有效的仲裁规则进行仲裁，仲裁地点在______，仲裁裁决是终局，对双方均有约束力。

续表

Any Dispute Arising out of in Connection with This Contract Shall Be Referred to China International Economic and Trade Arbitration Commission for Arbitration in Accordance with Its Existing Rules of Arbitration. The Place of Arbitration Shall Be_____. The Arbitral Award Is Final and Binding upon the Two Parties.
备注（Remark）:
卖方（Sellers）:　　　　　　买方（Buyers）:

因为合同中的每项条款都是整个国际采购过程中的单据管理与跟踪的依据，所以合同条款的认真审核是国际采购单据跟踪与管理的前提。

（1）金额。合同的金额应该与事先协商的相一致，合同中的单价与总值要准确，大小写及内容要一致。如果数量上可以有一定幅度的伸缩，那么需相应地规定在支付金额时允许有一定幅度的伸缩。如果在金额前使用了“大约”一词，其意思是允许金额有 10%的伸缩。检查币制是否正确，如合同中规定的币制是“英镑”，则在支付时就不能使用“美元”。

（2）数量。除非信用证规定数量不得有增减，否则在付款金额不超过信用证金额的情况下，货物数量可以容许有 5%的增减。应特别注意的是，以上提到的货物数量可以有 5%增减的规定一般适用于大宗货物，对于以包装单位或以个体为计算单位的货物不适用。例如，5 000 100% Cotton Shirts（5 000 件全棉衬衫），由于数量单位是“件”，所以实际交货时只能是 5 000 件，而不能有 5%的增减。

（3）价格。不同的价格条款涉及具体的费用，如运费、保险费由谁分担。例如，如果合同中规定 FOB Shanghai at USD，那么与此价格条款有关的运费和保险费由买方即开证人承担；如果规定 CIF New York at USD，那么受益人将承担有关的运费和保险费。

> **关键词**
>
> 唛头　唛头是音译名词，一是商标的意思，二是指进出口货物的包装上所做的标记，取自英文“mark”。外贸中的“唛头”是为了便于识别货物，防止错发货，通常由型号、图形或收货单位简称、目的港、件数或批号等组成。其作用在于使货物在装卸、运输、保管过程中容易被有关人员识别，以防错发错运。

2. 商业发票

商业发票是表明货物所有权已经转移的证书，在不同的国家表现为不同的形式。国际供应商在确认采购已经完成的情况下，开出发票。采购方要根据合同及有关约定对商业发票进行认真审核，主要从以下几方面进行对比管理：发票抬头必须符合国际结算的规定，签发人必须是受益人，商品的描述、数量、价格条件、正副本份数必须完全符合合同与支付的要求，商品必须符合信用证的规定，国际结算要求表明和证明的内容不得遗漏。发票的金额不得超出信用证的金额，如数量、金额均有“大约”，可按 10%的增减幅度掌握。

3. 保险单据

保险是国际采购中的必要条款，主要涉及货物在国际采购途中的安全问题，有关费用与保险条款会在采购合同与保险合同中标明。保险单及其相关单据是国际采购单据的主要内容之一。

保险单据的管理与跟踪主要包含以下内容：

- 保险单必须由保险公司或其代理出具。
- 投保加成必须符合规定。
- 保险险别必须符合国际通行规定且无遗漏。
- 保险单据的类型应与支付要求相一致。
- 保险单据的正副本份数应齐全，如保险单据注明出具一式多份正本，除非采购双方另有规定，否则必须提交所有正本。
- 保险单据上的币制应与合同上的币制相一致。
- 包装件数、唛头等必须与发票和其他单据相一致。
- 运输工具、起运地及目的地都必须与其他单据相一致。
- 如果是转运，则保险期限必须包括全程运输。
- 除非另有规定，保险单据的签发日期不得迟于运输单据的签发日期。
- 保险单据一般应做成可转让的形式，以受益人作为投保人，由投保人背书。

9.3.2　国际运输单据

1. 主要海运单证及其流程

（1）装船单证。

1）托运人办理的装船单证。托运人填制托运联单（包括托运单、装货单、收货单等）后，向承运人的代理人办理托运，代理人接受承运后，将承运的船名填入联单内，留存托运单，将其他联退还托运人，托运人凭此到海关办理出口报关手续；海关同意放行后，即在装货单上盖放行章，托运人凭此从港口仓库发货或直接装船，然后将装、收货单送交理货公司；船舶抵港后，凭此理货装船，每票货物都装上船后，大副留存装货单，签署收货单；理货公司将收货单退还托运人，托运人凭收货单向代理人换取提单，再凭提单等到银行办理结汇，并将提单寄交收货人。

2）承运人办理的装船单证。根据承运人的要求，承运人的代理人依据托运单填制装货清单和载货清单，按装货清单编制货物积载图；船舶抵港后，送大副审核签字，船方留存一份，并转寄承运人的卸货港代理人；根据货物积载图，编制分舱单；代理人根据装船实际情况，修编载货清单，经大副签字后，向海关办理船舶离境手续；依据载货清单填制运费清单，寄往承运人的卸货港代理人和船公司。

（2）卸船单证。

1）收货人办理的卸船单证。收货人收到正本提单后，向承运人的代理人换取提货单；代理人签发提货单后，须保证正本提单、舱单和提货单内容相一致；收货人凭提货单向海关办理放行手续后，再到港口仓库或船边提取货物；货物提清后，提货单留存港口仓库备查；收货人实收货物少于提单或发生残损时，须索取货物溢短单或货物残损单，并以此通过代理人向承运人索赔。

2）承运人办理的卸船单证。承运人的代理收到舱单、货物积载图、分舱单后向海关办理船舶载货入境手续，并向收货人发出到货通知书，同时将上述单证分送港口、理货等单位；船舶抵港后，理货公司凭舱单理货，凭货物积载图指导卸货；当货物发生溢短或残损时，编制货物溢短单或货物残损单，经大副签认后，提交有关单位。

（3）装、卸船货运单证的流程。托运人向代理公司办理货物托运手续；代理公司同意承运后，签发装货单，并要求托运人将货物送至指定的装船地点；托运人持代理公司签发的装货单和收货单（二联）送海关办理出口报关手续，然后将装货单和收货单送交理货公司；代理公司根据装货单留底编制装货清单送船舶；船上大副根据装货清单编制货物配载图交代理公司分送理货，装卸公司等按计划装船；托运人将货物送到码头仓库，其间商检和海关到港口检验、验关；货物装船后，理货组长将装货单和收货单交大副核对无误后，留下装货单，签发收货单；理货组长将大副签发的收货单交托运人；托运人持收货单到代理公司处支付运费（在预付运费情况下）提取提单；代理公司审核无误后，留下收货单签发提单给托运人；托运人持提单到议付银行结汇，议付银行将提单邮寄开证银行。

代理公司编制出口载货清单，向海关办理船舶出口手续，并将出口载货清单交船随带；代理公司根据提单副本编制出口载货运费清单，连同提单副本送交船公司，并邮寄或交船带给卸货港的代理公司；卸货港的代理公司接到船舶抵港电报后，通知收货人船舶到港日期；收货人到银行付清货款，取回提单；卸货港代理公司根据装货港代理公司寄来的货运单证，编制进口载货清单等卸货单据，约定装卸公司，联系泊位，做好卸货准备工作；卸货港代理公司办理船舶进口报关手续；收货人向卸货港代理公司付清应付费用后，以正本提单换取提货单；收货人持提货单送海关办理进口报关手续；收货人持提货单到码头仓库提取货物。

2. 提单

按照《中华人民共和国海商法》的规定，提单指用以证明海上货物运输合同和货物已经由承运人接收或者装船，以及承运人据以交付货物的单证。提单是国际海上货物运输的主要单证，在国际贸易和海上货物运输中广泛使用，具有货物收据、提货凭证、运输关系证明凭证和物权凭证等功能。

根据《跟单信用证统一惯例》国际商会第500号出版物（《UCP500》）有关规定（第23条）及银行审单标准，单式海运或港对港提单的正确编制有如下要求：

（1）整套正本提单注有张数，是否按信用证条款交呈。

（2）提单正面是否印明承运人（CARRIER）的全名及“承运人”（CARRIER）一词以表明其身份。

（3）如提单正面已做如上表示，在承运人自己签署提单时，签署处无须再印明承运人一词及其全名。

相关链接

提单正面已印明承运人全名为XYZ LINE及“CARRIER”一词以示明其身份，在提单签署处（一般在提单的右下角）经由XYZ LINE及其负责人签章即可。若提单正面未做如上表示，并且由运输行（FORWARDER）签署提单时，则在签署处必须印明签署人的身份，如ABC FORWARDING Co as agents for XYZ LINE, the carrier或ABC FORWARDING Co on behalf of XYZ LINE the carrier。若提单正面已做如上表示，但由运输行（FORWARDER）签署提单时，则在签署处必须印明签署人的身份，如ABC FORWARDING Co as agents for the carrier或as agents for/on behalf of the carrier。

（4）提单印有“已装船”（Shipped in apparent good order and condition on board…）字样的，无须加“装船批注”（On board notation）；若印有“收妥待运”（Received in apparent good order and condition for shipment…）字样的，则必须再加“装船批注”并加上装船日期。

（5）提单印有“Intended Vessel”“Intended Port of Loading”“Intended Port of Discharge”及/或其他“Intended…”等不肯定的描述字样的，则必须加注“装船批注”，其中须把实际装货的船名、装货港口、卸货港口等项目印明，即使和预期（Intended）的船名和装卸港口并无不同，也需重复印出。

（6）单式海运即港对港（装货港到卸货港）运输方式下，只需在“装货港”（Port of Loading）、“海轮名”（Ocean Vessel）及“卸货港”（Port of Discharge）3栏内正确填写。若在中途转船（Transhipment），则转船港（Port of Transhipment）的港名不能印在“卸货港”（Port of Discharge）栏内。在需要时，只可在提单的货物栏空间注明“在××（转船港）转船”（with Transhipment at××）。

（7）“港口”（Port）和“地点”（Place）是不同的概念。有些提单印有“收货地点”（Place of receipt/Taking in Charge）和“交货地点/最后目的地”（Place of Delivery/Final Destination）等栏目，供提单作为多式联运（Multimodal Transport）或联合运输（Combined Transport）运输单据时使用。单式海运时不能填注，否则会难以确认运输方式究竟是单式海运还是多式联运。

（8）提单上印有“前期运输由”（Precarriage by）栏也为多式联运方式所专用，不能作为转船提单时印明第一程海轮名称的栏目。只有做多式联运运输单据时，方可在该栏内注明“‘铁路’‘卡车’‘空运’或‘江河’”（Rail、Truck、Air、River）等运输方式。

（9）提单的“收货人”（Consigned to 或 Consignee）栏须按信用证要求说明。例如，若信用证规定提单做成“made out to order”，则印为“order”；若是“made out to order of the applicant”（申请开证人），则印为“order of ××××”（applicant 全名）；若是“made out to order of the issuing bank”，则印为“order of ××××Bank”（开证行全名）。若信用证规定提单直接做成买主（申请人）或开证行的抬头，则不可再加“order of ”。

（10）提单不能有“不洁净”批注（Unclean Clause），即对所承载的该批货物及其包装情况有缺陷现象的批注。

（11）除非信用证许可，否则提单不能注有“subject charter party”即租船契约提单。

（12）关于转船，《UCP500》第23条的b、c两款是这样规定的：

- 如信用证允许转船——指装货港和卸货港之间发生转船，同一份提单包括了整个航程。
- 如信用证禁止转船，同一份提单包括整个航程，装货港和卸货港之间并不发生转船。
- 如信用证禁止转船，货物由集装箱、拖船、母子船载运，即使提单注明将有转船，也不视为不符，但须由同一份提单包括整个航程。

（13）提单上关于货物的描述不得与商业发票上的货物描述不一致。如提单上货物用统称表示时，该统称须与信用证中货物描述一致，并且与其他单据有共通联结（Link）特征，如唛头等。

（14）提单上通知人（Notify Party）须注有符合信用证规定的名称和地址、电信号码等。

（15）提单上有关运费的批注须符合信用证的规定和《UCP500》第 33 条的规定。

（16）提单上的任何涂改、更正须加具提单签发者的签章。

（17）提单必须由受益人及装货人（Shipper）背书。

9.3.3 国际支付单据

支付与结算是国际采购中的关键一环，主要的支付方式有信用证、汇票等，由于国际间结算的复杂性，涉及不同的支付方式会有不同单证的要求，做好国际支付单据的管理与跟踪就成为实现国际支付及国际采购的保证。由于信用证是国际采购中最常用的支付方式，因此这里主要介绍信用证支付的管理与跟踪。其他支付方式的管理与跟踪与信用证基本相同，在此不做介绍。

1. 主要支付方式

（1）信用证及其贸易流程。信用证（Letter of Credit，L/C）是银行应进口商的要求开给出口商的一种保证付款的凭证。信用证支付方式属于银行信用。

信用证的贸易流程：进口商申请开证→开证行开立信用证→通知行转交信用证→出口商审查信用证→出口商发货→议付行垫付货款→开证行付款→进口商付款。

（2）电汇。

（3）付款交单（Documents against Payment，D/P）。

（4）承兑交单（Documents against Acceptance，D/A）。

2. 信用证支付的管理要点

（1）信用证支付方式的特点。

1）信用证是一种银行信用。《UCP500》规定：信用证是一项约定，按此约定，根据规定的单据在符合信用证条件的情况下，开证银行向受益人或其指定人进行付款、承兑或议付。

2）信用证是一种自足文件。《UCP500》规定：信用证与其可能依据的买卖合同或其他合同，是相互独立的交易。即使信用证中提及该合同，银行也与该合同无关且不受其约束。

3）信用证是一种单据的买卖。《UCP500》规定：在信用证业务中，各有关方面处理的是单据，而不是与单据有关的货物、服务及其他行为。只要受益人或其指定人提交的单据表面上符合信用证规定，开证行就应承担付款或承兑并支付的责任。

（2）信用证支付的基本要求。

为使信用体系运转良好，减少卖方和买方的风险，卖方提供给银行的文件必须具有可靠性和真实性，而且执行贸易合同的承运人必须是值得信赖的。当然，银行本身的可信度也是一个重要因素。在一般情况下，如果卖方提供的文件符合跟单信用证的要求，银行则履行付款义务。但是，银行不担保文件的真实性和可靠性。如果银行发现单据不符或文件失效，这时跟单信用证就失效了。银行审核单据的正确性时非常谨慎，单据之间内容是否相符，单据与信用证是否相符，这是银行接受议付或拒付或拒绝议付的根本原因。

在信用证体系下，银行操作的是单据而不是货物。例如，银行处理原产地证明时，并不考虑货物的实际状态，而只考虑文件内容是否符合信用证要求。但是，有些文件银行是不予考虑的，如印刷在提单背面的条款。银行处理单据的准则是国际商会第 500 号出版物《跟单信用证统一惯例》。

（3）在信用证体系下，卖方和买方如何降低风险。

1）必须认真编制销售合同。国际贸易是从订立合同开始的，合同中应阐明买方申请开证时向银行提出的条款，这些条款应该清晰、简单可核实且限制条款少。买方对运输单据的规定要具体，如提单的种类、由谁签发等。买方应明确规定对于货物的品名和包装的描述，语言应清晰、明了，便于银行审核单据。合同中应避免使用 “第一流的承运人”“特定天气状况下装船”之类的语言。当卖方向银行提供的文件需要满足上述语言要求时，议付行将无所适从，不得不征求申请人（买方）的意见，这必将造成议付延迟。除进口清关和官司方所要求的文件外，进口方（买方）不应要求过多的文件，因为文件越多，银行遇到单证不符点的机会越大，这必将影响跟单信用证体系的顺利运行。

2）卖方收到信用证后，必须及时、认真地核查。通常，收到信用证后，卖方即根据销售合同的条款开始备货，准备发送。但是，当卖方根据销售合同准备好单据提供给议付行时，发现单据不符合信用证的要求，银行只能根据信用证议付，而对销售合同一无所知。由此，必将造成议付失败或有条件议付。如果卖方收到信用证及时与销售合同比较，发现信用证有偏差，卖方就可以通知买方更改信用证，从而避免上述麻烦。

3）货主不能轻易向承运人出具保函。实际上，货主都知道，应该使与货物有关的单据真实地反映出货物的实际情况。这不仅是银行审核信用证时的要求，而且是因为发生过利用单据进行诈骗的情况。事实上，承运人有权对收到的待出运货物状态进行批注，因为这可以限制承运人承担的责任。对于出具保函的做法，银行方面十分反对。有些国家的法律是不承认这种保函的，而且认为这是欺诈行为，是卖方与承运人共同欺骗买方。真正的问题是，一旦这种保函落入买方手里，那么跟单信用证的操作就复杂化了。

链接 2

9.4　国际采购的保险与索赔

国际采购的保险主要是指国际运输货物保险。国际运输货物保险是以对外贸易货物运输过程中的各种货物作为保险标的的保险。进出口贸易中的货物由一国运往另一国，货物在长时间、长距离的运输过程中，要进行装卸、搬运和存储等多个环节，存在难以预料的风险，导致货物发生损坏或灭失。买卖双方为了保护自己的利益，往往通过办理货物运输保险的方式，在向保险人缴纳了一定的保险费用后，将这种风险转嫁给保险人。由于保险涉及买卖双方在货物发生风险损失时各自的切身利益，所以订立保险条款也就成了合同条款中的一个重要组成部分。

保险条款的具体内容是与国际贸易术语有密切联系的，主要包括投保责任由谁承担、保险条款的选择、保险险别的确定和保险金额的确定 4 个方面的内容。《中国保险条款》（China Insurance Clauses）是中国人民保险公司制定的海洋、陆上、航空、邮包运输方式的货物运输保险条款，以及适用于各种运输方式货物保险的各种附加险条款的总称。

9.4.1　国际货运保险险种的确定

在国际货物运输中，一批货物的运输全过程一般都使用两种或两种以上的运输工具，这时往往以货运全过程中的主要运输工具来确定投保何种保险种类。国际货物运输保险的险种主要分为 4 类：海洋运输货物保险、陆上运输货物保险、航空运输货物保险、邮包保险。

1. 海洋运输货物保险

由于国际贸易中主要以海洋运输为主要的运输手段，所以海洋运输货物保险在国际货物运输保险中占有特别重要的地位。

货物运输保险按照能否单独投保，可以分为基本险和附加险。基本险可以单独投保；附加险不能独立投保，只有在投保某一种基本险的基础上才能加保附加险。

（1）基本险。按照中国人民保险公司于 1981 年 1 月 1 日修订的《海洋运输货物保险条款》的规定，海洋运输货物保险的基本险别分为平安险、水渍险和一切险 3 种。对于这 3 种险别，保险公司承担的基本险的责任范围如表 9.2 所示。

表 9.2　保险公司承担的基本险的责任范围

险种	承担保险的范围
平安险	在运输过程中，由于自然灾害和运输工具发生意外事故，造成整批货物的实际全损或推定全损 由于运输工具遭搁浅、触礁、沉没、互撞、与其他物体碰撞及失火、爆炸等意外事故，造成被保险货物的全部或部分损失 在运输工具已经发生搁浅、触礁、沉没、焚毁等意外事故的情况下，货物在此前后又在海上遭遇恶劣气候、雷电、海啸等自然灾害所造成的被保险货物的部分损失 在装卸转船过程中，被保险货物一件或数件落海所造成的全部损失或部分损失 运输工具遭遇自然灾害或意外事故，在避难港卸货引起被保险货物的全部损失或部分损失 运输工具遭遇自然灾害或意外事故，需要在中途的港口或者在避难港口停靠，因而引起的卸货、装货、存仓及运送货物所产生的特别费用 发生共同海损所引起的牺牲、公摊费和救助费用 发生了保险责任范围内的危险，被保险人对货物采取抢救、防止或减少损失的各种措施而支付的合理费用，但以不超过该批被救货物的保险金额为限
水渍险	水渍险的责任范围除包括上述平安险的各项责任外，还负责被保险货物由于恶劣气候、雷电、海啸、地震、洪水等自然灾害所造成的单独海损
一切险	一切险的责任范围除包括水渍险的所有责任外，还包括货物在运输过程中，由于一般外来原因所造成的全损或部分损失。除了某些运输途中自然损耗的货物或经保险公司与被保险人约定在保险单上载明的除外责任，保险公司都给予赔偿

上述 3 种险别都是货物运输的基本险别，被保险人可以从中选择一种投保。险别不同，保险范围和责任也不同。一切险的保险范围和责任比平安险、水渍险大，保险费率也相对较高。此外，保险人可以要求延长保险期。例如，对某些内陆国家出口货物，经过港口卸货转运内陆，无法在保险条款规定的保险期内到达目的地，即可申请延长。经保险公司出立凭证予以延长，每日加收一定的保险费。

不过，在上述 3 种基本险别中，明确规定了除外责任。所谓除外责任，是指保险公司明确规定不予承保的损失或费用。

> **关键词**
>
> 共同海损　共同海损指在同一海上航程中，当船舶、货物和其他财产遭遇共同危险时，为了共同安全，有意地、合理地采取措施所直接造成的特殊牺牲、支付的特殊费用，由各受益方按比例分摊的法律制度。只有那些确实属于共同海损的损失才由获益各方分摊，因此共同海损的成立应具备一定的条件。

（2）附加险。《中国保险条款》中的附加险有一般附加险和特殊附加险两大类。在伦敦保险业协会的《海运货物保险条款》中，恶意损害险属于附加险；战争险和罢工险可以作为附加险，在需要时也可以作为独立险别投保。

1）一般附加险。一般附加险所承担的是由于一般外来风险所造成的全部或者部分损失，共有11个险别：偷窃、提货不着险，淡水雨淋险，短量险，混杂、沾污险，渗漏险，碰损、破碎险，串味险，受潮受热险，钩损险，包装破裂险，锈损险。

上述11种附加险，不能独立承保，必须附属于基本险。当投保险别为平安险或者水渍险时，可以根据货物的特性和运输的条件加保其中一种或者数种险别。如果已经投保了一切险，就不需要再加保任何一般附加险的险别，因为保险公司对于各个一般附加险险别的责任，已经包含在一切险的责任范围内。

2）特殊附加险。特殊附加险承保特殊外来风险所造成的全部或者部分损失，也属于附加险类，但不属于一切险的范围。它与政治、国家行政管理规章所引起的风险相关联。目前，中国人民保险公司承保的特别附加险别有交货不到险、进口关税险、黄曲霉素险和出口货物到香港（包括九龙在内）或澳门存储火险责任扩展条款。此外，还包括海运战争险和罢工险等。

根据《2000年通则》的规定，在CIP和CIF项下，如果买方要求并负担费用，卖方可加投战争、罢工、暴乱和民变险。

> **相关链接**
>
> **伦敦协会货物险条款与我国海上货物运输保险条款在保险责任范围上的比较**
>
> （1）伦敦协会货物险条款中罢工、战争险可作为单独险分别予以承保，但新的恶意损害险仍是特别附加险。
>
> （2）伦敦协会货物险条款只按投保标的物遭受损失的原因来确定其保险范围，不论其损失程度如何。
>
> （3）伦敦协会货物险条款增加了若干内容，不仅将其承保范围从海上扩展到陆上，而且增加承保陆上运输工具的出轨倾覆等风险。
>
> **辩证性思考：**
>
> （1）伦敦协会货物险条款与我国海上货物运输保险条款相比，哪个保险责任范围更大？
>
> （2）与伦敦协会货物险条款相比，我国海上货物运输保险条款有哪些弊端？

2. 陆上运输货物保险

陆上运输货物保险是货物运输保险的一种，分为陆运险和陆运一切险两种。

（1）陆运险。陆运险的责任范围是被保险货物在运输途中遭受暴风、雷电、地震、洪水等自然灾害，或者由于运输工具（主要是指火车、汽车）遭受碰撞、倾覆或出轨。保险公司对陆运险的承保范围大致相当于海运险中的水渍险。

（2）陆运一切险。陆运一切险的责任范围除包括上述陆运险的责任外，保险公司对被保险货物在运输途中由于外来原因造成的短少、短量、偷窃、渗漏、碰损、破碎、钩损、雨淋、生锈、受潮、发霉、串味、沾污等全部或部分损失，也负赔偿责任。

陆上运输货物保险的除外责任包括：

- 被保险人的故意行为或过失所造成的损失。
- 属于发货人所负责任或被保险货物的自然消耗所引起的损失。
- 由于战争、工人罢工或运输延迟所造成的损失。

保险责任的起讫期限与海洋运输货物保险的仓至仓条款基本相同，是从被保险货物运离保险单所载明的起运地发货人的仓库或储存处所开始运输时生效。但是，如未运抵上述仓库或储存处所，则以被保险货物到达最后卸载的车站后开始计算，保险责任以 60 天为限。不过，在陆上运输货物保险中，被保险货物除保陆运险和陆运一切险外，经过协商还可以加保陆上运输货物保险的附加险，如陆运战争险等。

3. 航空运输货物保险

航空运输货物保险承保通过航空运输的货物，保险责任是以飞机作为主体来加以规定的。航空运输货物保险也分为航空运输险和航空运输一切险两种。

航空运输险的承保责任范围与海洋运输货物保险条款中的水渍险大致相同。航空运输一切险除包括上述航空运输险的责任范围外，保险公司还负责被保险货物在运输中由于被偷窃、短少等一般外来原因造成的全部或部分损失的赔偿。

在承保航空运输货物保险的情况下，除外责任与前面所述的海洋运输货物保险的除外责任相同。

航空运输货物保险的责任起讫期限也采用“仓至仓”条款，但与海洋运输险的“仓至仓”责任条款不同的是：如货物运达保险单所载明目的地而未运抵保险单所载明的收货人仓库或储存处所，则以被保险货物在最后卸载地卸离飞机满 30 天为止。

4. 邮包保险

邮包保险承保通过邮政局邮包寄递的货物在邮递过程中发生保险事故所致的损失。

邮包保险按其保险责任分为邮包险和邮包一切险两种。前者与海洋运输货物保险水渍险的责任相似，后者与海洋运输货物保险一切险的责任基本相同。

邮包运输货物保险的除外责任和被保险人的义务与海洋运输货物保险相比，其实质是一致的。其保险责任起讫期为：自被保险邮包离开保险单所载起运地点寄件人的处所运往邮局时开始生效，直至该项邮包运达本保险单所载目的地邮局，自邮局签发到货通知书当日午夜起算满 15 天终止。但是，在此期限内，邮包一经交至收件人的处所时，保险责任即行终止。

9.4.2　保险金额的确定

1．保险金额

保险金额是被保险人对保险标的的实际投保金额，是保险人承担保险责任的标准和计收保险费的基础。在被保险货物发生保险责任范围内的损失时，保险金额就是保险人赔偿的最高限额。因此，投保人投保运输货物保险时，应向保险人申报保险金额。

保险金额原则上应与保险价值相等，但实际上也常出现不一致的情况，可分为足额保险、不足额保险和超额保险。国际贸易货物运输保险金额，一般是按 CIF 发票金额加一成（加成率为 10%）计算的。

2．保险费

投保人向保险人交付保险费，是保险合同生效的前提条件。保险人只有在被保险人承诺或实际支付保险费的条件下，才承担相应的保险责任。

保险费是保险人经营业务的基本收入，也是保险人用作支付保险赔偿的保险基金的主要来源。每个被保险人应缴纳的保险费是以投保货物的保险金额为基础，按一定的保险费率计算出来的，其计算公式：

$$\text{保险费}=\text{保险金额}\times\text{保险费率}$$

9.4.3　货物索赔的预防措施

下面将讨论货物索赔的预防措施，也就是设计一个系统，以减少在国际货物运输过程中出现索赔情况。

导致货物索赔的情况概括如下：货物丢失；货物损坏；货物污损、破碎；出于运输的原因导致货物不再适合销售，如由于运输延迟，导致货物腐烂；由于货物未在规定日期到达目的地，导致对方索赔；不适当的包装；不适当的理舱；不适当地处理货物或堆放货物，导致货物损失、挤压等。

进口商采取适当的措施可以使损失降至最低水平，尽量避免索赔情况。下面列出的内容并不是无懈可击的，却可以提醒大家注意关键部分，并采取相应的措施。

- 相关单据的内容应该具体说明要求索赔的原因和详细情况。
- 应该充分利用承运人的计算机在线跟踪系统，对每批货物的运输情况进行跟踪了解。大部分的大型航空公司和集装箱运营商都配有这种系统。
- 应该改进产品的质量控制、运输服务和包装。
- 应针对货物的装卸、理舱情况仔细研究其包装方法，以使货物适合运输途中的天气情况。
- 要考虑对货物的偷窃问题，应改进货物包装，以提高其安全性。正确地安排运输路线、货物包装、货物标记等。
- 要考虑货物破损问题，应改进货物的包装和理舱技术。
- 对几种可供选择方法的成本进行评估，并制定各种方法的补救措施，评估成功概率。
- 对全体职员进行索赔预防的培训。
- 制定报告货物丢失和损坏情况的程序。
- 应鼓励承运人雇用足够的职员，来预防索赔。

- 应采用所有可以采用的技术，以减少索赔。
- 编制一本预防索赔的手册。
- 尽早与供应链中的承运人和其他各方进行磋商，以采取补救措施解决困难和监督运输情况。

本章小结

国际采购是全球经济一体化的必然产物，本章系统地介绍了国际采购产生的原因、国际采购中供应商的选择，国际采购货款的结算方式、国际采购中有关单据的管理、国际采购中经常用到的保险方法等内容。

评估练习题

1．能力测验

练习题参考答案

你是否能够：

☐ 说出国际采购的原因？
☐ 说明影响国际采购发展的障碍？
☐ 识别国际采购的支付工具？
☐ 说明国际采购货款的结算方式和具体内容？
☐ 举例说明国际商业单据的种类和内容？
☐ 举例说明国际运输单据的种类和内容？
☐ 举例说明国际支付单据的种类和内容？
☐ 确定国际货运保险险种？
☐ 定义保险金额和如何计算保险费？
☐ 说明货物索赔的预防措施？

2．关键术语回顾

________是银行做出的有条件的付款承诺，即银行根据开证申请人的请求和指示，向受益人开具的有一定金额并在一定期限内凭规定的单据承诺付款的书面文件，或者是银行在规定金额、日期和单据的条件下，愿代开证申请人承购受益人汇票的保证书。

________指用以证明海上货物运输合同和货物已经由承运人接收或者装船，以及承运人据以交付货物的单证。

3．关键概念回顾

◆ **单项选择题**

（1）________是一个人向另一个人签发的，要求见票时或在将来的固定时间或可以确定的时间，对某人或其指定的人或持票人支付一定金额的无条件的书面支付命令。

A．汇票　　B．本票　　C．支票　　D．发票

（2）________是银行应委托人的请求，向受益人开立的一种书面担保凭证。银行作为担保人，对委托人的债务或义务承担赔偿责任。

A. 信用证　　B. 托收　　C. 汇付　　D. 银行保函

（3）恶意损害险、战争险和罢工险属于________。

A. 平安险　　B. 水渍险　　C. 一切险　　D. 附加险

（4）国际贸易货物运输保险金额，一般是按 CIF 发票金额加________计算。

A. 10%　　B. 15%　　C. 20%　　D. 25%

（5）航空运输货物保险的责任起讫期限也采用“仓至仓”条款：如货物运达保险单所载明目的地而未运抵保险单所载明的收货人仓库或储存处所，则以被保险货物在最后卸载地卸离飞机满________天为止。

A. 10　　B. 20　　C. 30　　D. 60

◆ **多项选择题**

（6）国际采购的原因有________。

A. 品质高　　B. 成本低　　C. 交货及时

D. 扩大供应基地　　E. 补充供应缺口

（7）影响国际采购发展的障碍包括________。

A. 语言沟通问题　　B. 货币问题

C. 价格水平不同　　D. 贸易手续复杂

E. 运输成本问题

（8）国际商业单据包括________。

A. 合同　　B. 商业发票　　C. 保险单据

D. 海运单　　E. 提单

（9）信用证支付方式的特点包括________。

A. 降低风险　　B. 银行信用　　C. 自足文件

D. 单据买卖　　E. 企业信用

（10）导致货物索赔的情况包括________。

A. 货物丢失　　B. 货物损坏　　C. 货物污损、破碎

D. 不适当的包装　　E. 不适当的理舱

◆ **判断题**

（11）随着外包规模和范围的不断扩大，企业的采购运作逐渐由传统的对抗性、以交易为重点的谈判等活动，转变成确保企业从供应商处获得足够支持，从而更好地完成生产和销售的重要行为。（　　）

（12）票据作为国际通行的结算和信贷工具，是指由出票人在票据上签名，无条件约束自己或指定他人，以支付一定金额为目的的证券。（　　）

（13）光票托收有两种交单方式：付款交单和承兑交单。（　　）

（14）国际采购单据主要涉及商业单据、运输单据和支付单据，对国际采购单据的严格管理与及时跟踪是保证国际采购顺利实现的必要前提与有效手段。（　　）

（15）在信用证体系下，银行操作的是单据而不是货物。（　　）

4．情景问题

5．案例分析

第10章

现代采购

学习目标

知识目标：

（1）掌握电子采购、JIT 采购、MRP 采购的概念。

（2）了解现代采购的发展过程。

（3）了解现代采购方法的原理与优势。

（4）了解现代采购的特点。

能力目标：

（1）掌握电子采购、JIT 采购、MRP 采购的基本原理。

（2）掌握电子采购、JIT 采购、MRP 采购的条件与方法。

（3）能够把握电子采购、JIT 采购、MRP 采购间的差异。

（4）能够熟练运用电子采购、JIT 采购、MRP 采购方法。

学习重点与难点

（1）现代采购三种方法的基本概念、原理与特点。

（2）电子采购、JIT 采购、MRP 采购间的差异。

（3）电子采购、JIT 采购、MRP 采购方法的运用。

引导案例

MRP 采购管理案例

国内某家大型成套设备制造商的生产主管谈到该企业生产过程时，提出存在以下问题。

“我们制造的零部件中超过 50%都得延期完工。这样必然会延误最后交货期。”

“我们得为那些延期交货的产品和未完工的产品提供更多地方存放。”

"我们不得不延长计划准备期，生产车间、总装车间、辅助生产部门必须提前 6 周安排生产计划和进行生产准备。"

"总装车间经常等待，无人知道何时能完工交货。客户等得不耐烦，开始取消订单。"

这家企业为了使生产线不至于停产，尽量提前生产一些零部件，以备急需。库房里很快就堆满了各种零部件。企业的生产资金奇缺，但会计师发现他们的流动资金在半年中从 5 000 万元增加到 8 000 万元。

他们有 20 多套产品在不同的生产线上同时生产，总装这些产品需要的零部件，大部分已经备好，但是因为都缺少一两个小部件，所以还未完工。

提前一个多月加班生产出来的零部件，由于生产中暂时不需要，只得再存入生产库中，之所以加班突击把它们生产出来，是因为它们在缺件表中，属于已经误期的零件，实际上总装急需的零部件只是其中的很少一部分。尽管他们知道加班生产出来的并非都是急需的，但他们不知道急需的是什么，除非在总装线上已经发现的缺件。等到他们知道急需的是什么的时候，已经对最后交货期产生了影响。

因为长期加班突击，生产工人极度疲劳。产品质量不稳定，生产设备过了维修期而无法安排维修。带病运转的设备大量增加，维修工人必须增加。

结果常常是这样的：

企业经理得到报告，他们的生产能力不够，还需要增加新的生产设备；流动资金短缺，需要追加更多的资金；库房不够，需要新建库房；生产人员短缺，需要增加熟练生产工人；某某订单又得推迟交货，因延误交货期，客户取消了订货计划。

（资料来源：http://www.cnshu.cn/qygl/313204.html）

辩证性思考：

（1）什么是 MRP 采购？

（2）该企业有高效的运作体系，为什么会出现这样的问题？

10.1 电子采购

10.1.1 电子采购的发展

电子采购是指基于或者至少部分基于互联网技术的采购方式。电子采购是企业实现电子商务的一个重要环节，它已成为 B2B 市场中增长最快的一部分。它将原来通过纸张进行的公示（情报公开）、投标、开标（结果公开）等，转换为利用互联网络的电子数据。电子采购可以在互联网络上完成投标手续，而招标和投标者在计算机前就可以实现招投标行为。电子采购开始于企业间的生产资料的采购，现在则推广于服务及事务用品等的采购领域。

当今世界，网络、通信和信息技术快速发展，互联网在全球迅速普及，使得现代商业具有供货能力、客户需求和全球竞争不断增长的三大特征。这一切将给企业传统购销活动带来巨大冲击和挑战，进而引发企业购销模式的剧烈变革，电子采购这一新的采购方式应运而生。

提示

电子采购是由采购方发起的一种采购行为，是一种不见面的网上交易，如网上招标、网上竞标、网上谈判等。人们把企业之间在网络上进行的这种招标、竞价、谈判等活动定义为 B2B 电子商务，事实上，这也只是电子采购的一个组成部分。电子采购比一般的电子商务和一般性的采购在本质上有了更多的概念延伸，它不仅完成采购行为，而且利用信息和网络技术对采购全程的各个环节进行管理，有效地整合了企业的资源，帮助供求双方降低了成本，提高了企业的核心竞争力。

10.1.2　电子采购的优势

1．宏观优势

（1）电子采购保证整个市场内的供求双方能更有效地衔接。在市场透明度提高的情况下，买卖双方能更有效地平衡市场上的需求。在过去，供应商即使打折，也很难卖掉多余库存。电子采购将大量买方和卖方聚集在其在线交易市场上，并以衔接需求的方式解决了这方面的问题。

（2）电子采购冲破了地理与语言障碍。商业与互联网在本质上都是全球性的。买卖双方不再被束缚于他们所熟悉的地理范围或国界内。互联网提供了全球性的通路，只要单击按钮，就可以与潜在的买方或卖方聚集在一起。供应商与采购商可在互联网上寻找商业伙伴并与之交易，而这些商业伙伴可能是在没有电子采购平台之前无法找到的。尽管语言仍是一个问题，尤其是对全球贸易而言，但作为第三方的电子采购平台提供者通常都能够提供多语言平台和产业/贸易专家等增值服务，来增加国际贸易额。

（3）电子采购可以改善资源分配。除市场价格更为协调一致外，电子采购可以保证更有效地利用有限的资源。信息缺乏导致许多企业无法预测需求、分配资源。为解决这种问题，一般在传统供应链的每段都备有缓冲存储设备，从而导致过多的库存和过时风险。信息共享能改善这种低效情况，并有助于更有效地分配资源。电子采购平台也能在库存过时之前，通过拍卖为供应商提供一个更有效的处理多余库存的方法。

2．微观优势

电子采购的微观优势：

- 提高物料供应管理水平，扩大询价范围，由货比三家到货比千家。
- 降低采购成本，节约采购费用，缩短采购周期。
- 实现网上采购全过程监控，加强对采购流程及库存等的控制，堵住漏洞，杜绝暗箱操作。
- 能有效地提供供销商的信息，实现物料管理信息的快速传递与资源共享。
- 一个成功的电子采购解决方案能为企业制定一套规范的采购流程，有利于加强企业管理。此外，据调查，绝大多数采购经理都希望及早实现电子采购。作为一种更可靠、更有效的采购方式，

链接 1

电子采购越来越多地得到企业的认同。

电子采购通过对采购功能和流程的电子重组，将采购功能布置在企业每个雇员的桌面上，从而提高间接采购的速度和效率，降低成本。将订货和跟踪的工作流程优化，可以保证企业雇员从指定供应商那里获得最优惠的合同价格，从而极大地降低成本。最近的一项研究显示，采用电子采购可以降低产品成本 5% ~ 10%，降低流程成本 70%，缩短采购周期 50% ~ 70%。

10.1.3 实现电子采购的系统

电子采购的系统包括电子投标系统、投标情报服务、投标参加者登录系统及电子认证系统等。它使从发标预定情报的提供到投标、投标结果的发表等一连串过程通过互联网络来完成，是在进一步提高采购手续的透明性与竞争性的同时，对交易双方的业务效率化起到支援作用的系统。

1. 电子投标系统

电子投标是指在互联网络上实现原来通过纸张进行交易的投标行为，使通过互联网络来完成投标手续成为现实。

电子投标系统是指将从与投标相伴随的资格认证申请开始到决定通知书的受理（中标结果）为止的过程在互联网络上实现的系统。在互联网络上进行的这一过程包括竞争参加资格的确认申请、投标、投标结果的受理、再投标的一连串作业。只要满足电子投标的参加条件，任何人都可以很容易地参与投标。

电子投标系统的特征：

- 将与投标相伴的资格申请到投标结果的公开这一过程在互联网络上实现，投/发标者在计算机前就可实现投标行为。其中包括采购案的制作/检索到申请参加、投标、开标处理等。
- 依据利用 WWW Browser 的 GUI（Graphical User Interface），提供了任何人都可简单使用的操作环境。通过暗号化（Public Key Infrastructure，PKI，公开键暗号方式）/电子署名/IC 卡方式进行认证，以确保投标的公正性和信赖性。

2. 投标情报服务系统

招投标是否成功取决于科学的市场分析，科学的市场分析依赖全面、准确、及时、连续的市场情报和数据。投标情报服务系统是指收集招标单位发布在互联网上的招标公告，并将其集中保存起来，使投标者只访问一个互联网站就能够了解多个招标单位的情报，并进行检索和分析。

3. 投标参加者登录系统

投标参加者可通过互联网络进行竞争投标的参加申请、变更申请、追加申请等。

4. 电子认证系统

电子认证系统是与电子投标对应的服务，以确保互联网实施投标的安全性。一般方式是事先发行电子认证书，投标时在投标书上添加电子署名以确认是否为本人。通常由从事电子认证的机构来提供服务。

前沿话题

目前，在对现有的电子采购系统相关的应用和研究进行总结的基础上，建立了基于供应链管理的电子采购系统的研究框架，并对框架中的若干关键问题进行了重点研究。取得的主要创新点是提出了基于供应链管理的电子采购系统框架。该框架包括供应链需求管理、供应管理、生产管理和物流管理四个方面的功能，并通过实例分析验证了该框架的实用性和合理性。

10.1.4　电子采购的程序

链接 2

一个典型的电子采购程序包含以下几个步骤：提交、分析并确定采购需求；选择供应商；确定合适的价格；下订单；跟踪订单，即交货过程，确保交货；货物入库；付款。下面简单地对其中几个步骤加以解释。

（1）提交采购需求。最终用户通过填写在线表格提出采购物料的要求。对于经常采购的商品，可以建立一个特别的目录供用户选择，以方便最终用户提出采购申请。

（2）确定采购需求。根据企业预先规定的采购流程，采购申请被一次性自动地传送给各个负责人请求批准。

（3）选择供应商。一旦采购申请得到认可，采购人员可以按不同情况采取两种方式。若所需采购的物料已有了合同供应商，则该申请转化成订单自动发送给供应商。若所需采购的物料没有固定的供应商，则采购人员需通过该企业的采购网站或在互联网上寻找供应商。这种方法比通过行业杂志寻找或等着推销员上门推销要快捷、高效。采购人员不仅能从网上得到供应商的价格和数量信息，还可以得到采购决策所需的数量、价格和功能要求等信息，并且可以在采购系统生成的供应商比较报告的辅助下进行决策。

（4）下订单。在确定了供应商之后，采购人员会通过电子邮件等方式将订单传送给供应商。

（5）订单跟踪。有些信息系统较为完善的供应商会反馈给采购方一个订单号，采购人员可以通过订单号追踪订单的执行情况，直至交货。

（6）付款。如果连接了银行系统，则可进行电子支付，完成采购全过程。

相关链接

对电子采购产生困惑的一个原因是，人们总把所有的采购归总为单一的组合，就好像所有采购的技术和商品组合都需要相同的系统和方法一样。其实并非如此，在思考企业电子采购策略时要注意下列主要原则。

- 采购材料可以分为两个主要类别：间接材料和直接材料。
- 间接采购包括那些不直接生成最终产品的商品及服务。
- 间接采购可分为两组：ORM（如办公用品和差旅服务）和 MRO（替代部分）材料。
- 直接采购包括那些与最终产品直接相关的生产或销售中使用的材料。
- 随着电子采购的实行，在直接与间接采购方式之间的传统区别开始变得模糊不清。

注释：

- 直接材料是指与最终产品生产直接相关的制造供应链中的材料。
- 间接材料是指公司购买的与最终产品不直接相关的商品或服务。
- ORM 的全称是 Operation Resource Management（运营资源管理），通常用来描述企业日常采购的办公用品和服务。
- MRO 的全称是 Maintenance、Repair and Operations（保养、维修和运营），通常用来描述企业采购重大维修任务和保养项目中的机器部件。

辩证性思考：

（1）你是否真正理解电子采购的误区？除上述电子采购原则外，你还能想到哪些？

（2）请解释 ORM 和 MRO，并加以区别。

前沿话题

电子采购作为企业集团加强成本控制的有效手段，已被众多大型企业集团所应用，其中电子逆向采购已成为一种重要的电子采购工具。电子逆向采购也称电子反向采购，即由供应商（卖方）通过互联网在规定的时间内不断提交价格更低的投标而相互开展竞争以赢得合同，采购实体（买方）按照其报价及其他事先确定的标准确定最终排名，并进而依据该拍卖结果授予合同的一种采购程序。

辩证性思考：

评价电子逆向采购的适用条件？

10.2 JIT 采购

JIT（Just In Time）采购，也称准时制采购，是指只有在需要的时候（不提前，也不推迟）才订购所需要的产品，而且必须达到 3 个目的：一是争取实现零库存；二是提高采购商品的质量，减少因提高质量而增加的成本；三是降低采购价格。这些目的的实现就是要减少多余库存，避免废次品，去除不必要的订货手续、装卸环节、检验手续等。为适应 JIT 采购技术的要求，采购方一方面应向供应商提供恰当的有效需求计划；另一方面应与产品供应商建立长期的合作关系，强调供应商的参与职能，使供应商充分了解 JIT 采购的意义，使他们掌握 JIT 采购的技术和标准，满足供应商的要求，从而保证 JIT 采购的实现。

10.2.1 JIT 采购的产生与发展

JIT 采购的产生源于 1973 年爆发的全球石油危机及由此所引起的日益严重的自然资源短缺，这对当时靠进口原材料发展经济的日本的冲击最大。生产企业为提高产品利润，增强公司竞争力，在原材料成本难以降低的情况下，只能从物流过程中寻找利润来源，降低由采购、库存、运输等产生的费用。这一方法最初由日本丰田公司提出并应用，而且取得了意想不到的效果。随后，其他许多日本公司也采用这一技术，它为日本经济的崛起和发展做出了重要贡献。

日本企业的崛起，引起了西方企业界的普遍关注。西方企业家追根溯源，认为日本企业在生产经营中采用 JIT 采购技术和管理思想，是其在国际市场上取胜的基础。因此，20 世纪 80 年代以来，西方经济发达国家十分重视对 JIT 的研究和应用，并将它用于生产管理、物流管理等方面。有关资料显示，1987 年已有 25%的美国企业应用 JIT 采购技术，现在绝大多数美国企业仍在采用JIT采购技术。因为JIT采购已从最初的一种减少库存水平的方法，发展成一种内涵丰富，有特定知识、原则、技术和方法的管理哲学。

10.2.2 JIT 采购的基本原理

JIT 采购的基本原理是以需定供，即供方按照需方对于品种、规格、质量、数量、时间、地点等的要求，将物品配送到指定的地点。不多送，也不少送；不早送，也不晚送；所送品种要个个保证质量，不能有任何废品。

（1）JIT 采购的内涵。JIT 采购的原理虽简单，但内涵很丰富：

- 品种配置。保证品种的有效性，拒绝不需要的品种。
- 数量配置。保证数量的有效性，拒绝多余的数量。
- 时间配置。保证所需时间，拒绝不按时的供应。
- 质量配置。保证产品质量，拒绝次品和废品。

（2）JIT 采购的供应方式。JIT 采购的供应方式有很多好处，主要有以下 3 个方面：

- 零库存。用户需要多少，就供应多少。不会产生库存，也不会占用流动资金。
- 最大节约。用户不需求的商品，就不订购，这样既可避免商品积压、过时、质变等浪费，也可免去装卸、搬运及库存等费用。
- 零废品。JIT 采购能最大限度地减少废品流动所造成的损失。废品只会停留在供应方，不会配送给客户。

JIT 采购具有普遍意义，既可适用于任何类型的制造业，也可适用于服务业中的各种组织。处于发展初期的电子商务，尤其可以采用和吸收 JIT 采购技术来降低物流成本，使物流成为电子商务中的重要利润源。

10.2.3 JIT 采购的基本思想与特点

1. JIT 采购的基本思想

JIT 采购是一种先进的采购模式，也是一种先进的管理模式。它的基本思想是在恰当的时间、恰当的地点，以恰当的数量、恰当的质量提供恰当的物品。它是从准时制生产发展而来的，是为了消除库存和不必要的浪费而进行的持续性改进。要进行准时制生产，必须有准时制供应，因此 JIT 采购是准时制生产管理模式的必然要求。在质量控制、供需关系、供应商的数目、交货期的管理等方面，它和传统的采购方法有许多不同，供应商的选择（数量与关系）、质量控制是其核心内容。

JIT 采购包括供应商的支持、合作及制造过程、货物运输系统等一系列内容。JIT 采购不但可以减少库存，还可以加快库存周转，缩短提前期，提高购物的质量，获得满意交货等。

2. JIT 采购的特点

JIT 采购和传统的采购方式有许多不同之处，主要表现在如下几个方面。

（1）采用较少的供应商，甚至单源供应。传统的采购模式一般是多头采购，供应商的数目相对较多。从理论上讲，采用单供应源比多供应源好。一方面，管理供应商比较方便，也有利于降低采购成本；另一方面，有利于供需之间建立长期稳定的合作关系，质量上比较有保证。但是，采用单一的供应源也有风险，如供应商可能因意外原因而中断交货或者供应商缺乏竞争意识等。

在实际工作中，许多企业也不愿意成为单一供应商。原因很简单：一方面，供应商是具有独立性较强的商业竞争者，不愿意把自己的成本数据透露给用户；另一方面，供应商不愿意成为用户的一个产品库存点。实施 JIT 采购，需要减少库存，但库存成本是从采购企业一边转移到了供应商这边。因此，企业必须意识到供应商的这种忧虑。

（2）对供应商的选择标准不同。在传统的采购模式中，供应商是通过价格竞争选择出来的。供应商与用户的关系是短期的合作关系，当发现供应商不合适时，可通过市场竞标的方式，重新选择供应商。但在 JIT 采购模式中，由于供应商和用户是长期的合作关系，供应商的合作能力将影响企业的长期经济利益，因此对供应商的要求就比较高。在选择供应商时，需要对供应商进行综合的评估。在评价供应商时，价格不是主要因素，质量是最重要的标准，这种质量不单指产品的质量，还包括工作质量、交货质量、技术质量等多方面内容。高质量的供应商有利于建立长期的合作关系。

（3）对交货准时性的要求不同。JIT 采购的一个重要特点是要求交货准时，这是实施精细生产的前提条件。交货准时取决于供应商的生产与运输条件。作为供应商来说，要使交货准时，可从以下几个方面着手：一是不断改进企业的生产条件，提高生产的可靠性和稳定性，减少延迟交货或误点现象；二是作为准时制供应链管理的一部分，供应商同样应该采用准时制的生产管理模式，以提高生产过程的准时性；三是为提高交货准时性，不可忽视运输问题。在物流管理中，运输问题是一个很重要的问题，它决定准时交货的可能性。特别是全球的供应链系统，运输过程长，而且可能先后使用不同的运输工具，还需要中转运输等。因此，要进行有效的运输计划与管理，使运输过程准确无误。

（4）对信息交流的需求不同。JIT 采购要求供需双方的信息能高度共享，因此要保证供应与需求信息的准确性和实时性。由于双方的战略合作关系，企业在生产计划、库存、质量等各方面的信息都可以进行交流，以便出现问题时能够及时处理。

（5）制定采购批量的策略不同。小批量采购是 JIT 采购的一个基本特征。JIT 采购和传统采购模式的重要不同是，准时制生产需要减少生产批量，因此采购的物资也应采用小批量的办法。当然，小批量采购自然会增加运输次数和成本，对供应商来说是很为难的事情，特别是供应商在国外等情形下，实施 JIT 采购的难度更大。解决的办法有采取混合运输、代理运输等方式，或者尽量使供应商靠近用户等。

10.2.4 JIT 采购的意义

JIT 采购对于贯彻实施供应链管理思想具有重要的意义。供应链采购模式和传统采购模式的不同之处在于采用订单驱动的方式。订单驱动使供应与需求双方都围绕订单运作，也就实现了准时制、同步化运作。要实现同步化运作，采购方式就必须是并行的，当采购部门产生一个订单时，供应商即开始着手物品的准备工作。与此同时，采购部门要编制详细的采购计划，制造部门也要进行生产准备。这样，当采购部门把详细的采购单提供给供应商时，供应商就能很快地将物资在较短的时间内交给用户。当用户需求发生改变时，制造订单又驱动采购订单发生改变。如果没有准时的采购方法，供应链企业很难适应这种多变的市场需求，因此 JIT 采购增加了供应链的柔性和敏捷性。

综上所述，JIT 采购策略体现了供应链管理的协调性、同步性和集成性，而供应链管理也需要 JIT 采购来保证其整体同步化运作。

10.2.5　实施 JIT 采购的条件与方法

1．实施条件

从 JIT 采购方法的特点和优点可以看到，JIT 采购方法和传统的采购方法有一些显著的差别。要实施 JIT 采购方法，以下 3 点是十分重要的：

- 选择最佳的供应商并对其进行有效的管理，是 JIT 采购成功的基石。
- 供应商与用户的紧密合作，是 JIT 采购成功的钥匙。
- 卓有成效的采购过程，严格控制质量是准时制采购成功的保证。

2．实施方法

如何有效地实施 JIT 采购方法呢？下面的几个方法可以作为参考。

（1）创建 JIT 采购班组。世界一流企业的专业采购人员有 3 个责任：寻找货源、商定价格、发展与供应商的协作关系并不断改进。因此，专业化的高素质采购队伍对实施 JIT 采购至关重要。为此，应成立两个班组：一个班组是专门处理供应商事务的班组，该班组的任务是认定和评估供应商的信誉、能力或与供应商谈判签订准时制订货合同，向供应商发放免检签证等，同时还要负责供应商的培训与教育；另一个班组是专门从事消除采购过程中浪费现象的班组。这些班组人员对 JIT 采购的方法应有充分的了解和认识，必要时要进行培训。如果这些人员本身对 JIT 采购的认识和了解都不彻底，就无法与供应商合作。

（2）制订计划，确保 JIT 采购策略有计划、有步骤地实施，包括制定采购策略，改进当前的采购方式，减少供应商的数量，正确评价供应商，向供应商发放签证。在这个过程中，要与供应商一起商定 JIT 采购的目标和有关措施，保持经常性的信息沟通。

（3）精选少数供应商，建立伙伴关系。选择供应商应从产品质量、供货情况、应变能力、地理位置、企业规模、财务状况、技术能力、价格、与其他供应商的可替代性等几个方面考虑。

（4）进行试点工作。先从某种产品或某条生产线开始，进行零部件或原材料的准时制供应试点。在试点过程中，取得企业各个部门的支持是很重要的，特别是生产部门的支持。通过试点，总结经验，为正式实施 JIT 采购打下基础。

（5）搞好供应商的培训，确定共同目标。JIT 采购是供需双方共同的业务活动，单靠采购部门的努力是不够的，需要供应商的配合。只有供应商也对 JIT 采购的策略和运作方法有了认识和理解，才能获得供应商的支持和配合，因此需要对供应商进行培训。通过培训，大家取得一致的目标，相互之间就能够很好地协调，做好采购的准时制工作。

（6）向供应商颁发产品免检合格证书。JIT 采购和传统采购方式的不同之处是，买方不需要对采购产品进行比较多的检验手续。要做到这一点，需要供应商提供百分之百的合格产品。当其达到这一要求时，即发给免检合格证书。

（7）实现配合准时制生产的交货方式。JIT 采购的最终目标是实现企业的生产准时制，为此，要实现从预测交货方式向准时制适时交货方式转变。

（8）继续改进，扩大成果。JIT 采购是一个不断完善和改进的过程，需要在实施过程中不断总结经验教训，从降低运输成本、提高交货的准确性和产品的质量、降低供应商库存等各个方面进行改进，不断提高 JIT 采购的运作效果。

10.2.6 影响 JIT 采购的因素

（1）与供应商的关系。JIT 采购成功的关键是与供应商的关系，而最困难的问题也是缺乏供应商的合作。供应链管理所倡导的战略伙伴关系，为实施 JIT 采购提供了基础性条件。因此，实施 JIT 采购的供应链管理模式比传统管理模式更加有现实意义。

（2）选择供应商。难找到“好”的合作伙伴是影响 JIT 采购的第二个重要因素。如何选择合适的供应商或者已选择的供应商是否合适，就成了影响 JIT 采购的重要条件。传统的采购模式，其企业之间的关系不稳定，具有风险，影响了合作目标的实现。供应链管理模式，其企业是协作性战略伙伴，因此为 JIT 采购奠定了基础。

（3）对供应商的激励。缺乏对供应商的激励是 JIT 采购的另一个影响因素。要成功地实施 JIT 采购，必须建立一套有效的供应商激励机制，使供应商和用户一起分享 JIT 采购的好处。

（4）企业内部与企业间的合作。JIT 采购不单是采购部门的事情，企业的各部门都应为实施 JIT 采购创造有利的条件，为实施 JIT 采购共同努力。大部分企业对供应商的供货准时情况反映较好，只有少数企业认为供应商供货不准时。

链接 3

10.3 MRP 采购

所谓物资资源计划（Material Resources Planning，MRP）采购，就是利用 MRP 技术所进行的采购。MRP 的提出总是与生产相联系，但是 MRP 不仅应用于生产制造过程，也可以应用于采购管理。运行 MRP 的结果，一方面是生成生产计划，另一方面是生成采购计划。生产计划由生产车间实施，采购计划交采购部门去进行采购。

10.3.1 传统订购点方法的不足

企业生产系统是一个复杂系统。一个产品由多个零部件构成，每个零部件又有多个零部件、多道加工工序，不同的零部件和工序又构成了不同的生产车间。这些不同的生产车间、不同的生产工序生产出来的零部件又要按一定的时间进度、一定的比例关系统一装配成一个个完整的产品。装配生产线一运转起来，各个零部件只要有一个不到位，产品就装配不成。因此，从产品到零部件，再到原材料；从总装车间到各个分装车间，再到各个仓库，整个企业的生产需要有一个庞大、精确的计划，包括生产计划和采购计划，才能把不同空间、不同时间的零部件有条不紊地进行生产和装配，按时按量地组织到总装配线上来，最后装配成合格的产品。

用传统的订购点方法来处理制造过程中的供需矛盾，有很大的盲目性，结果会造成大量的原材料及在制品库存。传统的订购点方法和 JIT、MRP 采购一样也是要解决订什么、订多少和何时提出订货 3 个问题。它是靠维持一定量的库存来保证需要的。订购点方法用于制造过程主要有以下 3 个缺点。

1．盲目性

对需求的情况不了解，盲目地维持一定量的库存会造成资金积压。例如，对某种零件需求可能出现 3 种情况，如表 10.1 所示。

表 10.1　对产品需求的量化分析

时期（周）	1	2	3	4	5	6	7	8	9	10
情况 1	20	0	0	20	0	0	0	20	0	0
情况 2	20	0	40	0	0	0	0	0	0	0
情况 3	20	0	0	0	0	0	0	0	0	40

按经济订购批量公式，可以计算出经济订货批量，如 50 件。这样，对于情况 1，第一周仅需 20 件，若一次订 50 件，则余下 30 件还需存放 3 周，到第 4 周再消耗 20 件，余下的 10 件还需存放 4 周，还满足不了第 8 周的需要。因此，在第 8 周前又要提出数量为 50 件的订货。对于情况 2，订货量不足以满足前 3 周的需要。对于情况 3，剩余的 30 件无缘无故地存放了 9 周，还不满足第 10 周的需要。靠经常维持库存来保证需要，是由于对需求的数量及时间不了解所致，盲目性就造成了浪费。

2．高库存与低服务水平

使用订购点方法会造成高库存与低服务水平。由于对需求的情况不了解，只有靠维持高库存来提高服务水平，这样会造成很大浪费。从理论上讲，若服务水平接近 100%，则库存量必然趋于无穷大。如果装配一个部件，需要 5 种零件，当以 95%的服务水平供给每种零件时，每种零件的库存水平会很高。即使如此，装配这个部件时，5 种零件都不发生缺货的概率仅为 $0.95^5=0.774$，即装配这种零件时，几乎 4 次中就有一次碰到零件配不齐的情况。这就是采用订购点方法造成零件积压与短缺共存局面的原因。

3．形成“块状”需求

采用订购点方法的条件是需求均匀。但是，在制造过程中形成的需求一般都是非均匀的：不需要的时候为零，一旦需要就是一批。采用订购点方法加剧了这种需求的不均匀性，如图 10.1 所示。

在这个例子中，产品、零件和原材料的库存都采用订购点方法控制。对产品的需求由企业外部多个用户的需求决定。由于每个用户的需求相差不大，综合起来，对产品的需求比较均匀，库存水平变化的总轮廓呈锯齿状。当产品的库存量下降到订购点以下时，要组织该产品的装配，就需要从零件库中取出各种零件。这样，零件的库存水平陡然下降。在此之前，尽管产品库存水平在不断下降，由于没有到订购点，不必提出订购，因而零件的库存水平维持不变。同样，当零件的库存水平未降到订购点以下时，也不必提出订货，于是原材料的库存水平维持不变。随着时间的推移，产品的库存逐渐消耗，当库存水平再降到订购点以下时，再次组织产品装配，这时又消耗一部分零件库存。如果这时零件的库存水平降到零件的订购点以下，就要组织零件加工。这样，就要消耗一部分原材料库存。

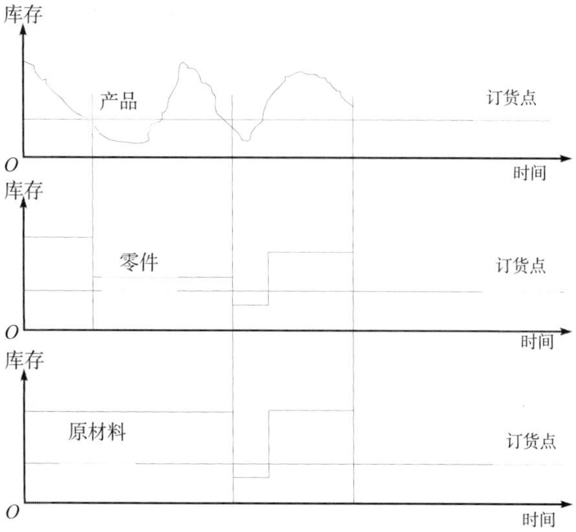

图 10.1 “块状”需求的形成

由此可以看出，在产品的需求率均匀的条件下，由于采用订购点方法，造成对零件和原材料的需求率不均匀，呈“块状”。“块状”需求与“锯齿状”需求相比，平均库存水平几乎提高 1 倍，因而占用更多资金。

订购点方法是用于处理独立需求问题的，它不能令人满意地解决生产系统内发生的相关需求问题，而且订购点方法不适合订货型生产（Make To Order，MTO）企业。于是，人们提出了 MRP。它可以精确地确定对组件的需求数量与时间，消除盲目性，实现低库存与高服务水平的并存。

10.3.2 MRP 采购的提出

MRP 应用的目的之一是进行库存的控制和管理。按需求的类型可以将库存问题分成两种：独立性需求和相关性需求。

（1）独立性需求是指将被消费者消费或使用的制成品的库存，如自行车生产企业的自行车的库存。制成品需求的波动受市场条件的影响，而不受其他库存品的影响。这类库存问题往往建立在对外部需求预测的基础上，通过一些库存模型的分析，制定相应的库存政策来对库存进行管理，如什么时候订货，订多少，如何对库存品进行分类等。订购点法只适用于独立性需求的物资。

（2）相关性需求库存是指将被用来制造最终产品的材料或零部件的库存。自行车生产企业为了生产自行车还要保持很多种原材料或零部件的库存，如车把、车梁、车轮、车轴、车条等。这些物料的需求彼此之间具有一定的相互关系，例如，一辆自行车需要 2 个车轮，如果生产 1 000 辆自行车，就需要 2 000 个车轮。这些物料的需求不需要预测，只有通过相互之间的关系来进行计算。在这里自行车称为父项，车轮称为子项（或组件）。

20 世纪 60 年代，随着计算机应用的普及和推广，人们可以使用计算机制订生产计划。美国生产管理和计算机应用专家奥里・W.怀特和乔治・W.善利首先提出了物料需求计划，IBM 公司则首先在计算机上实现了 MRP 处理。

MRP 的基本原理是，由主产品生产进度计划（Master Production Schedule，MPS）和主产品的层次结构逐层逐个地求出主产品所有零部件的出产时间、出产数量。这个计划称为物料需求计划。如果零部件是靠企业内部生产的，就要根据各自的生产时间长短来提前安排投产时间，形成零部件投产计划；如果零部件是需要从企业外部采购的，就要根据各自的订货期来确定提前发出各自订货的时间、采购的数量，形成采购计划。确实按照这些投产计划进行生产和按照采购计划进行采购，就可以实现所有零部件的出产计划，从而不仅能够保证产品的交货期，而且能够降低原材料的库存，减少流动资金的占用。MRP 的逻辑原理如图 10.2 所示。

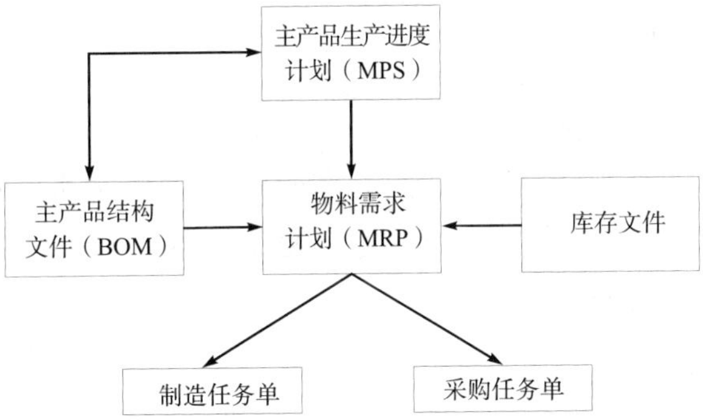

图 10.2　MRP 的逻辑原理

10.3.3　MRP 采购的特点

1. 需求的相关性

与订购点方法不同，MRP 采购是针对具有相关性需求物资的采购方法。不但需求本身之间相关，需求和资源、品种数量、时间都相关。

2. 需求的确定性

MRP 采购计划是根据主产品生产进度计划、主产品的结构文件、库存文件和各种零部件的生产时间或订货进货时间精确计算出来的，其需要的时间、数量都是确切规定好了的，而且不能改变。

3. 计划的精确性

MRP 采购计划有充分的根据，从主产品到零部件，从需求数量到需求时间，从生产先后到装配关系都做了明确的规定，无一遗漏或偏差。不折不扣地按照这个计划进行，能够保证主产品生产计划的如期实现。

4. 计算的复杂性

MRP 采购计划要根据主产品生产计划、主产品结构文件、库存文件、生产时间和采购时间把主产品的所有零部件的需要数量、需要时间、先后关系等准确计算出来，其计算量是非常庞大的。特别是当主产品复杂、零部件数量特别多时，如果用人工计算，简直不可想象。借助计算机，使得这个工作才有了完成的可能性。

5. 采购的优越性

MRP 采购的优越性是很明显的，由于进行了精确的计划和计算，使得所有需要采购的物资能够按时、按量到达需要它的地方，一般不会产生超量的原材料库存。事实上，对于采购品，从经济订货批量考虑，不必追求零库存，这样可以大大节约订货费用和各种手续费用，从而降低生产成本。通过对使用 MRP 的企业进行的调查显示，这些企业的库存水平平均降低了 20%～40%，与此同时减少零部件缺货 80%，改进了对用户的服务，服务水平可以达到 95%。这就很好地解决了库存量与服务水平之间的矛盾，改变了以往二者不可兼得的局面。

6. 管理的规范性

MRP 采购除能经济有效地采购企业所需的物料外，还有利于促进企业提高管理水平。因为实行 MRP 采购，必然是企业采用了 MRP 系统，而 MRP 系统输入的信息多、操作规范、时间观念强，这些都要求企业加强系统化、信息化、规范化管理，提高企业素质和管理水平。也正因为如此，加大了 MRP 采购管理工作的复杂程度，不但加大了工作量，更重要的是工作要求也更为精细。

10.3.4 MRP 系统

MRP 系统主要由 MRP 输入、MRP 输出和 MRP 处理过程 3 部分组成。

1. MRP 输入

MRP 输入包括主产品生产进度计划、主产品结构文件和库存文件。

（1）主产品生产进度计划。主产品生产进度计划一般是主产品的一个产出时间进度表，主产品是企业生产的用以满足市场需要的最终产品，一般是整机或具有独立使用价值的零件、部件、配件等。它们一般是独立需求产品，靠市场的订货合同、订货单或市场预测来确定其未来一段时间（一般是一年）的总需要量，包括需求数量、需求时间等。把这些资料根据企业生产能力状况进行综合调配平衡，把它们具体分配到各个时间单位中去，这就是主产品生产进度计划。这个主产品生产进度计划是 MRP 系统最主要的输入信息，也是 MRP 系统运行的主要依据。

主产品生产进度计划来自企业的年度生产计划。年度生产计划覆盖的时间长度一般是一年，在 MRP 中用 52 周来表示。但是，主产品生产进度计划可以不是一年，要根据具体的主产品的生产时间来定。但是，有一个基本原则，即主产品生产进度计划所覆盖的时间长度要不少于其组成零部件中具有的最长的生产周期。否则，这样的主产品生产进度计划不能进行 MRP 系统的运行，因此是无效的。主产品 A 生产进度计划如表 10.2 所示。

表 10.2　主产品 A 生产进度计划

时期（周）	1	2	3	4	5	6	7	8
产量（件/周）	25	15	20		60		15	

（2）主产品结构文件。主产品结构文件不仅是一个物料清单，还提供了主产品的结构层次、所有各层零部件的品种数量和装配关系。一般用一个自上而下的结构树表示，每层都对应一定的级别：最上层是 0 级，即主产品级；0 级的下一层是 1 级，对应主产品的一级

零部件；这样一级一级地往下分解，一直分解到最后一级（n级），一般是最初级的原材料或者外购零配件。每层各个方框都标有下列 3 个参数：

- 组成零部件名。
- 组成零部件的数量，指构成相连上层单位产品所需要的本零部件的数量。
- 相应的提前期。所谓提前期，包括生产提前期和订货提前期。所谓生产提前期，是指从发出投产任务单到产品生产出来所花的时间；订货提前期是指从发出订货到所订货物采购回来入库所花的时间。提前期的时间单位要和系统的时间单位一致，也以“周”为单位。有了这个提前期，就可以从零部件的需要时间推算出投产时间或采购时间。

主产品 A 的结构树如图 10.3 所示。它由部件 B 和零件 C 装配而成，而部件 B 又由外购件 D 和零件 C 装配而成。A、B、C、D 的提前期分别是 1 周、1 周、3 周、1 周，也就是说，装配一个 A 需要 1 周时间（装配任务要提前1周下达），装配一个 B 需要提前1周下达任务单，生产一个 C 需要提前 3 周下达任务单，而采购一个 D 需要提前 1 周发出订货单。主产品 A 的结构分成 3 层，A 为 0 层（n=0），B、C 为1层（n=1），D、C 为 2 层（n =2）。

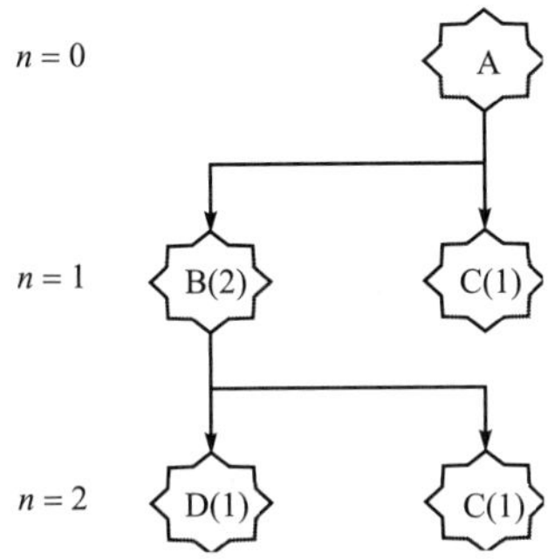

图 10.3　主产品 A 的结构树

从图 10.3 的结构树可以直观地看出主产品的结构层次。但是根据这个结构树，同样的零件 C 在不同的层次上要分别计算一次，容易造成混乱和重复计算，给计算机运行带来麻烦。因此，为了计算机计算方便，常常把在几个层次上都有的同样的零部件，统一取其最低的层次号，画到它所在的最低层上，这是画主产品结构图的小技巧，如图 10.4 所示。

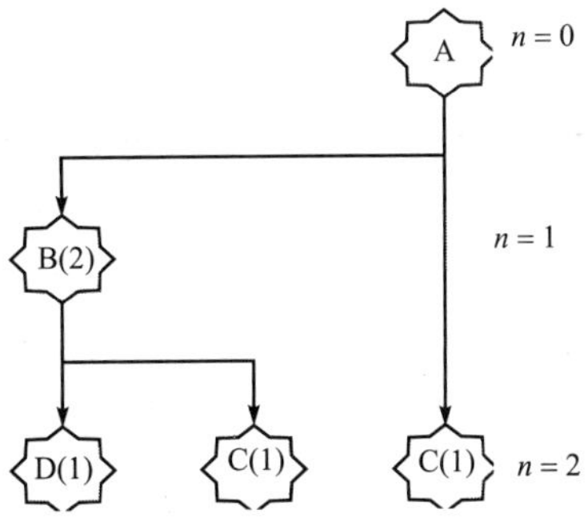

图 10.4　主产品 A 的结构调整

（3）库存文件。库存文件也称库存状态文件，它包含各个品种在系统运行前的期初库存量的静态资料，但它主要提供并记录 MRP 运行过程中实际库存量的动态变化过程。由于库存量的变化是与系统的需要量、到货量、订货量等各种资料变化相联系的，所以库存文件实际上提供和记录了各种物料的所有参数随时间的变化。这些参数包括以下 3 种。

1）总需要量。它是指主产品及其零部件在每周的需要量。其中，主产品的总需要量与主生产进度计划一致，而主产品零部件的总需要量是根据主产品生产进度计划和主产品的结构文件推算出来的。在总需要量中，除以上生产装配需要用品以外，还可以包括一些维护用品，如润滑油、油漆等。这些既可以是相关需求，也可以是独立需求，因此合起来记录在总需要量中。

2）计划到货量。它是指已经确定要在指定时间到达的货物数量，可以用来满足生产和装配的需求，并且会在给定时间到货入库。一般是因临时订货、计划外到货或者物资调剂等得到的货物，但不包括根据这次 MRP 运行结果产生的生产任务单生产出来的产品或根据采购订货单采购回来的外购品。这些产品由下面的“计划接受订货”来记录。

3）库存量。它是指每周库存物资的数量。由于在一周中，随着到货和物资供应的进行，库存量是变化的，所以周初库存量和周末库存量是不同的，因此规定这里记录的库存量都是周末库存量。它在数值上有以下关系：

库存量=本周周初库存量+本周到货量−本周总需要量

=上周周末库存量+本周计划到货量−本周总需要量

另外，在开始运行 MRP 之前，仓库中可能还有库存量，称为期初库存量。MRP 运行是在期初库存量的基础上进行的，所以各个品种的期初库存量作为系统运行的重要参数，必须作为系统的初始输入量输入系统中。

库存量是满足各周需要量的物资资源。在有些情况下，为了防止意外情况造成延误，还对某些关键物资设立了安全库存量，以减少因紧急情况而造成的缺货。在考虑安全库存的情况下，库存量中还应包含安全库存量。

根据主产品生产进度计划（见表 10.2）输入主产品 A 在各周的总需要量，又输入它在各周的计划到货量（第 1 周、第 3 周、第 5 周、第 7 周分别计划到货 10 件、15 件、40 件、50 件），再输入主产品 A 在 MRP 运行前的期初库存量（20 件）。这些就是关于主产品 A 的 MRP 输入的全部资料。输入完毕后，MRP 系统会自动计算出各周的库存量、净需要量、计划接受订货量和计划发出订货量，形成的结果如表 10.3 所示。

表 10.3　主产品 A 的库存文件

项目：A（0 级）		周次							
提前期：1 周		1	2	3	4	5	6	7	8
总需要量（件）		25	15	20		60		15	
计划到货量（件）		10		15		40		50	
现有库存量（件）	20	5	10	15	15	35	35	0	0
净需要量（件）		0	10	5	0	20	0	0	0
计划接受订货（件）			10	5		20			
计划发出订货（件）		10	5		20				

以上 3 个文件是 MRP 的主要输入文件。除此以外，为运行 MRP 还需要有一些基础性的输入，包括物料编码、提前期、安全库存量等。

2．MRP 输出

MRP 输出包括主产品及其零部件在各周的净需要量、计划接受订货和计划发出订货 3 个文件。

（1）净需要量。净需要量是指系统需要外界在给定的时间提供的给定物料的数量。这是物资资源配置最需要回答的主要问题，即生产系统需要什么物资，需要多少，什么时候需要。净需要量文件很好地回答了这些问题。不是所有零部件每周都有净需求的，只有发生缺货的一周才产生净需要量，也就是说，某个品种某个时间的净需要量就是这个品种在这一个时间的缺货量。所谓缺货，就是上一周的期末库存量加上本期的计划到货量小于本期的总需要量。净需要量的计算方法：

本周净需要量=本周总需要量–本周计划到货量–本周周初库存量

=本周总需要量–本周计划到货量–上周周末库存量

MRP 在实际运行中，不是所有的负库存量都有净需要量。净需要量可以这样简单地确定：在现有库存量一栏中第一个出现的负库存量的周，其净需要量就等于其负库存量的绝对值；在其后连续出现的负库存量各周中，各周的净需要量等于其本周的负库存量减去前一周的负库存量的差的绝对值。

（2）计划接受订货。计划接受订货是指为满足净需要量的需求，应该计划从外界接受订货的数量和时间。它告诉人们，为了保证某种物资在某个时间的净需要量得到满足，人们提供的供应物资最迟应当在什么时候到达，到达多少。这个参数除用于记录满足净需要量的数量和时间外，还为它后面的参数计划发出订货服务，是计划发出订货的参照点（两者数量完全相同，时间上相差一个提前期）。计划接受订货的时间和数量与净需要量完全相同，即计划接受订货量=净需要量。

（3）计划发出订货。计划发出订货指发出采购订货单进行采购或发出生产任务单进行生产的数量和时间。其中，发出订货的数量等于计划接受订货的数量，也等于同周的净需要量的数量，为了保证计划接受订货或者净需要量在需要的时刻及时得到供应，提前一个提前期而得到的一个时间，即

计划发出订货时间=计划接受订货时间–生产（或采购）提前期

=净需要量时间–生产（或采购）提前期

因为 MRP 输出的参数是直接由 MRP 输入的库存文件参数计算出来的，所以为直观起见，总是把 MRP 输出与 MRP 库存文件连在一起，边计算边输出结果。例如，表 10.4 就列出了主产品 A 的 MRP 运行结果。

表 10.4　主产品 A 订货计划

项目：A（0 级）	周　次							
提前期：1 周	1	2	3	4	5	6	7	8
计划发出订货（件）	10	5		20				

MRP 运行过程如下（以表 10.3 和表 10.4 为例）：

1）根据 MRP 输入的库存文件计算出主产品 A 的各周库存量。本周库存量=上周库存量+本周计划到货量–本周总需要量。本周库存量都是指周末库存量，它可以为正数、负数和 0。

2）MRP 系统计算和输出各周的净需要量。只有那些库存量为负数的周，才有净需要量。净需要量的计算方法是：第一次出现负库存量（10 件）的周（第 2 周）的净需要量就等于其负库存量的绝对值（10 件），其紧接在后面的负库存量的周（第 3 周）的净需要量就等于本周的负库存量（15 件）减去上一周的负库存量（10 件）所得结果的绝对值（5 件）。同样，算出第 5 周净需要量为 20 件，第 4 周、6 周、7 周、8 周的净需要量为 0。

3）MRP 系统计算和输出计划接受订货量，它在数量和时间上都与净需要量相同。在表 10-3 中，第 2 周接受 10 件，第 3 周接受 5 件。计划接受订货量满足净需要量，而计划到货量满足部分总需要量。两者合起来，就完全满足了总需要量。

4）MRP 系统计算和输出计划发出订货量，它是把计划接受订货量（或净需要量）在时间上加一个提前期（这里是 1 周）、订货数量不变而形成的。在表 10.4 中，第 1 周发出 10 个订货单，第 2 周发出 5 个订货单。这就是 MRP 最后处理的结果，它给出的是发出的一系列订货单和订货计划表。

3. MRP 处理过程

MRP 处理过程如图 10.5 所示。

（1）准备。在运行 MRP 之前，首先应确定时间单位和计划期的长短。一般计划期可以取一年。若时间单位取为周，则计划期就是 52 周。时间单位也可以取天，计划期可以取任意的天数。在这里，我们取时间单位为周，计划期长度为 M 周。另外，还要做以下工作：

1）确定物料编码，包括主产品和零部件的编码。

2）确认主产品生产进度计划，它被表示成主产品的出产量。

3）确认主产品结构文件，它被表示成具有层级结构的树形图。由主产品（0 级）开始，逐层分解成零部件，直到最后分解到最低层（设为 n 级）——初级原材料或外购零配件为止。每个组成零部件都要标明零部件名、单个上层零部件所包含本零部件的数量和本零部件的生产（或采购）提前期。每层都要标明层号（也称层级码）。

除主产品（一般为独立需求）及其零部件（一般为相关需求）外，还有些辅助生产用品，如维护、维修用品等需要外购的用品，可以作为独立需求按实际需要量直接列入主产品结构文件的最低层，参与共同的物料需求计划。

4）准备好主产品及其所有零部件的库存文件，特别是各自的期初库存量、计划到货量。有些物资，特别是长距离、难订货的物资，还要考虑安全库存量、订货批量和订购点等。

（2）逐级处理。从层级码等于 0 的主产品开始，依次取各层级码的各个零部件，进行如下处理（见图 10.5）。

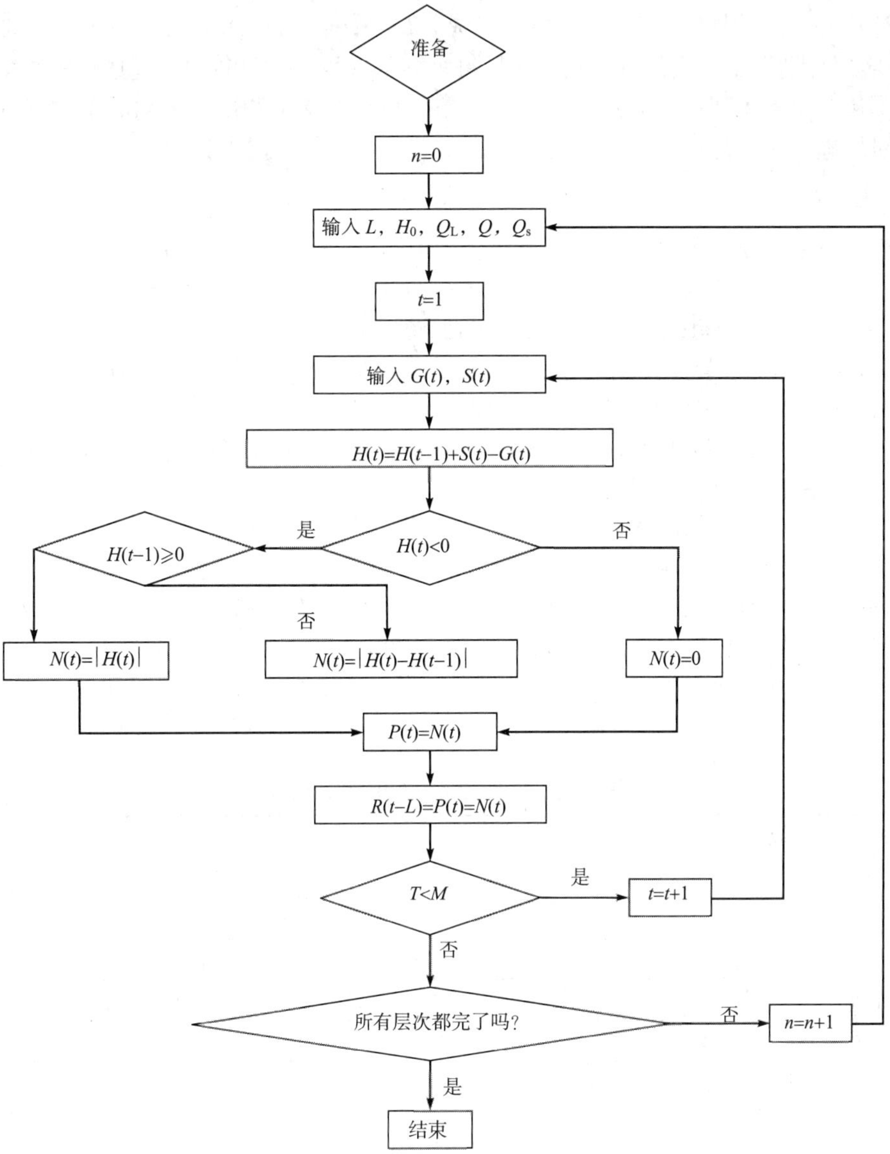

图 10.5 MRP 处理过程

1）输入提前期 L、期初库存量 H_0（有些物资还要输入订购点 Q_L、订货批量 Q、安全库存量 Q_S 等）。

2）对于每个时间单位 T(周)，输入或计算下列参数：

- 输入或计算生产进度计划 $G(t)$。
- 输入计划到货量 $S(t)$。
- 计算库存量 $H(t)$。$H(t)= H(t-1)+S(t)-G(t)$。
- 求出净需要量 $N(t)$。当 $H(t)<0$ 且 $H(t-1)<0$ 时，$N(t)=|H(t)-H(t-1)|$；当 $H(t)<0$ 且 $H(t-1)\geqslant 0$ 时，$N(t)=|H(t)|$；当 $H(t)\geqslant 0$ 时，$N(t)=0$。

- 计算计划接受订货量 $P(t)$。$P(t)=N(t)$。
- 计算并输出计划发出订货量 $R(t–L)$。$R(t–L)=P(t)=N(t)$。

3）输出计划发出订货量 $R(t–L)$。这是每个零部件发出的订货单，包括订货数量、订货时间，既包括交各车间加工制造的生产任务单，也包括交采购部门采购的采购订货单。它们按时间整理起来就是一个物料订货计划，也就是一个物料需求计划。

例题 10-1

以表 10.2 作为主产品生产进度计划、图 10.3 作为主产品结构文件、表 10.3 作为主产品 A 的库存文件为例进行计算。时间单位为周，计划期长 8 周。其中，相同的零部件取其最低层级码，构造新的结构图，如图 10.4 所示。

先从层级码为 0 的主产品 A 算起，其提前期为 1 周，期初库存量为 20 件。根据其 $G(t)$、$S(t)$进行 MRP 运算的结果，如表 10.4 所示。

再算层级码为 1 的部件 B。一个主产品 A 由两个部件 B 和一个零件 C 构成。部件 B 的期初库存量为 10 件，提前期为 1 周。

根据表 10.4，主产品 A 在第 1 周、第 2 周和第 4 周计划发出生产订货任务单，分别订 10 个、5 个、20 个主产品 A，也就是要在第 1 周、第 2 周、第 4 周分别订 20 件、10 件、40 件部件 B。由于部件 B 的期初库存量只有 10 件，而第 1 周总需要量为 20 件，并且订货提前期为 1 周，所以来不及按正常订货来满足，只能采取紧急订货，实现第 1 周计划到货量 10 件，来满足第 1 周总需要量。算出第 2 周、第 4 周的净需要量分别为 10 件和 40 件；第 1 周、第 3 周分别计划发出订货量 10 件和 40 件。计算结果如表 10.5 所示。

表 10.5　部件 B 的 MRP 运行结果

项目：B（1 级）		周　次							
提前期：1 周		1	2	3	4	5	6	7	8
总需要量（件）		20	10		40				
计划到货量（件）		10							
期前库存量（件）	10	0	–10	–10	–50				
净需要量（件）		10		40					
计划接受订货（件）		10		40					
计划发出订货（件）	10		40						

算完第 1 级，再算第 2 级（层级码 n=2）。第 2 级有一个外购件 D 和一个零件 C。一个 B 由一个 D 和一个 C 构成。D 提前期为 1 周。期初库存量为 5 件，第 1 周计划到货量为 10 件，同样计算出第 2 周发出采购订货单为 25 张，结果如表 10.6 所示。

表 10.6　外购件 D 的 MRP 运行结果

项目：D（2 级）		周　次							
提前期：1 周		1	2	3	4	5	6	7	8
总需要量（件）		10		40					
计划到货量（件）		10							
期前库存量（件）	5	5	5	–35	–35	–35	–35	–35	–35

再算第 2 级的另一个零件 C，其期初库存量为 0、提前期为 3 周。第 1 周计划到货量为 70 件。一个 A 由两个 B 和一个 C 构成。因此，第 1 周、第 3 周分别需要部件 B 为 10 件和 40 件，因此需要零件 C 也为 10 件和 40 件。对于主产品 A，第 1 周、第 2 周、第 4 周分别订货 10 件、5 件、20 件，因而需要零件 C 也为 10 件、5 件、20 件。这样，C 的总需要量合起来为：第 1 周 20 件，第 2 周 5 件，第 3 周 40 件，第 4 周 20 件。同样，计算出第 1 周就要发出零件 C 的生产订货任务单 15 件，结果如表 10.7 所示。

表 10.7　零件 C 的 MRP 运行结果

项目：C（2 级）		周次							
提前期：3 周		1	2	3	4	5	6	7	8
总需要量（件）		20	5	40	20				
计划到货量（件）		70							
期前库存量（件）	0	50	45	5	−15	−15	−15	−15	−15
净需要量（件）					15				
计划接受订货（件）					15				
计划发出订货（件）		15							

根据 MRP 的运行，可得出按计划生产主产品 A 所需要的物料订货计划，即物料需求计划，如表 10.8 所示。

表 10.8　主产品 A 所需要的物料订货计划

物　料	周次							
	1	2	3	4	5	6	7	8
B	10		40					
C	15							
D		25						

10.3.5　MRP 采购计划的确定

通过上述 MRP 系统的运行，确定了物料需求计划发出的订货量和订货时间。这就是订货计划，也就是采购计划。根据这个计划规定的时间发出订货，订货量取计划中规定的订货量，经过一个采购提前期，采购回来的物资刚好可以赶上这一周的需要。例如，根据表 10.7，经过 MRP 计算的结果，零件 C 在第 1 周，计划发出订货量为 15 件。根据这个计划实施采购，第 1 周就要出差去采购，采购量为 15 件。由于零件 C 的采购提前期为 3 周，即经过 3 周，也就是第 4 周，15 件零件 C 就应该到货，正好满足第 4 周的净需要量 15 件。

但是在实际生活中，执行这样的采购计划可能有一定困难。这主要是没有一个固定的订货批量，订货量时大时小，无论是包装还是运输，都不太方便，有些甚至不能实现。因为供应商的商品通常都是整箱整包地包装好的，一般不拆零卖，要买就买一个包装单元。也就是说，采购的数量要受供应商包装单元的约束。同样，运输也要受运输单元的约束。采购数量最好是一个整数，是包装单元的整数倍，采购数量应当按固定订货批量进行采购。

这样，就要使用按固定订货批量处理的 MRP 计算模型，如表 10.9 所示。

表 10.9　按固定订货批量处理的 MRP 计算模型

项目：E（1 级） 订购点：60（件） 固定订货批量：150（件） 订货提前期：3 周		周次							
		1	2	3	4	5	6	7	8
总需要量（件）		60	40	60	40	60	40	60	40
计划在途到货（件）			150						
订货后库存量（件）	100	40	150	90	50	140	100	40	150
计划接受订货（件）						150			150
计划发出订货（件）			150			150			

在表 10.9 中，产品 E 设定了固定订货批量为 150 件，订货点为 60 件，订货提前期为 3 周。它在第 2 周的计划在途到货为 150 件，期前库存量为 100 件。根据各周需要量的情况，可以计算出各周的订货后库存量。订货后库存量是指把本周计划订货到货量考虑进来，用于销售之后还剩下的库存量，即

本周订货后库存量=上周订货后库存量+本周在途到货量+本周计划接受订货量−本周需要量

其中，本周计划接受订货量是这样确定的：判断上周的订货后库存量加上本周的计划在途到货量再减去本周需要量，是否小于等于 0。如果小于等于 0，就把计划接受订货量等于一个订货批量，否则计划接受订货量就等于 0。

例如，表 10.9 中的第 5 周，因为第 4 周的订货后库存量 50 件加上第 5 周的计划在途到货量 0 再减去第 5 周的需要量 60 件，等于 10 件，小于 0，所以取第 5 周的计划接受订货量为一个订货批量 150 件。同理，第 8 周的计划接受订货量也为一个订货批量 150 件，而其余各周的计划接受订货量为 0。

求出计划接受订货量之后，就可以得出计划发出订货量。计划发出订货量由计划接受订货量提前一个订货提前期而得到。例如，第 5 周有一个 150 件的计划接受订货量，把它提前一个订货提前期 3 周，即在第 2 周就有一个 150 件的计划发出订货量。这意味着，应当在第 2 周就采购一个批量 150 件，经过一个订货提前期，即到第 5 周，订货就能运进仓库，来满足第 5 周的需要量。同理，对应第 8 周的计划接受订货量 150 件，应该在第 5 周发出一个 150 件的计划发出订货量。表 10.9 的最后一行，实际上就是得出的采购计划。

本例是定量不定期，当然也可以是定期不定量，如果由 MRP 确定的计划订货量十分稳定，可以采取定期定量的采购。

10.3.6　MRP 采购的注意事项

链接 4

一般的采购活动都有以下几个步骤：调查资源、认证供应商、询价及洽商、生成请购单、下达采购单、跟踪采购单、验收入库、结算。

实施 MRP 采购除具有上述这些步骤外，还必须有一定的基础条件。

（1）企业实施了 MRP 系统。如果企业没有实施 MRP 系统，就谈不

上进行 MRP 采购；不运行 MRP 系统，物料的需求计划就不可能由相关性需求转换成独立性需求；没有由 MRP 系统生成的计划订货量，MRP 采购就失去了依据。如果手工计算，计算量可想而知，对于复杂产品的物料相关性需求靠手工计算根本就是不可能的。因此，MRP 系统与 MRP 采购是相辅相成的。

（2）有良好的供应商管理作为基础。在 MRP 采购中，购货的时间性要求比较严格，如果没有严格的时间要求，那么 MRP 采购也就失去了意义。如果没有良好的供应商管理，就不能与供应商建立起稳定的客户关系，则供货的时间性要求很难保证。

（3）及时更新相关数据库。MRP 采购与一般采购管理的不同之处是，物料采购确定或者物料到达后，需要及时更新数据库，这里不仅包括库存记录，而且还包括在途的物料和已发订货单数量和计划到货量。这些数据都会添加到 MRP 系统中，作为下次运行 MRP 系统的基础数据。

供应链采购是指在供应链机制下，采购不再由采购者操作，而是由供应商操作。用户只需要把自己的需求信息向供应商连续、及时传递，由供应商根据用户的需求信息，预测用户未来的需求量，并根据这个预测需求量制订自己的生产计划和送货计划。主动地小批量、多频次地向用户补充货物库存，用户库存量的大小由供应商自主决策，既保证用户需要，又使货品库存量最小、浪费较少。它也是一种科学的、理想的采购模式。

本章小结

本章系统介绍了电子采购、JIT 采购、MRP 采购等现代采购方式。在电子采购中，介绍了电子采购的发展和优势，重点介绍了电子采购系统和程序。在 JIT 采购中，介绍了准时制生产的产生、发展和基本原理，JIT 采购的基本思想特点和意义，实施 JIT 采购的条件和方法，影响 JIT 采购的因素等内容。

在 MRP 采购中，介绍了 MRP 的概念，MRP 采购的提出和 MRP 采购计划系统，MRP 采购的原理、特点和具体应用。最后介绍了 MRP 采购计划的确定和 MRP 采购的注意事项。

评估练习题

1. 能力测验

你是否能够：

- ☐ 定义电子采购并了解其发展历程？
- ☐ 从宏观和微观角度阐述电子采购的优势？
- ☐ 说出电子采购的系统包括哪些内容？
- ☐ 说出电子采购程序包括哪些步骤并加以解释？
- ☐ 识别 JIT 采购的目的？
- ☐ 说明 JIT 的基本原理？
- ☐ 说明 JIT 的基本思想与特点？

练习题参考答案

☐ 阐述准时制采购的条件与方法?
☐ 定义 MRP 并说明 MRP 采购的特点?
☐ 说出 MRP 系统的组成，并举例说明?

2. 关键术语回顾

________是指基于或者至少部分基于互联网技术的采购方式。

________是一种先进的采购模式，也是一种先进的管理模式。它的基本思想是在恰当的时间、恰当的地点，以恰当的数量、恰当的质量提供恰当的物品。

3. 关键概念回顾

◆ 单项选择题

（1）________是指在互联网络上实现原来通过纸张进行交易的投标行为，使通过互联网络来完成投标手续成为现实。

A. 电子投标系统　　B. 投标情报服务系统
C. 投标参加者登录系统　　D. 电子认证系统

（2）在制造过程中形成的需求一般都是非均匀的：不需要的时候为零，一旦需要就是一批，它是指________缺点。

A. 盲目性　　B. 高库存
C. 低服务水平　　D. 形成“块状”需求

（3）________是指将被用来制造最终产品的材料或零部件的库存，如生产自行车的各种原材料和零部件。

A. 独立性需求　　B. 相关性需求
C. 性能性需求　　D. 功能性需求

（4）MRP 采购计划有充分的根据，从主产品到零部件，从需求数量到需求时间，从生产先后到装配关系都做了明确的规定，无一遗漏或偏差，它是 MRP 采购________特点。

A. 需求的相关性　　B. 需求的确定性
C. 计划的精确性　　D. 计算的复杂性

（5）________一般是主产品的一个产出时间进度表，主产品是企业生产的用以满足市场需要的最终产品，一般是整机或具有独立使用价值的零件、部件、配件等。

A. 主产品生产进度计划　　B. 主产品结构文件
C. 库存文件　　D. 物料编码文件

◆ 多项选择题

（6）电子采购的宏观优势包括________。

A. 可以改善资源分配
B. 提高物料供应管理水平
C. 降低采购成本
D. 保证整个市场内的供求双方能更有效地衔接
E. 冲破了地理和语言障碍

（7）JIT 采购必须达到的目的包括________。

A. 实现零库存　　B. 减少仓储成本

C. 降低采购价格　　D. 降低运输成本

E. 提高采购商品的质量，减少因提高质量而增加的成本

（8）JIT 的内涵包括________。

A. 品种配置　　B. 数量配置　　C. 时间配置

D. 地点配置　　E. 质量配置

（9）JIT 采购和传统采购方式有许多不同之处，主要表现在________。

A. 对供应商的选择标准不同　　B. 对交货准时性的要求不同

C. 对信息交流的需求不同　　D. 制定采购批量的策略不同

E. 采用较少的供应商，甚至单源供应

（10）MRP 的输出包括________。

A. 净需要量　　B. 计划接受订货　　C. 计划发出订货

D. 总需要量　　E. 计划到货量

◆ **判断题**

（11） 电子采购通过对采购功能和流程的电子重组，将采购功能布置在企业每个雇员的桌面上，从而提高间接采购的速度和效率，降低成本。（　　）

（12）JIT 采购具有普遍意义，既可适用于任何类型的制造业，也可适用于服务业中的各种组织。（　　）

（13）JIT 采购策略体现了供应链管理的协调性、同步性和集成性，而供应链管理也需要 JIT 采购来保证其整体同步化运作。（　　）

（14）MRP 系统主要由 MRP 输入、MRP 输出和 MRP 处理过程 3 部分组成。（　　）

（15）实施 MRP 采购除具有一些步骤外，还必须有一定的基础条件：一是企业实施了 MRP 管理系统，二是有良好的供应商管理作为基础；三是及时更新相关数据库。（　　）

4. 情景问题

5. 案例分析

第 11 章

采购管理与供应商的关系

学习目标

知识目标：

（1）了解供应商管理的基本内容。

（2）掌握供应商管理的战略和目标。

（3）了解供应商管理的分类及特点。

（4）了解供应商管理的意义、作用和必要性。

（5）了解供应商管理与采购管理关系的演变过程。

能力目标：

（1）掌握评估与选择供应商的方法。

（2）掌握供应商分类管理的方法。

（3）分析供应商管理的发展趋势。

（4）能够把握传统供应商管理与现代供应商管理的差异。

（5）掌握企业与供应商合作关系的过程。

学习重点与难点

（1）现代供应商管理的基本内容、分类及特点。

（2）供应商评估与选择的一般步骤。

（3）对采购管理与供应商管理的全面认识。

引导案例

Dial 公司的供应商关系管理

Dial 公司总部设在亚利桑那州的斯科茨代尔，拥有 3 700 名员工，生产设备在美国和拉丁美洲，年生产日用消费品 17 亿美元。Dial 的品牌包括 Dial 牌香皂、Pruex 牌洗衣剂、Renuzit 牌空气清洁剂和 Armour Star 牌肉罐头。Dial 的产品通过超市、批发商、医药商店和俱乐部销售，其中沃尔玛是它最大的客户。它的生产厂家设在艾奥瓦州的麦迪逊堡、加利福尼亚的洛杉矶、伊利诺伊州的蒙格马利、密苏里州的圣路易斯和宾夕法尼亚州的西黑泽尔顿。

1996 年 Dial 公司从它的母公司 Viad 公司中分离出来，以便更好地专注于日常消费品业务。一份战略计划指导着 Dial 公司在 21 世纪的发展。在快速发展和竞争的环境中，企业开发新产品并推向市场面临着大量的压力。聪明的消费者都希望得到最实惠的产品，Dial 不得不努力在生产环节发现并降低成本。在这个变化的市场环境中，采购行为转向最好的供应商并与新产品开发过程形成一个整体就非常必要了。因此，Dial 彻底审视了其采购模式并转向中央采购。如今，采购已经在 Dial 跨平台战略的发展过程中扮演着领导的角色。Dial 采购的整体目标是“以最好的价格，为公司获取最高质量的产品和最好的服务”。

迈克尔 · H. 希尔曼是 Dial 的高级副总裁和首席采购官，他介绍说：“Dial 与很多供应商都在很好地合作。当我们向唯一的供应商进行采购，或者他们对我们的业务量足够大，他们就需要调整并适应我们的运营模式，我们的采购人员也需要和供应商的代表见面、回顾和发现商业机会。我们向供应商提出大量的问题，以确保我们没有增加不增值的成本。我们的供应商能够获得健康的利润，如同我们能获得利润一样重要。”通过与几家战略供应商紧密合作，Dial 在自己的厂区建立了由供应商管理的库存。这些库存保管在 Dial 的库房里，但是由供应商单独管理。

作为机构重组的一部分，Dial 减少了供应商名单，与关键供应商建立了紧密的合作关系，通过跨业务部门的协同采购提高谈判能力，在全公司范围内推行降低成本计划。对于一些产品，Dial 完全依靠单一采购。例如，Dial 的 Renuzit 牌空气清洁剂的调节部件只用一家公司的产品，Purex 牌洗衣剂的瓶子都来自一家公司。在为期 5 年的时间内，Dial 在采购方面所做的努力，为其减少了 1 亿美元的成本。

原材料成本的变化对企业利润率的影响非常大。但 Dial 所有产品的市场竞争程度都非常高，它不能通过涨价来弥补原材料价格上涨的损失。因此，Dial 对物料成本的管理就至关重要。虽然近期经济下滑，但 Dial 通过供应商整合成功地控制了物料成本。根据副总裁兼洗衣产品总经理斯迪文图克介绍，Dial 直到 2003 年都没有涨价，在今后的日子里也不准备涨价。

优点：整体来说 Dial 公司在与供应商关系的管理上是比较成功的，合理控制了物料成本，增加的企业的利润率，为该公司开拓了一个广大的市场。

1）减少了供应商名单，与几家战略供应商紧密合作，既能与供应商形成一种可靠的关系，又通过跨业务部门的协同采购提高谈判能力。

2）有些产品和多个供应商合作，能很好地引入一种竞争机制，促使供应商为产品质量、服务质量和价格水平方面不断优化而努力。有些产品完全依赖单一采购，能很好地和供应商保持一种稳定友好的关系，大大减少这些产品的成本。

3）让供应商调整并适应 Dial 的运营模式，能对整个采购进行很好的控制和管理；他们的采购人员经常和供应商的代表见面、回顾，能发现其中的问题和商机。

4）经常向供应商提出问题，减少不必要的成本。

5）在利润方面，把供应商的利润和自己的利润看得同样重要。

6）自己厂区建库存，让供应商来管理，能减少管理成本，更好地实现零库存的目标。

（资料来源：https://www.wenku1.com/news/8DB5C759F4F0A615.html）

辩证性思考：

（1）如何确定与供应商签订合同的期限，合同的时间多长比较合适？

（2）该公司向供应商提出了哪些问题，希望得到供应商怎样的反馈？

11.1 供应商管理的内容

采购管理是企业的一项重要职能，它在供应链企业的原材料和半成品生产合作交流方面架起一座桥梁，沟通生产需求与物资供应的关系。为使企业的供应链系统能够实现无缝连接，并提高各个供应链企业的同步化运作效率，提高采购管理水平，降低采购总成本，企业必须非常重视采购管理。采购管理是和供应商紧密联系在一起的。

供应商管理是企业保证物资供应、确保采购质量和节约采购资金的重要环节。供应商管理很早就受到企业的重视，随着经济环境的变化，不断地出现新的内容。现在，供应商管理已经有了很多新的理论和实践成果。从传统的供应商管理发展到供应链供应商管理，企业在供应商管理方面有了很多创意。供应商管理最主要的两个内容是供应商的选择和供应商的关系管理。因此，供应商管理不仅包括区分供应商级别，对物资供应渠道进行选择，以及从质量、价格、售后服务、交货期等方面对供应商进行综合的、动态的评估，还包括如何管理与供应商的关系。在此基础上，可以确定供应商管理的目标及战略。

关键词

供应链　供应链是用过程观对企业活动的一种描述，即企业从最初获取原材料到转换成最终产品，直至交付给最终用户的整个供应、生产、销售过程，由若干“供—需”环节有序链接。

11.1.1 供应商评估与选择

企业之间的竞争将逐渐转变为企业供应链之间的竞争，因此，从供应链的角度来提升企业的竞争力已成为企业必然的选择。选择良好的供应商并与其维持稳定的合作关系，将使企业整体的供应链更具竞争力。但是，在供过于求的市场环境下，企业面临着诸多可供选择的供应商，并且许多企业推行国际化战略，在全球范围进行采购，这使企业对供应商的选择与评估变得更加复杂。因此，供应商的评估与选择在实践中需要科学的方法与规范的程序来指导其运作。

1. 评估与选择供应商的一般步骤

（1）成立供应商评估和选择小组。供应商选择不仅是采购部门的事情，还是整个企业都需关注的重要决策，需要企业各部门的有关人员共同参与决策。对于技术要求高并且重要的采购项目特别需要设立跨职能部门的供应商选择工作小组。供应商选择小组一般应由产品开发部、采购部、供应链管理部、市场部、计划部等人员组成。

（2）确定全部的供应商名单。通过供应商信息数据库，以及采购人员、销售人员或行业杂志、网站等媒介渠道了解市场上能提供所需物品的供应商。

（3）列出评估指标并确定权重。确定代表供应商服务水平的有关因素，据此提出评估指标。评估指标和权重对于不同行业和产品的供应商是不尽相同的。具体内容将在后面介绍。

（4）逐项评估每个供应商的履行能力。为了保证评估的可靠性，应该对供应商进行调查。在调查时，一方面听取供应商提供的情况，另一方面尽量对供应商进行实地考察。考察小组由各部门有关人员组成，技术部门进行技术考察，技术人员分析企业的设备，考虑是否能够保证质量，以及是否能够跟上企业所需技术的发展，满足企业发展的要求；生产部门考察生产制造系统，了解人员素质、设备配置水平、生产能力、生产稳定性等；财务部门进行财务考核，了解供应商的历史背景和发展前景，审计供应商并购、被收购的可能，了解供应商经营状况、信用状况，分析价格是否合理，以及能否获得优先权。

（5）综合评分并确定供应商。在综合考虑多方面的重要因素之后，就可以给每个供应商打出综合评分，选择出合格的供应商。

2．选择供应商的评估指标

各个企业对评估供应商的指标可能不尽相同，但是，评估供应商的最基本指标应该包括以下几项。

（1）技术水平。技术水平是指供应商提供产品的技术参数是否能达到要求。供应商具有技术队伍和能力去制造或供应所需的产品吗？供应商有产品开发和改进项目吗？供应商能够帮助改进产品吗？这些问题都很重要。选择具有高技术水准的供应商，对企业的长远发展是大有裨益的。

（2）产品质量。这是一个很重要的评估指标，也可以说是一个最重要的指标，因为供应商如果不能保证最基本的产品质量，则不具备供货资格。供应商的产品必须持续稳定地达到产品说明书的要求，供应商必须有一个良好的质量控制体系。对供应商提供的产品除在工厂内做质量检验外，还要考察实际使用效果，即检查在实际环境中使用的质量情况，有些企业通过试用的方式来检验。

（3）供应能力。供应能力即供应商的生产能力，企业需要确定供应商是否具备相当的生产规模与发展潜力，这意味着供应商的制造设备必须在数量上达到一定的规模，能够保证供应所需数量的产品。

（4）价格。供应商应该能够提供有竞争力的价格，这并不意味着必须是最低的价格。这个价格是考虑了要求供应商按照所需时间、数量、质量和服务后确定的。供应商还应该有能力向购买方提供改进产品成本的方案。

（5）地理位置。供应商的地理位置对库存量有相当大的影响。如果物品单价较高，需求量又大，则距离近的供应商有利于管理。购买方总是期望供应商离本企业近一些，或至少要求供应商在当地建立库存。若地理位置近，送货时间就短，意味着缺货时，可以快速送到。

（6）可靠性。可靠性是指供应商的信誉。在选择供应商时，应该选择一家有较高声誉的、经营稳定的及财务状况良好的供应商。同时，双方应该相互信任，讲究信誉，并能把这种关系长期保持下去，这样对企业总体采购成本的降低是有好处的。

（7）售后服务。供应商必须具有优良的售后服务。需要他们提供可替代元器件，或者需要能够提供某些技术支持，优质的供应商应该能够提供这些深层服务。

（8）提前期。提前期是一个重要的计划参数，要求越短越好，除此以外，希望一致性要好，即实际交货时间稳定，波动不能大，否则不利于计划。

（9）快速响应能力。随着信息技术在供应链管理中的应用，供应商对客户的需求信息的响应力比传统管理下的供应商的响应力要高许多倍，从而大大提高了供应商对客户需求变化的适应能力。供应商对客户信息的响应能力是评价供应商的一项重要因素。

除以上 9 项外，有时还有一些其他因素，如供应商的信用状况、互惠经营、供应商是否愿意为购买方建立库存等。

相关链接

供应商评估原则

（1）系统全面性：建立和使用全面的评价体系。

（2）简明科学性。

（3）及时更新性：根据产品特点，不断更新、修正评价体系。

（4）可操作性。

（5）供应链战略性：形成相互信任、互惠互利、风险分担、协同工作的关系。

辩证性思考：

作为供应商，如何应对供应商评估？需要准备哪些材料？

11.1.2 供应商管理战略

现代企业供应商管理在战略方面要考虑的问题：

- 设计一种能最大限度地降低风险的合理的供应结构。
- 与供应商建立一种能促使供应商不断降低成本、提高质量的长期合作关系。
- 采用能使采购总成本最小的采购方法。

11.1.3 供应商管理目标

根据供应商管理的战略要求，建立起一支稳定可靠的供应商队伍，为企业的生产和经营提供可靠的物资供应。供应商管理的具体目标有 5 个：

- 获得符合企业质量和数量要求的产品或服务。
- 以最低的成本获得产品或服务。
- 确保供应商能提供最优的服务和及时的送货。
- 发展和维持良好的供应商关系。
- 开发潜在的供应商。

职业技能

一般来说，采购方与供应商之间的伙伴关系是由采购商驱动的，因为一般开展供应商伙伴型关系管理的企业在管理等方面通常都优于供应商，从而有足够的影响力去说服供应商参与到改进活动中来。采购方在建立供应商伙伴关系时，需做以下方面的工作：

- 确定伙伴型供应商的大致范围。采购部门首先要对供应市场进行调研，收集相关供应商的信息，并在此基础上对供应商进行评价，确定伙伴型供应商的大致范围。
- 使供应商得到改进。采购部门根据企业对供应商伙伴关系的要求，明确具体的目标及考核指标，制订出达成目标的行动计划，并通过供应商会议、供应商访问等形式，使供应商针对企业所制订的行动计划进行改进。
- 进行合理化调整。供应商进行改进后，采购方需对供应商的各个方面（如产品质量、交货速度、新技术开发和降低成本等方面）进行跟踪考核，定期对其进度进行检查，及时反馈改进要求，并根据长期观察，对供应商的数目和类型进行合理安排，对供应商的数量和收益等进行合理调整。
- 建立伙伴关系。公司在进行合理化调整后，与所选符合要求的供应商建立战略联盟伙伴关系，将其战略发展能力纳入公司的中、长期战略计划中，为双方的共同发展做出努力。

通过上述对供应商的分析评价，帮助其改进并进行合理化调整，将其发展战略纳入公司的发展战略中，采购方就与供应商建立了伙伴关系。

链接 1

技能练习

通过模拟采、供之间需合作的场景，运用上述技能使其建立战略合作伙伴关系。

11.2　供应商关系分类

从供应商与客户间的关系特征来看，传统企业的关系表现为 3 种——竞争性关系、合同性关系（法律性关系）和合作性关系，而且企业间的竞争多于合作，是非合作性竞争。供应链管理下的供需关系是一种战略性合作关系，提倡一种双赢（Win-Win）机制。具体而言，供应链管理下的供需关系有以下 5 种主要类型。

1. 短期目标型

这种类型的最主要特征是，双方之间的关系是交易关系，即买卖关系。希望能保持长期的买卖关系，获得稳定的供应，但是双方所做的努力只是在短期的交易合同上。各自关注的是如何谈判，如何提高自己的谈判技巧，不使自己吃亏，而不是如何改善自己的工作，使双方都获利。供应一方最多提供标准化的产品或服务，以保证每笔交易的信誉。当买卖完成时，关系也终止了，双方只有供、销人员有联系，其他部门人员一般不参与双方之间的业务活动，也很少有什么业务活动。

2. 长期目标型

与供应商保持长期的关系是有好处的，双方有可能为了共同利益对改进各自的工作感兴趣，并在此基础上建立起超越买卖关系的合作。长期目标型的特征是，建立一种合作伙伴关系，双方的工作重点是从长远利益出发，相互配合，不断改进产品质量与服务质量，共同降低成本，提高供应链的竞争力。合作的范围遍及各公司内的多个部门。例如，由于是长期合作，对供应商提出新的技术要求，而供应商目前还没有能力，此时可以对供应商提供技术资金等方面的支持，供应商的技术创新和发展也会促进企业的产品改进，所以对供应商进行技术支持与鼓励是有利于企业的长期利益的。

3. 渗透型

这种关系形式是从长期目标型基础上发展起来的，其管理思想是把对方公司看成自己公司的延伸，是自己的一部分，从而对对方公司的关心程度又大大提高了。为了能够参与对方的活动，有时会在产权关系上采取适当的措施，如互相投资、参股等，保证双方派员加入对方的有关业务活动。这样做的优点是，可以更好地了解对方的情况，供应商可以了解自己的产品在对方那里是怎样起作用的，容易发现改进的方向；同时，企业可以知道供应方是如何制造的，也可以提出改进的要求。

4. 联盟型

联盟型是从供应链的角度提出的。它的特点是，从更长的纵向链条上管理成员之间的关系，难度提高了，要求也更高。由于成员增加，往往需要一个处于供应链上核心地位的企业出面协调成员之间的关系，该企业被称为盟主（或主导者、核心企业）。

5. 纵向集成型

这种形式被认为是最复杂的关系型，即把供应链上的成员整合起来，像一个企业一样，但各成员是完全独立的企业，决策权属于自己。在这种关系中，要求每个企业在充分了解供应链的目标、要求及充分掌握信息的条件下，能做出有利于供应链整体利益的决策。有关这方面的知识，更多的是停留在学术上的讨论，实践中的案例很少。

11.3 供应商分类管理策略

链接 2

在对供应链管理在企业中的地位与作用有了更加清醒的认识之后，许多企业已将供应商管理提高到公司战略的高度来对待，并且在实践中继续不断探求管理与供应商关系的合适方法与途径，同时探求企业供应商分类管理的多种方法。表 11.1 对传统供应商管理与现代供应商管理进行了简要的比较。

表 11.1 传统供应商管理与现代供应商管理的比较

比较项目	传统供应商管理	现代供应商管理
供应商数量	多	少
供应商关系	短期、买卖关系	长期合作、伙伴关系
企业与供应商的沟通	仅限于采购部与供应商销售部之间	双方多个部门沟通
信息交流	仅限于订货、收货信息	多项信息共享

续表

比较项目	传统供应商管理	现代供应商管理
价格谈判	尽可能低的价格	互惠的价格，双赢
选择供应商	凭采购员经验	完善的程序
供应商对企业的支持	无	提出建议
企业对供应商的支持	无	技术支持

11.3.1　供应商关系的变化

企业对供应商的影响力要有足够的认识，尽可能地与其保持良好的关系，开拓更多的供货渠道，甚至采取逆向发展战略，兼并或收购供应者企业。实际上，客户与供应商的关系是多种多样的，有的是松散、临时的关系，而有的是长期、密切的关系。关系的密切程度取决于企业的特征和相应的管理理念。

1．市场的变化对供应商的影响

传统的供应商与采购商的关系就是简单的买卖关系，这种关系的理念就是以最便宜的价钱买到最好的东西，其出发点为买卖双方围绕着生意讨价还价，相互之间存在的是竞争关系，因此顾客往往将供应商看成生意场上的对手。随着社会的发展、技术的进步，供应市场在过去的几十年中也发生了深刻的变化，具体表现：

- 技术飞速发展，产品开发周期与生命周期越来越短，信息技术手段不断更新。
- 经济全球化、市场国际化与供应链同步化。
- 公司、企业机构不断变化。
- 旧的资源面临枯竭，新的资源不断出现，资源利用率不断提高。
- 网络发展日益迅速，电子商务更是日新月异。
- 顾客消费的理性化。
- 政治因素与经济、市场的相互影响在不断扩大化、国际化。

供应市场发生的巨大变化迫使采购商不断认真审视自己与供应商的关系，大多数企业顺应潮流的发展要求，将采购活动由“以生意为目的”转向“以供应商关系为导向、以供应商管理为目的”的采购。面对供应市场的深刻变化，面对越来越激烈的市场竞争，企业为了增强自身竞争力，采购活动受市场导向的趋势更加明显。为了能够在日益变化的供应市场中争取可靠、稳定的零部件供应，为了牢牢控制企业的上游资源，他们必须了解供应市场的结构与变化，把握市场脉搏。随着变革的不断深化，理论界已普遍接受这样一种观点，即与相对较少的供应商建立更具战略合作伙伴性的关系。虽然不能一概而论，要求所有的企业都建立这种关系，但是应当认识到这种合作会降低供应链成本。过去，成本是考虑伙伴关系的一个重要方面甚至是基础，但是随着时代的发展，这种关系将逐渐转向以价值为基础。供应链中各个成员得到的补偿将与其所附加的价值更加紧密地结合起来。供应商的关系将变得越来越复杂，合作伙伴们将认真检查供应链各个环节的价值，评估各自获取这些价值的能力。采购商也将评估竞争威胁，这些威胁不仅来自传统的竞争对手，而且还可能来自供应链中的合作伙伴。

事实上，减少供应商、致力于核心活动的趋势不仅是历史发展的要求，也是“80/20 法则”的科学体现。遗憾的是，在现实当中，许多企业需要经过长期的摸索和痛苦的历程才能体会到这一规律的意义。一个典型的例子是，英国某大型公司共有认证的供应商 23 000 家，过去几年做过生意的仅 7 500 家，而在每年数以亿计的采购额中，81%的采购量只集中在 87 家供应商上。减少了供应商数量，企业就可以将主要时间、精力和资源放在少数战略供应商上，而不是频繁地与大量的供应商进行讨价还价。

2. 供应商关系的演变

采购商与供应商之间的买卖关系可以说是历史悠久，从企业建立之初便已存在了。最初，采购商与供应商之间是一种“零和”的竞争关系。在最近几十年，双赢的观念开始在企业中处于上风，而供应商伙伴关系的观念也只是近十几年的事。很难具体说出是谁或哪家公司创立了供应商伙伴关系的实践与理论。但是，大家都比较认同的是，日本在第二次世界大战结束后致力于民族工业的振兴，在开展全面质量管理、实施准时制生产的过程中意识到供应商的重要性。日本企业认为，企业所面临的竞争不仅是企业与同行之间的竞争，而且是整个供应链与另一条供应链的竞争。相反，美国与西欧的制造商坚持认为，供应商必须依靠自己，并经常以此威胁供应商，从而导致日本的汽车产业迅速崛起，并渗透到世界各地。

如果说，将采购注意力由关心成本转移到不关心成本，更注重供应商的产品质量与交货及时性，是采购管理的一大进步，那么帮助、敦促供应商改进产品设计，促使供应商主动地为自己的产品开发提供设计支持，则标志着供应商管理进入了真正的战略合作伙伴关系阶段。

链接 3

11.3.2 供应商分类管理的意义

供应商分类管理的基础是建立企业与供应商的长期合作伙伴关系的基础。建立企业与供应商的战略伙伴关系，是指存在于客户及其供应商之间的、双方合作的、长期的产品交易关系。这是一种基于相互信任，通过彼此间的信息沟通、实现风险共担和利润共享的一种企业合作关系。双方通过精诚合作所产生的利润比各自独立运作所产生的利润大，因此，这是一种双赢的企业营运策略。在建立与供应商的长期合作伙伴关系的基础上，实现供应商的分类管理，可以提高企业的生产效率和经济效益。从理论角度出发，一个成功的企业与供应商的战略伙伴关系对企业产生的影响，与企业间的纵向整合类似。也就是说，通过上、下游企业间的合作或合并使企业在生产、销售、采购、控制等各个领域里都获得经济效益或提高生产效率。长期的伙伴关系通过把完全的市场交易行为转变为两个企业组成的统一体系的内部交易，有助于双方通过内部控制和内部协调，提高企业运营的经济效益。从企业出发，所需的产品在供货的及时性和质量方面有了一定的保证；从供应商出发，其产品销售也具备了相当的稳定性；从整个供应链的角度，降低了整个供应链中的不确定性。

11.3.3 供应商分类管理的作用

供应商是指为企业生产和科研单位研发提供原料、设备及其他资源的企业，供应商既可以是生产企业，也可以是流通企业。企业要保证正常的生产，科研要保证研究过程的不间断，就必须有一批可靠的供应商为其提供必需的物资供应，其重要地位由此可见。供应商管理的目的是，建立一个稳定可靠的供应商管理队伍，为最终客户提供高质量的快捷服务保障。好的供应商是高质量的保证，卓越的供应商是组织的一项重要资产，将为购买其产品或服务的组织带来丰厚的回报。为了营造良好的供应商关系，克服传统的供应商关系观念，供应商管理便成为一项非常有价值的工作。

11.3.4　供应商分类管理的必要性

1．有助于提高客户对需求和服务的满意度

目前，很多企业与供应商之间仍然是相互对立而非合作伙伴关系，其交易过程仍是典型的非信息对称博弈过程。企业作为委托人，构成博弈甲方；供应商作为代理人，构成博弈乙方，双方因利害冲突而博弈。在这样的博弈过程中，从经济学的角度看，存在机会主义倾向。根据委托—代理理论，机会主义倾向一般表现为道德障碍。道德障碍是指代理人利用自己的资源占有优势，通过减少自己的要素投入来达到实现自我利益最大化的目的，如供应商减少要素投入、偷工减料即道德障碍的具体体现。同时，委托人无法识别潜在代理人的实际能力或者知道其实际能力但不能肯定其努力程度。由于这种信息的不对称，使企业不得不在采购环节加大检验、监督管理力度，无形中加大了管理成本，减缓了对顾客需求的响应速度。只有加强供应商管理，让采购方与合格的供应商建立合作伙伴关系，通过信息共享，才能达到低成本、高柔性的目标，才能提高客户对需求和服务的满意度。

2．有助于提高供应商对客户需求反应的敏捷性

零库存管理、准时制生产、精益物流等逐渐占据生产领域、流通领域、管理领域。在这样的环境中，供应商对客户需求的反应敏捷性便成为考核当今供应商综合绩效的重要指标，这一指标将决定供应商能否在激烈的市场竞争中站稳脚跟。在产品和服务需求方面，企业在希望交货期越来越短的同时，更看中供应商的快速满足顾客需求的敏捷能力。为提高敏捷性，单独依靠一个组织是不可能做到的，必须运用供应链管理的思想使供应链上各节点的各组织专注于自身的一两项核心竞争力，最大化地利用其他节点组织的竞争优势，迅速适应不断变化的市场。作为供应商，要具有控制资源市场的能力；作为客户，要充分发挥采购职能的优势。只有加强供应商管理，让采购方与供应商建立合作伙伴关系，才能提高供应商对客户需求的反应敏捷性。

3．有助于保证采购质量、降低采购成本

供应商的产品质量是客户生产质量和研发质量的组成部分，供应商的质量管理体系同时是客户的质量管理体系。另外，从成本角度考虑，供应商的成本在一定程度上也是采购方的成本。供应商的成本增加，势必最终将附加的成本转移到采购方，这是不言自明的“真理”。加强供应商管理，选择合适的供应商，使供应商在竞争的环境中保持提高产品质量、合理降低成本的竞争状态，对保证采购质量、降低采购成本有积极的意义。

相关链接

企业建立合作关系的供应商管理模式

（1）进行供应商分析。
（2）建立信息交流与共享机制。
（3）实施并行工程，建立协作小组。
（4）建立有效的供应商激励机制。
（5）采用合理的供应商评价方法和手段对供应商进行审核和认证。

辩证性思考：

根据上述内容，请用流程图来展示如何建立合作伙伴关系的供应商管理模式。

11.3.5 供应商分类管理方法

供应商分类管理方法，一般有ABC分类管理法和供应商伙伴关系管理法两种。

1. ABC分类管理法

由应用经典理论可知，20%的供应商需要 80%的管理精力。在供应商管理中，并不是每个供应商都需要同等的关注。在资源有限的情况下，企业的注意力应该放在起关键作用的因素上，加强管理的针对性，提高管理效率。在上述管理思想的指导下，对供应商的重要性进行分类，找出关键的少数供应商，进行重点管理。企业可以依据表11.2对供应商进行ABC划分。

表11.2 供应商分类依据

类 别	供应商占总供应商数量的比例	物资价值占总采购物资价值的比例
A类	10%	60%～70%
B类	20%	20%
C类	70%	10%～20%

在保证供应方面，对这3类供应商的要求是一致的。由于A类供应商为公司提供了重要的物资供应且数量少，对其加强管理是降低采购成本的潜力所在，所以要投入主要精力，进行重点管理。对于 B、C 类供应商，因其所提供的物资比重小、数量多，不是降低采购成本的重点，可以做一般管理。但是，需要强调的是，ABC分类管理法无法真正反映供应商提供物资的重要性和物资市场的复杂程度。假如某些C类供应商，提供市场上的短缺物资，就要对其做重点管理；假如某些A类供应商提供价值高但为买方市场的物资，可采取简单管理方法，以节省成本。在应用ABC分类管理法的同时，要综合考虑这些因素，切实做好供应商的管理工作。

2. 供应商伙伴关系管理法

基于伙伴关系的供应商分类管理法的关键是，企业必须与供应商建立起一种良性合作的协作伙伴关系。企业与供应商建立合作伙伴关系的流程如图11.1所示。

图 11.1　企业与供应商建立合作伙伴关系的流程

建立供应商伙伴关系的先决条件是，要得到公司高层领导的重视和支持。最高管理层要注意到供应商管理是整个公司业务管理中最重要的组成部分，要大力支持采购等部门与供应商发展合作伙伴关系，然后才能开展建立合作伙伴关系的具体工作。

具体实施供应商伙伴关系时，首先，采购部门要在对供应市场进行调研的基础上对供应商予以评价，确定伙伴型供应商的大致范围。然后，要根据对供应商伙伴关系的要求，明确具体的目标及考核指标，制订出达到目标的行动计划。这些行动计划与目标必须在公司内部相关部门及层次进行充分交流并取得一致意见，同时要完全取得供应商的支持与认可，并经过双方代表签字。通过供应商会议、供应商访问等形式，要求供应商针对计划实施改进。改进后，采购商针对质量、交货、降低成本、新产品、新技术开发等方面进行跟踪考核，定期检查进度，及时调整行动。在本公司内部还要通过供应商月度考评、体系审核等机制跟踪供应商的综合表现，及时反馈并提出改进要求。根据长期观察，采购商开始对供应商的数目和类型进行合理化安排，如减少供应商数量、增加个别供应商的收益等。更重要的是，公司应将对伙伴型供应商能力的利用纳入公司的中、长期战略计划中，与他们建立战略联盟的关系。

一般来说，供应商伙伴关系是由采购商驱动的，也就是说，开展供应商伙伴型关系管理的采购商通常在管理方面要优于其他采购商，这样才有足够的影响力去说服其他供应商参与到改进活动中来。建立供应商伙伴关系必须有耐心，一方面要提高自身的管理水平与能力，另一方面还要促进供应商提高水平与能力，为此往往需要数年的实践与努力。

供应商伙伴关系的管理最终必须程序化、规范化，要将供应商分析、供应商选择、目标与计划的制定、供应商改进项目的实施与监测、供应商关系的评估及有关人员在供应商伙伴关系管理中的职责等用程序性文件的方式固定下来，作为供应商管理的一部分。

表 11.3 概括了供应商分类管理策略。

表 11.3　供应商分类管理策略

供应商类型分类	商业型供应商	优先型供应商	伙伴型供应商	
			供应关系	设计关系
关系特征	运作关系	运作关系	战术考虑	战略考虑
时间跨度	1 年以下	1 年左右	1～3 年	1～5 年
质量	按照顾客要求选择，当采购数量不大时，与供应商建立合作关系很困难	顾客要求，顾客与供应商共同控制质量	供应商保证，顾客审核	供应商保证，供应商早期介入产品设计及产品质量标准，顾客审核
供应	订单订货	年度协议交货订单	顾客定期向供应商提供物料需求计划	电子数据交换系统

续表

供应商类型分类	商业型供应商	优先型供应商	伙伴型供应商	
			供应关系	设计关系
合约	按订单变化	年度协议（1 年）、年度协议（大于 1 年）、质量协议	设计合同 质量协议等	
成本/价格	市场价格	价格+折扣	价格＋降低目标	公开价格与成本构成不断改进降低成本

关键词

战略联盟　战略联盟是两个或两个以上的企业或跨国公司为了达到共同的战略目标而采取的相互合作、共担风险、共享利益的联合行动。

本章小结

供应商管理的目标确定和战略选择是供应商管理的核心内容。但是，许多企业在这方面做得不够，因此必须加强目标和战略的管理。供应商的分类管理是一种普遍的方法，企业必须根据市场的供应状况、材料对企业生产的影响程度和材料的库存状况等，来确定供应商分类的方法。

本章重点介绍了供应商关系管理的概念、战略和目标，以及供应商关系的分类和特点，提出了供应商分类管理的方法，详细讲述了供应商关系的变化，供应商分类管理的意义、作用和必要性。

评估练习题

1．能力测验

你是否能够：

□ 说出评估与选择供应商的一般步骤及选择供应商的评估指标？

□ 说出企业供应商管理在战略方面的问题？

□ 说出供应商管理的具体目标？

□ 说明供应链管理下的供需关系的主要类型？

□ 识别传统供应商管理与现代供应商管理的区别？

□ 解释市场的变化对供应商的影响？

□ 说明供应商分类管理的意义？

□ 阐述供应商分类管理的必要性？

□ 举例说明 ABC 分类管理法？

练习题参考答案

☐ 举例说明供应商伙伴关系管理法？

2．关键术语回顾

________是指为企业生产和科研单位研发提供原料、设备及其他资源的企业。

3．关键概念回顾

◆ 单项选择题

（1）供应链管理下的供需关系是一种________。

A．竞争性关系　　B．合同性关系
C．合作性关系　　D．战略性合作关系

（2）对于评估与选择供应商的程序，正确的是________。

A．确定全部名单→成立评选小组→列出指标及权重→逐项评估→综合评分并确定
B．成立评选小组→确定全部名单→列出指标及权重→逐项评估→综合评分并确定
C．确定全部名单→成立评选小组→逐项评估→列出指标及权重→综合评分并确定
D．成立评选小组→确定全部名单→逐项评估→列出指标及权重→综合评分并确定

（3）________是指把供应链上的成员整合起来，像一个企业一样，但各成员是完全独立的企业，决策权属于自己。

A．纵向集成型　B．渗透型　C．联盟型　D．目标型

（4）在 ABC 分类管理中，A 类供应商占供应商数量的比例和其物资价值占总采购物资价值的比例分别为________。

A．10%；60%～70%　　B．20%；20%
C．70%；10%～20%　　D．10%；20%

（5）在与供应商建立合作关系中，正确的流程是________。

A．供应商结盟→供应商评价→供应商改进→供应商合理化→供应商合作伙伴
B．供应商结盟→供应商改进→供应商评价→供应商合理化→供应商合作伙伴
C．供应商评价→供应商改进→供应商合理化→供应商结盟→供应商合作伙伴
D．供应商评价→供应商合理化→供应商改进→供应商结盟→供应商合作伙伴

◆ 多项选择题

（6）选择供应商的评估指标包括________。

A．技术水平　B．产品质量　C．供应能力
D．地理位置　E．售后服务

（7）供应商管理的具体目标包括________。

A．获得符合企业质量和数量要求的产品或服务
B．以最低的成本获得产品或服务
C．确保供应商能提供最优的服务和及时的送货
D．发展和维持良好的供应商关系
E．开发潜在的供应商

（8）供应链管理下的供需关系的主要类型有________。

A．短期目标型　B．长期目标型　C．渗透型

D. 联盟型　　　　　　　　E. 纵向集成型

（9）随着社会的发展、技术的进步，供应市场也发生了深刻的变化，具体表现为________。

A. 技术的飞速发展　　　　B. 经济全球化和市场国际化

C. 企业机构不断变化　　　D. 旧资源枯竭，新资源出现，利用率不断提高

E. 顾客消费的非理性化

（10）供应商分类管理的必要性包括________。

A. 有助于提高客户对需求和服务的满意度

B. 有助于提高供应商对客户需求反应的敏捷性

C. 有助于保证采购质量，降低采购成本

D. 有助于选择合适的供应商，控制资源市场

E. 有助于对供应商进行检查和监督管理

◆ **判断题**

（11）供应商管理的最主要的两个内容是供应商的选择和供应商的关系管理。（　　）

（12）在供应商关系中，传统的供应商管理表现为长期合作、伙伴关系，现代的供应商管理表现为短期、买卖关系。（　　）

（13）采购商和供应商之间由传统的“零和”的竞争关系转变到供应商伙伴关系。（　　）

（14）在 ABC 分类管理中，A 类供应商，因其提供的物资比重小、数量多，不是降低采购成本的重点，可以做一般管理。B/C 类供应商，因为为公司提供了重要的物资供应且数量少，对其加强管理是降低采购成本的潜力所在，所以要投入主要精力，进行重点管理。（　　）

（15）供应商管理不仅包括对供应商进行综合的、动态的评估，还包括如何管理同供应商的关系。（　　）

4．情景问题

5．单元实训

第 12 章

采购价格与成本管理

学习目标

知识目标：

（1）熟悉产品生命周期及在企业采购中的应用。

（2）掌握采购成本与材料成本、采购管理成本、存储成本之间的联系。

（3）了解 ABC 管理法的特点及在企业采购实践中的应用。

（4）了解采购的具体时间和数量对采购结果的影响。

（5）掌握降低采购价格的策略及影响采购价格的因素。

（6）掌握在供应链条件下的采购成本控制。

能力目标：

（1）掌握 ABC 分类管理的具体措施。

（2）能够利用影响采购价格策略的因素来控制价格的波动。

（3）掌握降低采购价格的 10 大方法采购及具体应用。

学习重点与难点

（1）采购管理成本控制的基本方法。

（2）采购数量和时间等因素对采购价格的影响。

（3）降低采购价格的策略在实际中的应用。

引导案例

某公司的采购成本分析及改进

某生产婴儿食品的大型公司过去每年花在采购方面的开支近 8 亿美元。由于处在一个高利润的行业，因此，该公司对采购成本的管理并不当回事，而且这种详细的审查在一个蒸蒸日上的经济环境中显得也没什么必要。然而，当经济开始回调、市场增长减慢时，该公司终于意识到，它现在不得不花更大的力气以求保住利润了。由于过去几年的采购过程未经严格的管理，因此现在看来，采购方面无疑是挖潜的主要方向。

该公司首先从保养、维修及运营成本入手，很快做出决定：请专家制定了一套电子采购策略。这一做法有助于通过集中购买及消除企业一般行政管理的大量费用来达到节省开支的目的。然而在最后的分析中，并未达到该公司预期的节省效果。

为了寻求更佳的节省效果，该公司开始转向其主要商品，如原料、纸盒、罐头及标签等。公司分析了可能影响采购成本的所有因素，包括市场预测、运输、产品规格的地区差异、谈判技巧及与供应商关系等。通过深入调查，一些问题开始浮出水面。结果显示，在材料设计、公司使用的供应商数量和类型、谈判技巧及运输方面均存在着相当明显的缺陷。

1）公司采购的谈判效率奇低。人们对是否该争取有利的谈判地位并不关心，而且公司对供应商所处行业的经济状况或成本结构的研究也几乎是空白的。因此，采购经理极少对现状提出质疑。采购经理们习惯于在一个垂直一体化的卖家手中购买各种原料，而不是去寻找每种原料最佳的供应商。

2）公司几乎从不将自己的采购成本与竞争对手的采购成本进行比较。

3）公司缺乏将营销及购买部门制度化地集合在一起的机制。这也就意味着，公司没有对市场营销所需要的材料的成本和收益进行评估的系统。

4）公司节省成本的机制不灵活。即使当采购经理发现了节省成本的机会（可能需要改变机器规格或操作流程），他们也很难让整个企业切实地实施自己的想法。任何一次对系统的调整所耗去的时间都会比实际需要的长得多。

当意识到未能进行采购成本管理而造成的诸多损失时，公司开始对这个问题进行全面的处理。

1）设定了商品的优先次序，随后进行了一系列成本收益的统计，并运用六西格玛指标与竞争对手的情况进行了比较。例如，按照营销部门对包装材料的规格要求，公司在制作包装盒时，其使用的纸材比竞争对手的纸材更厚而且昂贵得多。这样的规格要求其实并无道理，因为高质量的纸材并不会给公司带来任何额外的好处。公司还发现，在给铁罐上色的过程中，整个流程需要四道工序，而事实上一道工序就足够了，这样自然也会减少很多开支。

除此以外，公司在低价值品牌的产品包装上使用了 2 张标签（前后各一张），事实上只用 1 张就已足够。最后，由于公司属下的品牌及规格品种繁多，并且考虑到地区性推广的时间问题及不同地区所采用的不同标签内容，公司所印制的标签的流通周期显得偏短。比较而言，延长印刷标签的周期会给公司节省很多钱。事实上，公司高达 80%的标签是用作短期运作的，而主要竞争对手 80%的标签是用作长期运作的。

2）建立了一套积极的谈判方式。这需要对现有及潜在供应商的成本及生产能力进行详细的评估，包括对供应商成本结构的分析。尽管大多数的经理认为他们在谈判桌上已经足够强硬，但是几乎没有人真正在谈判中保持了应有的态度。结果，在过去这些年里，商务谈判通常显得过于轻松惬意。因此，为了克服这种思想上的松懈，采购经理们在进行谈判前应做好准备，充分了解供应商成本并对供应商的成本结构做深入分析。在这些方面做好精心准备是非常重要的：对于大多数商品而言，70%的成本是由产品特质决定的，30%才是由供应商的竞争力决定的。

例如，公司发现在购买一种主要原料时，其供应商的要价是最高的。在对供应商的成本结构进行分析后，公司发现事实上供应商是在其自身相对较高的成本基础上给产品定价的，对于该供应商而言，这一定价确实已是不能再低了。于是，公司对其他供应商的成本结构进行了研究——这实在是一项复杂的“侦察”工作，研究中除涉及一些普通的要素外，还将诸如农场位置、电力和劳动力成本及企业规模等因素考虑在内。研究结果显示，有些企业的成本结构使它们能够以较低的价格出售产品，从而占据有利的市场地位。

公司同样对它的一家“一站式”供应商进行了研究，这家供应商不仅供应纸盒，还生产纸盒用的纸材并承揽纸盒印刷业务。经过对其他纸业及印刷业厂家成本的研究，公司发现，其实它能够以低得多的价格买到纸材并进行印刷。当公司在谈判中指出这一点时，供应商不得不降低了产品价格，否则它将失去该公司的生意。事实证明，解剖纵向供应链以研究分散的成本实在是一种有价值的谈判手段。

这些工作的结果是公司原料成本节省了 12%。节省下来的这些钱被平分至产品规格的改进及谈判技巧的完善工作上。此外，为了控制流失的采购成本，公司需要一个整体采购战略，这一战略将包括优化的规格及强势的供应商谈判。

（资料来源：http://www.purise.com/article/2504.html）

辩证性思考：

（1）该公司在采购成本管理上存在哪些问题？

（2）公司采取了什么策略来降低采购成本？

12.1　采购物流控制与成本分析

采购作为物流的第一个环节，它的成本高低对于整个生产的总成本有着十分重要的影响。本节着重分析采购成本，但分析成本只是一个手段，真正的目的在于通过对成本的分析，找到控制和降低成本的途径，从而提高企业的整体经济效益。

采购成本是指企业经营活动中因采购物料而发生的费用，也就是在采购物料过程中的购买、包装、装卸、运输、存储等环节所支出的人力、物力和财力的总和。采购成本主要包括以下几个方面的内容：

- 从事采购的工作人员的工资、奖金及各种补贴。
- 采购过程中的各种物质损耗，如包装材料、电力的消耗，固定资产的损耗等。
- 材料在运输、保管等过程中的合理损耗。
- 再分配项目支出，如支付银行贷款的利息等。
- 采购管理过程中发生的其他管理费用，如办公费、差旅费等。

根据成本分析的方法，我们将以上各项成本分成 3 部分：材料成本、采购管理成本、存储成本。采购成本的计算公式：

采购成本=材料成本+采购管理成本+存储成本

12.1.1 材料成本控制

材料成本也就是企业欲采购材料的价格成本。它的计算公式：

材料的价格成本=单价×数量+运输费+相关手续费、税金等

在材料的成本中，最重要也是所占比重最大的是材料的买价。可以说，物资采购控制的核心是采购价格的控制，降低采购成本的关键也是控制采购价格。控制采购价格、降低采购成本，主要从以下几方面做起。

1. 实施全方位、开放型的采购订货方式

在市场经济条件下，除部分物资是独家经营外，大部分物资是多家经营的。渠道选择好了，就可能为企业增加效益，起到事半功倍的作用；反之，渠道选择错误或不合适，就可能后患无穷，给企业造成不可估量的损失。由于实际情况的复杂性，各供货单位的具体情况不同，量化衡量每个供货单位是否符合一定的标准是困难的。因此，只能从本企业出发，经过定性、定量分析，进行综合比较，选择对本企业最有利的供货单位。在选择供货渠道时，要遵循一定的标准。这里简单介绍采购渠道选择的方法。

（1）直观判断法。通过市场调查征询意见，根据掌握的情况，综合分析判断选择供货单位的一种方法。这种方法一般适用于资料齐全的单位、企业比较熟悉的和好的供货单位。

（2）综合测评法。按标准对供货单位打分，然后进行综合测评、选优的方法。测评的方法有很多种，企业要根据自身的需要，有侧重地制定方法。这种方法适用于同类物资供货单位多的情况。例如，在贯彻 ISO 9000 标准中，为满足质量保证体系的需要，在其他条件符合要求的情况下，重点对供货单位产品质量方面进行测评；如果在质量适中的情况下，要求价格低、费用省，就重点对成本和费用进行测评；如果要全面掌握供货单位情况，可列出所有标准，全面测评，最后从中选出最优的。

2. 开辟降低供货成本的新途径

长期以来，在物资采购管理上，形成了供应物资质量越高越好、数量越多越好、时间越早越好、价格要求不严的传统思路。随着我国市场经济的建立和发展，物资采购已面向市场。在形成买方市场的同时，也出现了物资质量良莠不齐、价格高低不一，以及竞争无序的现象。物资采购对企业经济效益的影响越来越大，要求物资采购不仅要保证质量、及时供应，而且低价。为降低采购成本，必须“货比三家”，比质量、比价格、比运距、比售后服务等，更重要的是要具体化、程式化、制度化和规范化。在降低采购成本方面，实行以下几种方法会有比较显著的成果。

（1）比价采购。选择三个以上的厂家进行报价，通过货比三家，在保证供货质量、数量、时间和售后服务的前提条件下，选择综合价格最低的厂家（价廉物美的厂家）作为订货对象。采用比价采购，由于密封报价，减少了报价的泄密机会，促进了供应商之间的竞争，使企业获得优势地位，坐收“渔人之利”。但是，需要强调的是，比价采购不是吃百家饭。为了使材料的采购有质量保证，避免采购市场出现“柠檬市场”现象，比价采购应与定点供应相结合。对消耗使用有一定规律、用量达到一定数量的材料进行定点供应，建立定点供应渠道，保证相对稳定的供需关系，这不仅有助于加强与供应商的友好合作关系，而且可以大大节约企业的交易费用。同时，企业也要定期对供货质量、价格进行综合考评，

对达不到标准的供应商取消其定点供货资格。

（2）压价采购。利用买方市场的优势，在供货标准不变的条件下，迫使原供货渠道降低价格供应，以达到降低进货成本的目的。但是，采购部门也不能盲目地降低采购成本，否则会导致所购的物资质量无法保证，供应商不可避免地延迟交货或根本不能完成供货等后果，使企业为此付出高昂代价。因此，无论是卖方市场，还是买方市场，企业都应与供应商建立互惠互利的关系，只有双方利益都得到保障，才能最终保证自己的利益。

（3）招标采购。按照《中华人民共和国招标投标法》和国家计划委员会和国家经济贸易委员会关于招标采购的有关规定，组织物资采购的招投标，通过多次报价，当众开标，评标专家综合评价后选择价格、性能比最优的投标方中标。实际上，招标采购也是比价采购的一种，只不过该形式更为透明和规范。采用公开招标的方式可以利用竞标人的竞争心理，使竞标人之间竞相压价，企业可以从中选出价格最低的供应商。

3. 选择先进的技术，实现采购过程的专业化分工

企业应实现采购过程的专业化分工，将采购的物流环节交由专业化的部门或第三方物流企业来完成，采用条形码技术、GPS 技术、GIS 技术、射频技术等先进技术，从而最大限度地降低运费。

12.1.2　采购管理成本控制

组织采购过程中发生的费用称为采购管理成本。采购管理成本的构成：

采购管理成本=人力资本+办公费+差旅费用+信息传递费用

给予采购部门人员的工资、辅助性工资、奖金、补贴等计入采购中的人力成本；广义上讲，对于采购人员的招聘、培训、轮调等发生的费用均计入人力成本，但实践中，常将这方面的支出以固定成本的形式分摊计入采购成本。此外，采购管理成本中的办公费、差旅费用、搜索信息及处理信息的费用都是显而易见的。

降低采购成本的关键是加强对采购人员的管理。注重“以人为本”的管理理念，选择好的采购人员。只有好的采购人员，才可能降低一系列采购管理费用。一个合格的采购人员，应该德才兼备。因此，应从德、才两个方面对采购人员进行考察和评价。

1. 才能方面

（1）价值分析能力。首先，采购支出是进货成本的主要部分，因此采购人员必须具备成本意识，精打细算。其次，要具备成本效益观念，要买价廉物美的物品，随时将投入（成本）与产出（使用状况、时效、损耗率、维修次数等）加以比较。最后，要运用技巧分析报价单的内容，不能以“总价”笼统地加以比较，而应该逐项（包括材料、人工、工具、税金、利润、交货时间、付款条件等）加以剖析比较。

（2）预测能力。在动态的经济环境下，物品的采购价格与供应数量经常调整变动。采购人员要具备察言观色的能力，根据各种产销资料及与供应商的接触，判断货物是充裕还是紧张；根据物品原材料价格的涨跌及其幅度，判断采购成本受影响的幅度，从而对物品将来的供应趋势做出合理预测。

（3）表达能力。采购人员无论是用语言还是用文字与供应商沟通，都必须能够准确、清晰地表达所要采购物品的各种条件，如规格数量、价格、交货期限、付款方式等，避免语义含糊，引起歧义。除具备起码的表达能力外，采购人员还应该做到随机应变。例如，争取优惠的采购条件时，采购人员就要动之以情，晓之以理。

（4）良好的人际关系。企业要建立稳固长期的合作，直接与供应商接触的采购人员就需要与供应商保持良好的人际关系，确立相互信任的、忠诚的伙伴关系。很难想象一个不具备良好社交能力的采购人员能够争取到长期合作的供应商，更不要说维持了。

（5）专业知识。只有具备丰富的专业知识，才能了解材料来源、组合过程、基本功能、品质、用途、成本等，不仅有助于与供应商的沟通，而且可以做到知己知彼，避免上当受骗。有了专业知识，还能主动开发新来源或替代品，从而降低采购成本。

2. 品德方面

（1）维护企业利益。采购人员所接受和处理的“订购单”与“钞票”并无太大差异，因此难免会遇到供应商通过人际关系的胁迫或者回扣和红包的利诱，采购人员必须以企业利益为重，恪守职业道德，绝不能贪图一己私利而损害整个企业的利益。

（2）具有敬业精神。采购工作烦琐、辛苦，采购人员要尽心尽力地做好本职工作，不能贪图安逸而置企业利益于不顾。采购人员还应时刻注意不要出现缺料或缺货的情况，负责按时调度所需的货物或物料，使企业的生产经营活动正常进行。

（3）具备虚心和耐心。在采购中，采购人员虽占据主动，但对供应商的态度必须平等，不能趾高气扬，高高在上。与供应商谈判和议价的过程，可能艰辛和复杂，采购人员更需要有耐心，争取最后优势。

12.1.3 存储成本控制

存储成本是物资在库存过程中发生的费用，一般与库存数量成正比关系。存储成本的构成：

存储成本=贷款利息+仓库保管费用+存货损坏费用+其他费用

仓库保管费用是指仓库的保险费、税金等，存货损坏费用是指存货的陈旧贬值及过时的削价损失等，其他费用包括劳动保护费、材料损失费、罚金、搬运费、运输费等。根据有关资料估计，存储成本占每年库存货物价值的 25%左右。存储成本的主要构成如表 12.1 所示。

表 12.1 存储成本的主要构成 单位：元

保险费	0.25	陈旧贬值	5.00
仓库设施	0.25	利息	6.00
税金	0.50	过时的削价损失	10.00
运输	0.50	搬运费	2.50
总计	25.00		

从表 12.1 中可以看出，存储成本的主要构成部分是存货的陈旧贬值、过时的削价损失及利息等。采用 JIT 采购方法，可以降低存储成本，进而降低采购成本。

链接 1

12.2　采购中的 ABC 管理法

12.2.1　ABC 管理法

ABC 管理法的指导思想是“80/20”法则，它是一个统计规律，即 20%的少量因素带来 80%的大量结果。当然，20%和 80%不是绝对的，它只是提示人们：不同的活动在同一活动中起着不同的作用。在资源有限的情况下，应当注意起关键作用的因素，加强管理工作的针对性、提高效率，取得事半功倍的效果。ABC 管理法又称重点管理法，主要被用来保持合理的库存量，从而实现合理的采购；其基本方法是将库存货物根据其消耗的品种数和金额按一定的标准进行分类，对不同类别的货物采用不同的管理方法。

相关链接

ABC 管理法（ABC Analysis）是一种根据事物的经济、技术等方面的主要特征，运用数理统计方法，进行统计、排列和分析，抓住主要矛盾，分清重点与一般，从而有区别地采取管理方式的定量管理方法，又称巴雷托分析法、主次因分析法、ABC 分析法、分类管理法、重点管理法。它以某一具体事项为对象，进行数量分析，以该对象各个组成部分与总体的比重为依据，按比重大小的顺序排列，并根据一定的比重或累计比重标准，将各组成部分分为 A、B、C 三类。A 类是管理的重点，B 类是次重点，C 类是一般。ABC 管理法的原理是，按巴雷托曲线所示意的主次关系进行分类管理。它广泛应用于工业、商业、物资、人口及社会学等领域，以及物资管理、质量管理、价值分析、成本管理、资金管理、生产管理等许多方面。它的特点是，既能集中精力抓住重点问题进行管理，又能兼顾一般问题，从而做到以最少的人力、物力、财力实现最好的经济效益。

1．ABC 管理法的特点

仓库中所保管的货物种类繁多。有些货物的价值较高，对于生产经营活动的影响较大，或者对保管的要求较高；另一些货物的价值较低，保管要求不是很高。如果对每种货物采用相同的保管办法，可能投入的人力、物力很多，效果却事倍功半。在仓库管理中采用 ABC 管理法，就是要区别对待不同的货物，在管理中做到突出重点，以有效地节约人力、物力和财力。

2．ABC 分类方法

ABC 分类方法是将所有的库存货物根据其在一定时限内的价值重要性和保管的特殊性的不同，按大小顺序排列，根据各个品种的累计金额和累计数量统计，并计算出相对于总金额和数量的比率，按序在图中标出对应的点，连成曲线图，如图 12.1 所示。

根据 ABC 分类方法，可以确定 A 类货物种类占 3%～5%，其价值占货物总价值的 70%左右；B 类货物种类占 10%～15%，其价值占货物总价值的 20%；C 类货物种类占 80%以上，其价值只占货物种类总价值的 10%左右。

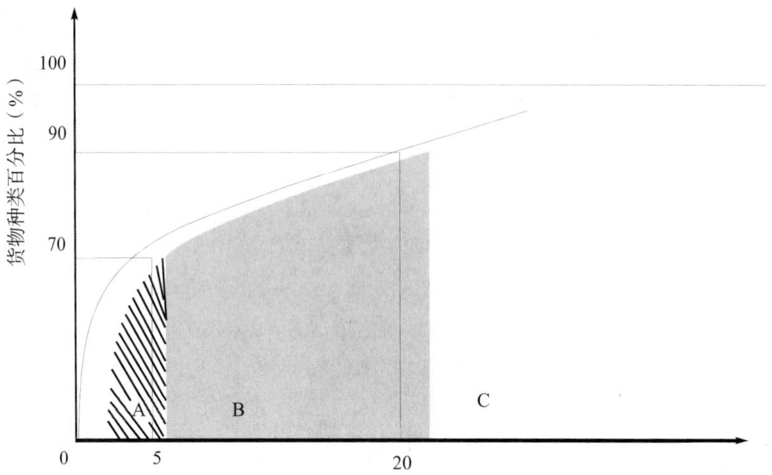

图 12.1　ABC 分类曲线

12.2.2　ABC 分类管理的措施

用上述方法分出 A、B、C 三类货物之后，应在仓储管理中采用不同的方法。

1．对 A 类货物的管理

由于 A 类货物进、出仓库比较频繁，所以供给脱节会对生产经营活动造成重大影响。但是，如果 A 类货物存储过多，仓储费用就会增加很多。因此，对 A 类货物的管理要注意以下几点：

- 根据历史资料和市场供求的变化规律，认真预测未来货物的需求变化，并依此组织入库货源。
- 多方了解货物供应市场的变化，尽可能地缩短采购时间。
- 控制货物的消耗规律，尽量减少出库量的波动，使仓库的安全储备量降低。
- 合理增加采购次数，降低采购批量。
- 加强货物安全、完整的管理，保证账实相符。
- 提高货物的机动性，尽可能地把货物放在易于搬运的地方。
- 货物包装尽可能标准化，以提高仓库利用率。

2．对 B、C 类货物的管理

因为 B、C 类货物进出仓库不是很频繁，所以对货物组织和发送的影响较小。但是，由于这些货物要占用较大的仓库资源，使仓储费用增加，所以在管理上的重点应该是简化管理，可以参考以下原则管理：

- 对于那些很少使用的货物可以规定最少的出库数量，以减少处理次数。
- 根据具体情况储备必要的数量。
- 对于数量大、价值低的货物可以不作为日常管理的范围，减少这类货物的盘点次数和管理工作。

12.3　采购数量和时间

大多数的采购都是为了定期的、经常性的需求而进行的。在这些反复采购中应用了一些采购的政策，尽管这些采购的总量从长期上看与需要的数量相同，但不同的采购政策会决定不同的订单数量。此外，对于采购而言，按时供应也非常重要。

对定期需求进行采购是为了保持库存，或者为了运营或生产中的直接应用。通常使用库存计划控制的部分功能，以及生产计划控制的部分功能来计算需要的数量及时间，以便满足库存或生产的需求。

12.3.1　订单数量和库存控制

零售商和批发商把库存看成其经营的最重要的因素。他们销售的就是他们所购买的，并且他们销售的是库存商品，而不是还没有得到的、以后才能交货的商品。一些组织（如生产商或其他服务提供商）把库存置于辅助补充的地位，而不是中心的地位。但是，它在有效运营方面仍然是一个重要的因素。作为流动资产中最大的部分，库存会在资产负债表中显示出来，并且占用了大量的资金。

1. 库存的作用

（1）保持生产运作的独立性。在作业中心保持一定量的原材料能给该中心带来生产柔性。例如，每次新的生产准备都会带来成本，而库存能减少生产准备的次数。

（2）满足需求的变化。如果能够精确地知道产品的需求，则有可能使生产的产品恰好满足需求。但是，因为需求通常是不能准确估计出来的，所以必须保持安全库存或缓冲量以防需求的变化。

（3）增强生产计划的柔性。库存储备能减轻生产系统要尽早生产出产品的压力。也就是说，生产提前期宽松了，在制订生产计划时，就可以通过加大生产批量使生产流程更加有条不紊，并降低生产成本。生产准备完成后，若生产批量比较大，则能使昂贵的生产准备成本得以分摊。

（4）克服原料交货时间的波动。向供应商订购原材料时，有许多原因都将导致材料到达延误：发运时间的变化，因供应商原材料短缺而导致订单积压，订单丢失，以及材料误送或送达的材料有缺陷等。

（5）利用经济订购量的好处。签订一份订单的成本包括人员工资、电话费、打印费、邮费等。每张订单的订货量越大，所要签订的订单数就越少。同时，大订单对降低运输费用也有好处——运送的数量越多，单位运输成本越小。

2. 库存成本

在通过采购来补充库存时，应考虑以下库存成本。

（1）存储成本。该成本包括存储设施的成本、运输费、保险费、过时损失、折旧费、税金及资金的机会成本。很明显，存储成本使采购企业必须保持低库存量并经常补充库存。

（2）生产准备（生产变化）成本。生产一种新产品包括以下工作：取得所需原材料，安排特定设备的调试工作，填写单子，确定装卸时间和材料，以及转移库中原来的材料。

（3）订购成本。这些成本是指准备购买订单或生产订单所引起的管理和办公费用，如盘点库存和计算订货量所产生的成本就属于订购成本。另外，订购成本包括有关跟踪订单系统的成本。

（4）短缺成本。当某一物资的储备耗尽时，对该物资的需求或者被取消或者必须等到再次补充库存后才能得到满足。这就涉及平衡补充库存满足需求的成本与短缺成本之间的关系。这种平衡经常是难以达到的，因为难以估计损失的利润、失去顾客的影响及延误损失。虽然可以为短缺成本定义一个范围，但这种假设的短缺成本往往还只限于猜测的程度。

3. 减少库存的方法

减少库存的方法包括：安排货品的及时交付，而不是为了应付需求增加进行储存；设计减少订货成本、准备成本及交货周期的方法，以便使库存最优，数量更小；预测得更准确一些，以保证记录的正确性，以及安排更好的计划。

另外，针对有规律的需求发出经常性的小额订单，而不是偶尔的大额订单，可以实实在在地减少库存。美中不足的是，这样做会增加办公与管理的工作量。

12.3.2 经济订购批量

最优的物资库存应该既能满足生产需要，保证生产正常进行，又能最大限度地节约资金占用，不发生库存过多或不足的现象。解决这一问题的关键是，要合理确定物资的订购批量。因此，研究物资库存最优控制的中心问题是，要计算、确定在各种条件下的最优订购批量，即经济订购批量。经济订购批量是试图寻找使库存成本（主要是存储成本和订购成本）最低的订货数量。存储成本随订货量的增加而增加；在总需求相对稳定时，每次订货数量的增加意味着总的订货次数的减少，从而使得库存的获得成本降低。

在这里介绍简单条件下的经济订购批量控制模型。所谓简单条件是指假定在控制过程中所涉及的物资品种单一，不允许出现缺货现象，采购条件中不规定商业折扣条款，每批订货均能一次到货。

在这种条件下建立的经济订购批量控制模型为基本模型，此时控制的存储总费用只包括订购费用和存储费用两项。这两类费用与物资的订购次数、订购数量有密切的关系。在物资总需要量一定的条件下，由于订购次数多，每次订购数量就小，订购费用就大，存储费用则小；反之，每次订购数量就大，订购费用就小，存储费用则大。因此，订购费用和存储费用是互相矛盾的，确定简单条件下的经济订购批量，就是要选择一个最适当的订购批量，使订购费用最低。

在实际工作中，可通过建立一定的数学模型来计算经济订购批量。设以 D 代表需求量（每年）；S 代表订购成本；C 代表物资单价；iC 代表单位产品的年平均存储成本（通常，存储成本以单价的百分率表示，式中 i 是存储成本的百分率）；Q 代表订购批量（最佳订购批量即经济订购批量为 Q_{opt}）。订购批量与年产品成本的关系如图 12.2 所示。

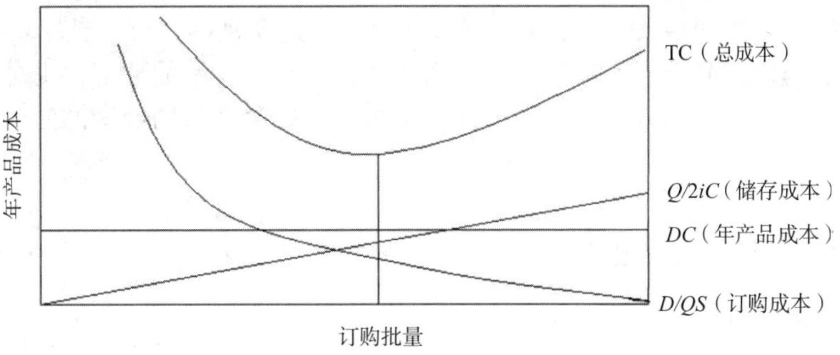

图 12.2 订购批量与年产品成本的关系

经济订购批量的公式如下：

$$Q_{opt}=(2DS/iC)^{1/2}$$

此时的 Q_{opt} 为最经济的订购批量。例如，某工厂企业每年需用某种物资 D 为 1 200kg，物资单价 C 为 10 元，平均每次订购费用 S 为 300 元，存储成本费率 i 为 20%。代入上式，Q_{opt} 为 600kg，即当一次订购为 600kg 时，为最经济的批量，此时的存储总费用最低。

需要注意的是，经济订购批量模型基于如下假设：需求有连续稳定和已知的速度；货物补足的作业周期是固定的；货值是固定的，与订货数量和时间无关；库存和各品种间无相互影响；无在途货物；没有资金的约束。

12.3.3 采购的时间要素

1．采购时间与竞争优势

在采购过程中，价格是影响采购决策的最重要因素，而决定供应商或品牌选择的另一个主要因素是时间成本。简单地说，时间成本就是客户在等待交付或寻求替代品时必须承担的附加成本。客户一提出要求就能够给予回应，供应商可以通过这种方式获得竞争优势。这不仅要求供应商能够及时回应，而且需要供应商的供应商也如此。

传统的“分批和分期”的制造和供应正受到以“拉动”为基础的方式的挑战。在供应链中，企业持有的生产资源保持着准备就绪的状态，只有在有人需求时才制造和供应物料，而不是应用于大批量的生产之中。采用这种方式可以避免浪费，而由此产生的节约可以大大超过通过大量生产存货而形成的规模经济。

2．按时交付

实现按时交付是标准的采购目标。如果延迟交付货物或材料，或者未能按期完成工作，那么销售就会失败，生产就会停滞，客户服务也得不到保障。另外，一旦收到订单，大多数公司就将现金视为一种承诺。当无法实现按时供货时，就可能减缓资金的周转速度，从而降低公司的运营效率与利润率。

在很多情况下，无法按时交付是由采购商本身造成的，如发布的交付进度不准确，经常修改交付进度，或者提供的交付时间根本就不够。

因此，实现按时交付的第一步就是准确地决定需要什么和什么时候需要。通常情况下，由与物料相关的部门，如库存控制部门或生产计划编制及控制部门，来制定需求进度。对于非常规的需求，通常由用户部门提出所需物品。在规定需求日期时，需要考虑供应商的交货周期和销售的现实状况，这样可以尽可能地避免延迟交付。同时，寻找可靠的供应商，并在事前与供应商就“交货期”的表达方式达成充分一致的理解，也是保证按时交付的重要前提。此外，采购人员为了保证按时交付，也应经常采用催交的方式来督促供应商及时交货。

12.4 数量折扣的应用

在实际的采购过程中，产品的售价往往随采购批量的大小而变化。在这里，售价的变化往往是不连续的。例如，螺丝钉的采购量在 1 ~ 99 只时可能每只售 0.02 元，每 100 只则售 1.60 元，每 1 000 只仅售 13.50 元。

为了确定一种物资的最优订购量，可以根据不同的价格水平求出相应的经济订购量。但是，这样求得的解并不都是可行的。例如，将每个可行的经济订购量的总成本和相应的批量折扣订货量列成表格，总成本最小的订购量 Q 就是最优订购量。如果存储成本是根据单价的百分比来确定的，那么就不必计算每个价格水平下的经济订购量。

此时，求解的步骤可以简化如下：先求出最大的经济订购量 Q_1（相对应于最低的单价）。如果 Q_1 可行，那么它就是问题的答案；如果 Q_1 不可行，那么计算次大的经济订购量 Q_2（相对应于第二个最低价格）。如果 Q_2 可行，那么就把相应于 Q_2 的成本与价格稍高的较小数量的成本进行比较，然后根据成本最小原则来确定最优订购量。

如图 12.3 所示，从右到左或者按单价由低到高的顺序依次求解订购数量，直接求得一个可行的 Q 值。然后求出相应于 Q 的成本及比 Q 大的各个批量折扣临界点的成本，比较各成本的大小，对应于最小成本的订购数量就是最优订购量。

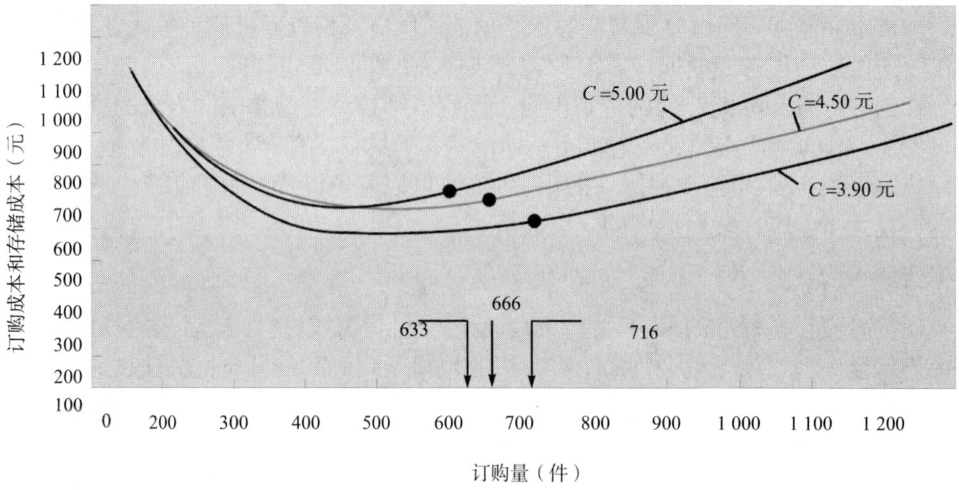

图 12.3　三个折扣价格条件下（以例题 12-1 数据为例）的订购量模型曲线

注：C 为单位成本。

在现实的采购过程中，往往随着订购批量的增大，价格折扣会越多。因此表面看来，订购批量大于最优订购批量时似乎更为有利。因此，在利用数量折扣的采购模型进行分析时，应该特别注意对产品过时风险及仓储成本进行合理估计。也就是说，考虑到未来的不确定性，订购超出 1 年的供应量就会存在较大的风险；如果订购超过 2 年的供应量，则绝大部分是不安全的。

例题 12-1

D=10 000 件（年需要量），S=20 元（每次的订购成本），i=20%（存储成本占单价的 20%）。

$$C=\text{单位成本}=\begin{cases} 5.00\text{ 元} & 0\sim499\text{ 件} \\ 4.50\text{ 元} & 500\sim999\text{ 件} \\ 3.90\text{ 元} & 1\,000\text{ 件以上} \end{cases}$$

问：最优订购量为多少？

解：本例根据经济批量订购模型求解，适用以下公式：

$$\mathrm{TC}=DC+DS/Q+iCQ/2,\quad Q=(2DS/iC)^2$$

利用上述公式进行求解，结果如下：

当 C=3.90 元时，Q=716 件，不可行。

当 C=4.50 元时，Q=666 件，可行，总成本=45 599.70 元。

当 C=5.00 元时，Q=1 000 件，总成本=39 590.00 元，它是最优解。

表 12.2 说明了三种批量折扣价格条件下的相关成本的计算过程。

表 12.2　三种批量折扣价格条件下的相关成本　　单位：元

	Q=633 C=5.00	Q=666 C=4.50	Q=716 C=3.90	Q=1 000 C=3.90
存储成本（$iCQ/2$）		666×0.20×4.50/2=299.70		1 000×0.20×3.90/2=390.00
订购成本（DS/Q）		10 000×20/666=300.00		10 000×20/1 000=200.00
存储成本与订购成本之和	不可行	599.70	不可行	590.00
采购成本（DC）		10 000×4.5=45 000.00		10 000×3.90=39 000.00
总成本		45 599.70		39 590.00

图 12.2 表示的是订购量的多少与总成本的关系。值得注意的是，曲线的大部分位于可行范围之外，这是显而易见的。举例来说，在单价为 5.00 元的价格水平下求得的经济订购批量为 633 件，然而订购 666 件的单价是 4.50 元，不是 5.00 元。在单价为 3.90 元的价格水平下求得订购批量为 716 件的情况与之类似，因为单价为 3.90 元的订购批量必须不低于 1 000 件。

表 12.2 分别求出了不同折扣条件下的经济订购批量及其总成本，由此可知最优订购批量是 1 000 件。

12.5 降低采购价格的策略

12.5.1 采购价格降低受到重视的原因

在国际竞争日益激烈、产品生产周期逐渐缩短、消费者的产品需求多样化及产品技术层次不断提升的情况下，如果企业无法有效地开源，节流就成为应对变局的有效方法之一。尤其在采购占平均销售金额比重逐渐增加的趋势下，降低采购价格是采购人员提高企业附加值的最直接方式。

12.5.2 影响采购价格策略的因素

在拟定采购策略的时候，应同时考虑下列几项与采购相关的情况：所采购产品或服务的形态、年需要量与年采购总金额、产品所处的生命周期阶段、与供应商之间的关系。

（1）所采购产品或服务的形态是属于一次性采购，还是持续性采购，这应是采购的最基本认知。如果采购的形态有所转变，策略也必须跟着做调整。持续性采购对成本分析的要求远高于一次性采购，一次性采购的金额如果相当庞大，则不可忽视其成本节约的作用。

（2）年需要量与年采购总金额各为多少，这关系到在与供应商议价时，是否能得到较好的议价优势。采购量与产品所在生命周期的阶段有直接的关系，产品由导入期、成长期到成熟期的过程中，采购量会逐渐加大，直到衰退期出现，采购量才会逐渐缩小。以 3C 产业为例，非常明显的是，产品生命周期有逐渐缩短的趋势。

（3）与供应商之间的关系。从卖方、传统的供应商、认可的供应商，到与供应商维持伙伴关系，进而结为策略联盟，对成本资料的分享方式也不同。如果与供应商的关系普通，一般而言是不容易得到详细的成本资料的；只有与供应商维持较密切的关系，彼此互信合作时，才有办法做到。

相关链接

依据不同的交易条件，采购价格有不同的种类：

- 送达价。指供应商的报价中包含负责将商品送达企业的仓库或指定地点时，其间所发生的各项费用。
- 出厂价。指供应商的报价不包括运送责任，即由企业雇用运输工具，前往供应商的仓库提货。
- 现金价。指以现金或相等的方式支付货款。
- 期票价。指企业以期票或延期付款的方式来采购商品。
- 净价。指供应商实际收到的货款，不再支付任何交易过程中的费用。
- 毛价。指供应商的报价可以因为某些因素加以折让，如大金额采购。
- 现货价。指每次交易时，由供需双方重新议定价格，若签订有买卖合约，则以完成交易后即告终止。
- 合约价。指买卖双方按照事先议定的价格进行交易，合约价格涵盖的期间依契约而定，短的为几个月，长的为一两年。
- 卖价。指企业实际上所支付的价格。

12.5.3　降低采购价格的十大方法

根据统计，全美《财富》200 公司所使用降低成本的方法，最有效果的前 10 项分述如下。

1．价值分析（Value Analysis，VA）

价值分析着重于功能分析，力求用最低的生命周期成本，可靠地实现必要功能的有组织的创造性活动。价值分析中的“价值”是指评价某一事物与实现它的费用相比的合理程度的尺度。

2．价值工程（Value Engineering，VE）

针对产品或服务的功能加以研究，以最低的生命周期成本，透过剔除、简化、变更、替代等方法，来达成降低成本的目的。价值分析用于新产品工程设计阶段，价值工程则是针对现有产品的功能/成本，做系统化的研究与分析。现在，价值分析与价值工程已被视为同一概念使用。

3．谈判（Negotiation）

谈判是买卖双方为了各自目标，达成彼此认同的协议过程，这也是采购人员应具备的最基本的能力。谈判并不只限于价格方面，也适用于有某些特定需求时。使用谈判的方式，通常价格降低的幅度为 3% ~ 5%。如果希望达成更大的降幅，则需运用价格/成本分析、价值分析与价值工程（VA/VE）等方法。

4．目标成本法（Target Costing）

管理学大师彼得·德鲁克在《企业的五大致命过失》（*Five Deadly Business Sins*）中提到，企业的第 3 个致命过失是定价受成本的驱动（Cost-Driven Pricing）。大多数美国公司及几乎所有的欧洲公司都是以成本加上利润率来制定产品价格的。然而，它们刚把产品推向市场，便不得不开始削减价格，重新设计那些花费太大的产品，并承担损失。它们常常因为价格不正确，而不得不放弃一种很好的产品。产品的研发应以市场乐意支付的价格为前提，因此必须假设竞争者产品的上市价，然后再来制定公司产品的价格。丰田和日产把德国的豪华型轿车挤出了美国市场，便是采用价格引导成本（Price-Driven Costing）的结果。

5．早期供应商参与（Early Supplier Involvement，ESI）

这是在产品设计初期，选择让具有伙伴关系的供应商参与新产品开发小组。通过早期供应商参与的方式，新产品开发小组对供应商提出性能规格方面的要求，借助供应商的专业知识来达到降低成本的目的。

6．杠杆采购（Leveraging Purchases）

综合各事业单位或不同部门的需要量，以集中扩大采购量而增加议价空间的方式进行采购。避免因各自采购而造成组织内不同事业单位向同一个供应商采购相同零件，从而使价格不同，但彼此又不知情，平白丧失节省采购价格的机会。

7．联合采购（Consortium Purchasing）

联合采购主要用于非营利事业单位（如医院、学校等）的采购，综合各不同采购组织的需要量，以获得较好的数量折扣价格。这也被应用于一般商业活动中，应运而生的新兴行业有第三者采购，专门替那些需要量不大的企业单位服务。

8．为便利采购而设计（Design for Purchase，DFP）

自制与外购的策略主要是在产品的设计阶段采用，利用供应商的标准流程与技术，以及使用标准零件，以方便原物料的取得。这样，不仅大大减少了自制所需的技术支援，同时降低了生产所需的成本。

9．价格与成本分析（Cost and Price Analysis）

这是专业采购的基本工具，了解价格结构的基本要素，对采购者是非常重要的。如果采购者不了解所买物品的价格结构，也就不能了解所买的物品是否为公平合理的价格，同时会失去许多降低采购价格的机会。

10．标准化（Standardization）

实施规格的标准化，对不同的产品项目、夹具或零件使用通用的设计/规格，或降低定制项目的数目，以规模经济量达到降低制造成本的目的。但这只是标准化的其中一环，组织应扩大标准化的范围和作业程序，以获得更大的效益。

12.5.4 制定降低采购价格的策略

1．依产品生命周期来定

采购项目在其产品生命周期过程中，可以分为以下 4 个时期，各有其适用的手法。

- 导入期，即新技术的制样或产品开发阶段。供应商早期参与、价值分析、目标成本法，以及为便利采购而设计都是可以利用的手法。
- 成长期。这一时期，新技术正式产品化，批量生产并上市，且产品被市场广泛接受。采购可以利用需要量大幅增长的优势，进行杠杆采购获得成效。
- 成熟期。这是生产或技术达到稳定的阶段，产品已稳定地供应到市场上。价值工程、标准化的运作可以更进一步找出不必要的成本，并达到节省成本的目的。
- 衰退期。此时，产品或技术即将过时或衰退，并有替代产品出现，因为需要量已在缩减之中，此时再大张旗鼓地降低采购价格已无多大意义。

2．依采购特性及与供应商的关系来定

图 12.4 描述了根据采购特性及与供应商的关系来确定采购价格策略的矩阵。

图 12.4 确定采购价格策略的矩阵

（1）影响性较小的采购。影响性较小的采购部分，其金额虽然不高，但是也必须确认所取得的价格与一般市售价格比较，是否属于公平合理的价格。采购人员切记，勿让花费在价格分析上的成本高于采购的实际金额。

策略：采用快速、低成本的价格分析方法。

- 比较分析各供应商报价。
- 比较目录或市场价格。
- 比较过去的采购价格记录。
- 比较类似产品采购的价格。

（2）杠杆采购。杠杆采购指的是长期持续性的随机采购，但企业不愿意与供应商维持比较密切的合作关系。这可能是对价格的波动特别敏感或是产品上市的生命非常短所导致的，使得采购不得不随时寻找价格最低的供应商。因此，采购人员需要花费较多时间来进行价格上的分析。

策略：采用价格分析并以成本分析为辅助工具。

- 价值分析。
- 分析供应商提供的成本结构。
- 进行成本估算。
- 计算整体拥有成本。

（3）重要计划的采购。重要计划的采购包括一次性或非经常性的花费，通常其采购金额都相当大，如主要机器设备、信息系统或厂房设施等。

策略：以成本分析为主要方法。

- 计算整体拥有成本。
- 分析整个供应链的成本结构。
- 一旦重要计划的采购案变成重复性的例行采购，则必须考虑使用策略性采购中所提的方法。

（4）策略性采购。策略性采购代表非常重要的持续性采购案，采购人员较希望与供应商建立长期或者联盟性质的关系。公司应该花较多时间在成本与价格分析上，这是因为所收到的效益会比较大。

策略：以成本分析为主要方法。

- 分析供应商伙伴的详细成本资料，并找出可能改善的部分。
- 计算整体拥有成本。
- 分析整个供应链的成本结构。
- 使用目标成本法。
- 让采购或/及供应商早期参与新产品开发。

由于实际采购情况的区分并不是如图 12.3 所示那么明确，采购人员通常需要使用一种以上的手法，通过组合使用来达到降低成本的目的。

链接 2

12.6 供应链下的采购成本控制

技术进步和需求多样化使得产品生命周期不断缩短，企业面临着缩短交货期、提高产品质量、降低成本和改进服务的压力。所有这些都要求企业能够对不断变化的市场做出快速反应，源源不断地开发出满足顾客需求的个性化产品以赢得竞争。个性化定制生产要能高质量、低成本地快速响应顾客需求，其基础就是对企业运作模式的再造。供应链思想与管理方式就是应此要求而提出的。

12.6.1 什么是供应链

供应链的概念于 20 世纪 80 年代中期提出。它源于这样一种观点：企业应该从总成本的角度考察企业的经营效果，而不是片面地追求采购、生产和分销等功能的优化。供应链管理的目的是，通过对供应链各个环节活动的协调，实现最佳业务业绩，从而提升整个公司业务的表现。

供应链定义为相互间通过提供原材料、零部件、产品、服务的厂家与供应商及零售商等组成的网络。供应链管理是对供应链中的信息流、物流和资金流进行设计、规划和控制，从而增强竞争实力，提高供应链中各成员的效率和效益。它是确保顾客满意的一个主要环节，即保证在正确的时间把正确的产品/服务送到正确的地方。它把公司的制造过程、库存系统和供应商产生的数据合并在一起，从一个统一的视角展示产品制造过程中的各种影响因素，把企业活动与合作伙伴整合在一起，成为一个严密的有机体。

12.6.2 供应链管理对采购成本控制的影响

供应链管理的目标是，使整个供应链从原料采购、加工生产、分销配送到商品销售给顾客，各个环节高效地协同工作，建立一个最优的商品供应体系，降低整个供应链上的物流成本，大大提高经营效益，同时提高对顾客的服务水平。

1．系统地降低包括采购成本在内的物流费用

在传统的业务往来中，供应链上、下游企业之间缺乏交流与合作。供应商不知道采购商的商品销售状况、销售速度，不知道采购商什么时候会订货，因此组织生产和准备货源只能凭自己的主观判断。同样，采购商也不知道供应商的库存情况，不知道供应商能否保证即时供应，因此在确定订货数量时只能依据己方的数据。信息不能共享，渠道透明度不高，无疑增加了供应渠道中的不确定性，使得各个企业面临的经营风险加大。为了应付众多的不确定性因素，各企业都倾向于增加自己的库存，结果既占压了资金，又要支付大量的仓储费用，对供应商和采购方双方都极为不利。

在有效的供应链管理中，可以避免上述情况，因为在实施供应链管理的企业之间，关于生产、销售、库存、配送的信息和数据能由各方共享。这样，供应链中的每个成员便能及时、清楚地掌握整条供应链中的原材料、在制品和制成品的流动情况、在途运输或配送的情况、库存状况、商品销售情况和顾客需求状况，风险和不确定性也就大为降低。在此基础上，企业就能根据市场供求信息及时调整生产和配送，用信息来代替库存。体现到费用上，包括采购成本在内的整个物流的费用就得以下降。

2. 直接降低采购交易费用

企业为了完成一笔采购任务，采购部门必须到各个市场，了解产品的质量和相对价格；必须就交易的细节进行谈判、协商、检验和签约等。总之，因为采购交易过程需要供应商和采购方投入大量的精力和时间，支付各种应酬、征询费用和其他一切开支，所以采购交易是要付出代价的。然而，在供应链下的供应商和采购方可以建立起一种长期的、稳固的关系，能在一定程度上减少谈判和履约费用，为双方节省资金。

在供应链下，实施有效的供应商管理可以给企业的采购管理带来革命，强调企业与上游的供应商和下游的经销商形成一条供应链，以便在市场上赢得竞争优势。企业与供应商通过信息技术、激励机制而成为利益共同体，供应商会按期、按质、按量地供应原料，从而确保企业经营流动的高效率，还可以避免采购过程中的种种弊端。

此外，由于供应商能够方便地取得存货和采购信息，所以从事采购管理的人员可以从这种低价值的劳动中解脱出来，从事具有更高价值的工作。

12.6.3 供应链下采购成本控制的策略——JIT 采购

采购成本是商品的成本与采购过程中所耗各项费用之和。采购的成本直接影响企业的利润和资产回报率，以及企业流动资金的回笼速度。因此，原材料及零部件购入的采购成本在生产成本中占有重要的地位，一般达到销售额的 30%左右。在传统的采购模式中，采购的目的是补充库存，即库存采购。随着全球经济的形成，市场竞争更加激烈，竞争方式已由原来企业与企业之间的竞争，转变为供应链与供应链之间的竞争。因此，在供应链管理下，JIT 采购得以实现，采购也由库存采购转为以订单驱动方式进行，以适应新的市场经济。

供应链下采购成本控制的策略主要有 JIT 采购、MRP 采购、ERP 采购等。下面详细介绍 JIT 采购。

1. 供应链管理下的 JIT 订单驱动采购模式分析

采购决策内容除市场资源调查、市场变化信息的采集和反馈、供货商家选择等外，重要的是决定进货批量、进货时间，从而使企业在生产不受影响的同时，有效降低成本。基于供应链管理的现代采购观念认为：企业的核心是营销，在提供使客户满意的竞争性产品或服务的同时，要实现利润最大化。因此，对采购的质量、价格、收益和时间等因素的评价，必须根据它们与公司在市场细分、附加价值、前置时间及对顾客需求的反应性等方面的相互影响来进行。重要的是，建立有效地对用户要求做出反应的采购权利与责任制——一种能最大限度地降低采购成本，并对商品采购实行“以需采购”的原则。制造订单产生于用户需求，然后由制造订单驱动采购订单，由采购订单驱动供应商。这种采购供应链模式，使供应链系统准时响应用户需求，从而降低了库存成本，提高了物流速度和库存周转率。

在供应链管理模式下，需方和供方是合作伙伴关系，供应商是经过资格认证的，质量和信用是可信的。采购作业通过电子商务，一次性地把需方的采购订单自动转换为供方的销售订单；质量标准经过双方协议，由供方完全负责保证，不需两次检验。由于信息畅通和集成，采用设在需方的供方管理仓库的方式，把供方的产品库和需方的材料库合二为一，仅在需方生产需要时，才把供方的产品直接发货到需方的生产线，并进行支付结算，从而减少供需双方各自分别入库的流程。新的流程与传统流程相比，减少了许多不增值的作业，如订单的下达和接收转换、生产跟踪、质量检验、入库出库和库存积压。这里的采购业务流程重组已经不仅局限于一个企业的内部，而且延伸到企业外部的合作伙伴，这充分体现了供应链管理合作竞争的特点。不言而喻，在这个模式下，信息沟通、经营成本、库存等都有明显的改善，提高了供应链的竞争力。这也是协同商务的一种体现。

2．在供应链下订单驱动的 JIT 采购方式的优点

- 供应商与采购方建立了战略合作伙伴关系，双方基于以前签订的长期协议进行订单的下达和跟踪，不需要进行再次询价、报价的过程。
- 在同步供应链计划的协调下，制造计划、采购计划、供应计划能够同步进行，缩短了用户响应时间。
- 采购物资直接进入制造部门，减少了采购部门的库存占用和相关费用。
- 进行了企业和供应商之间的外部协同，提高了供应商的应变能力。

链接 3

JIT 采购对企业的采购管理提出了新的挑战，企业需要改变传统的"为库存采购"的管理模式，提高柔性和市场响应能力，增加与供应商的信息联系和相互之间的合作，建立新的合作模式。

在我国，网上购物的环境逐渐形成，整个网络市场日益成熟，物流配送正成为网上购物的关键能力，但是目前物流配送已成为网上购物发展的瓶颈。随着时代的变化，特别是在信息经济越来越深入人心、网购运作在企业和个人中广泛应用的今天，以往的许多规则都被重新改写了。企业怎样通过网络进行电子化采购以节约成本是当今企业所关注的热门问题。许多企业都建设了 ERP 管理系统来方便企业电子化操作，统一调度配置各种资源。

本章小结

本章简要介绍了采购价格的基本知识，分析了市场经济条件下确定采购价格应考虑的因素，并阐述了采购价格确定的方法；重点介绍了采购成本，包括采购成本的构成、采购成本的影响因素、ABC 分析法等内容，还介绍了采购成本控制的基本方法及运用。

评估练习题

1．能力测验

你是否能够：

☐ 说出采购成本的构成及如何控制？

☐ 说明 ABC 管理法的特点、分类方法和相应的具体措施？

☐ 了解库存的作用、组成及减少库存的方法？

☐ 定义经济订购批量并掌握其公式?
☐ 说明采购时间和竞争优势的关系?
☐ 举例说明如何应用数量折扣?
☐ 说明影响采购价格策略的因素?
☐ 掌握降低采购价格的十大方法?
☐ 说明降低采购价格的策略?
☐ 解释在供应链下的采购成本如何控制?

练习题参考答案

2. 关键术语回顾

________是指企业经营活动中因采购物料而发生的费用,也就是在采购物料过程中的购买、包装、装卸、运输、存储等环节所支出的人力、物力和财力的总和。

________是指相互间通过提供原材料、零部件、产品、服务的厂家与供应商及零售商等组成的网络。

3. 关键概念回顾

◆ **单项选择题**

(1)________指利用买方市场的优势,在供货标准不变的条件下,迫使原供货渠道降低价格供应,以达到降低进货成本的目的。

A. 比价采购　B. 压价采购　C. 招标采购　D. 准时采购

(2)________是指准备购买订单或生产订单所引起的管理和办公费用,如盘点库存和计算订货量所产生的成本。

A. 存储成本　B. 生产准备成本　C. 订购成本　D. 短缺成本

(3)________是指针对产品或服务的功能加以研究,以最低的生命周期成本,通过剔除、简化、变更、替代等方法,来达成降低成本的目的。

A. 价值分析　B. 价值工程　C. 目标成本法　D. 价格与成本分析

(4)供应链概念是在________提出的。

A. 20 世纪 70 年代　B. 20 世纪 80 年代
C. 20 世纪 90 年代　D. 21 世纪初期

(5)采购项目处在产品生命周期的________时,新技术正式产品化并批量生产上市,且产品被市场广泛接受。采购可以利用需要量大幅增长的优势,进行杠杆采购获得成功。

A. 导入期　B. 成长期　C. 成熟期　D. 衰退期

◆ **多项选择题**

(6)采购成本主要包括________。

A. 从事采购的工作人员的工资、奖金及各种补贴
B. 采购过程中的各种物质损耗
C. 材料在运输、保管等过程中的合理损耗
D. 再分配项目支出,如利息
E. 采购管理过程中发生的其他管理费用

（7）采购管理成本的构成为________。

A. 人力资本　　B. 办公费　　C. 差旅费用

D. 信息传递费用　　E. 人员培训费用

（8）库存的作用包括________。

A. 保持生产运作的相关性　　B. 满足需求的变化

C. 增强生产计划的柔性　　D. 克服原料交货时间的波动

E. 利用经济订购量的好处

（9）在拟定采购价格策略的时候，应同时考虑的影响因素有________。

A. 所采购产品或服务的形态　　B. 年需要量与年采购总金额

C. 产品所处的生命周期阶段　　D. 与供应商之间的关系

E. 与供应商的距离的远近

（10）根据采购特性及与供应商关系来确定的采购价格策略包括________。

A. 影响性较小的采购　　B. 杠杆采购

C. 重要计划的采购　　D. 策略性采购

E. 一般计划的采购

◆ **判断题**

（11）分析成本的目的是，通过对成本的分析，找到控制和降低成本的途径，从而提高企业整体经济效益。（　　）

（12）ABC 管理法又称重点管理法，是将库存货物根据其消耗的品种数和金额按一定的标准进行分类，对不同类别的货物采用不同的管理方法。（　　）

（13）在采购过程中，时间成本是影响采购决策的最重要的因素，而决定供应商或品牌选择的另一个主要的因素就是价格。（　　）

（14）杠杆采购主要用于非营利性事业单位（如医院、学校等）的采购，综合各不同采购组织的需要量，以获得较好的数量折扣价格。（　　）

（15）供应链管理的目标是，使整个供应链从原料采购、加工生产、分销配送到商品销售给顾客，各个环节高效地协同工作，建立一个最优的商品供应体系，降低整个供应链上的物流成本，大大提高经营效益，同时提高对顾客的服务水平。（　　）

4．计算题

某企业每年需要耗用 A 材料 3 600 吨，单位采购成本为 10 000 元/吨，单位年存储成本为 200 元，平均每次订货成本为 2 500 元。

（1）分别计算经济订货批量、最佳订货次数、最佳订货周期。

（2）分别计算经济订货批量下的采购成本、订货成本和存储成本。

5．单元实训

第13章

采购绩效评价

学习目标

知识目标：

（1）掌握采购绩效评价的意义与目的。

（2）了解采购绩效衡量指标。

（3）了解采购绩效评价的原理。

（4）了解采购绩效评价的具体注意事项。

（5）掌握改善采购绩效的措施。

能力目标：

（1）掌握采购绩效评价的过程。

（2）掌握采购绩效评价的具体方法。

（3）掌握改善采购绩效的具体措施。

学习重点与难点

（1）采购绩效评价指标体系。

（2）改善采购绩效的措施。

引导案例

艾德西点连锁公司的采购绩效管理

艾德是艾德西点连锁公司的业主。公司从一家面包店起家，逐步发展到遍布全国的连锁企业，发展势头良好，现拥有97家店面和10个烘焙中心。鉴于公司良好的发展势头，艾德决定进驻更为高档的闹市街区，扩展业务范围，增开咖啡店并增加外卖服务，从而使营业额和利润稳步增长。

1．配餐供应

咖啡店配套产品的供应源搜寻与供应比较复杂，范围大大超出原有西点烘焙的采购。西点烘焙的采购主要是面粉、油脂和调味品；而咖啡店的采购范围更大，包括易腐坏物品和不易变质的物品。这些物品通常由大型厂家和批发商以大包装的形式批量供货。有些易腐品需要冷藏，且都有保质期限。咖啡店的灌装产品是用24听一捆的塑料薄膜包装的，又笨又重。部分产品诸如鸡蛋和火腿从就近的小规模专业农户和其他供应商处采购。公司希望它对当地小型厂家的支持能广为人知，以提高公司在企业社会责任方面的声誉。

2．公司总部

公司总部设有一个仓库，批量货物在运往各个门店之前被运送到这个仓库进行储存。艾德西点连锁有两辆喷有公司标志的货车，并聘用了两名司机，在工作日期间隔日轮流送货（工作日为周一至周六）。总部同时履行集中管理职能。

3．门面的当地采购

艾德西点的部分采购由门店经理和首席烘焙师在本地进行，他们有时从自己选择的供应商中购买，有时向中央仓库订购。各门店之间通过电话和电子邮件进行联系，但是没有将各店的销售额、订单与库存数据库等信息相联结的系统。其他本地的日常采购包括管理和后勤方面需要的小商品，如纸袋、文具等。

4．存在的问题

艾德巡查各个门店后发现，烘焙师们在与咖啡相关的订货和催货方面花费了太多时间，这会导致客人需要等待较长时间，并对质量和品种短缺产生不满；艾德还发现，她所知的在一些门店里很畅销的产品并非每个门店都提供；另外，同一个供应商提供的同一种货品，各个门店的采纳价格有高有低。

5．新采购主管

艾德认为公司需要一个新的采购主管，并正在积极寻找一名合格的专业人员来担任这个职务。艾德正在起草招聘广告的职位描述；他很明白，他需要这名新主管从根本上改进公司的采购绩效，从而很快为公司带来收益。

（资料来源：http://www.onnets.com/article/1001001665/1001001645/2501/1.html）

辩证性思考：

（1）指出艾德在招聘采购主管的职位描述中应该包括的五个绩效目标。

（2）分别论述新职位的五个绩效目标如何帮助公司实现增值。

（3）描述艾德西点用来衡量供应商可靠性的三个方法，并结合案例指出这些衡量方法所需要的信息。

（4）描述艾德西点用来衡量供应商企业社会责任的两个指标。

链接 1

13.1 采购绩效评价的意义与目的

由于采购对企业效益有巨大的影响，那些在采购中实行严格管理、不断创新、与供应商建立良好关系的企业，一直致力于采购管理绩效的提升。同时，采购绩效评价也成为企业采购管理的一项重要职能。

关键词

采购绩效评价　采购绩效评价是指运用科学、规范的绩效评估方法，对照一定的标准，按照绩效的内在原则，对采购行为过程及其效果进行科学、客观、公正的衡量、比较和综合评价。就其本义而言，是评论估量货物的价格，现在泛指衡量人物、事物的作用和价值。绩效即功绩、功效，也指完成某件事的效益和业绩。采购绩效是指采购效益和采购业绩，也指采购产出与相应的投入之间的对比关系，是对采购效率、效益进行的全面整体的评价。

13.1.1　绩效评价的意义

（1）有助于真实反映企业采购的绩效水平。一项调查显示，有 75%左右的被调查者认为，由于不能对采购业绩进行有效的评价，管理者对采购活动的认识受到了限制。如果总经理没有办法评价采购活动对总绩效的影响，他就可能认为采购活动不是很重要。如果没有完善的评价方法，他就只能进行粗略的评价。这种粗略的绩效评价方法往往会得到否定的评估结果，发现采购活动中失败的一面而不是成功的一面，如生产供应货物没有送到或者没有通过检查。

（2）把实际绩效和某种标准进行对比，有助于提高绩效。如果一名参加奥运会比赛的短跑选手知道 100m 短跑的奥运会纪录是 xs，他的训练就会有目标。在参加奥运会比赛时，他会有两个目标：第一，打破奥运会纪录；第二，赢得短跑比赛。假如没有记录，不记下跑步速度，所有的运动员都只顾自己跑，很难说运动员能否取得今天我们看到的那些成绩。

（3）通过绩效评价，可以确定用于评价采购人员业绩的基本规则。管理者如果在工作中能将绩效评价问题考虑进去，就可以在工作中制订出对人员进行招聘、培训、报酬和提拔的计划。许多正式的员工绩效报告中都必须包括评价对象及评价指标。

（4）进行绩效评价得到的各种数据对于采购部门的组织工作，以及采购部门与其他部门的联系都有很大的价值，也为公司改组提供了各种必要的数据。

（5）如果采购人员知道自己的努力会得到认可，那么他们的工作动力会更大，整个团队的士气也会随之提高。

13.1.2　采购绩效评价的目的

（1）确保采购目标的实现。各个企业的采购目标各有不同。例如，国有企业的采购偏重于防弊，采购作业以如期、如质、如量为目标；民营企业的采购单位则注重兴利，非常注重产销成本的降低。因此，各个企业需要针对本单位所追求的主要目标加以评价，并督促目标的实现。

（2）提供改进绩效的依据。企业实行的绩效评价制度，可以提供客观的标准来衡量采购目标是否达到，也可以确定采购部门的目前工作绩效如何。正确的绩效评价有助于指出采购作业的缺陷所在，从而拟定改善措施，起到惩前毖后的作用。

（3）作为个人或部门奖惩的参考。良好的绩效评价方法，能将采购部门的绩效独立于其他部门而凸显出来，并且能够反映采购人员的个人表现，成为各种人事考核的参考资料。依据客观的绩效评价，可以进行公正的奖惩，以激励采购人员不断地提高业务能力和工作的积极性。

（4）协助甄选人员与训练。根据绩效评价的结果，可以针对现有采购人员的工作能力缺陷，拟订改进计划，如安排参加专业性的教育训练。如果在评价中发现整个部门缺乏某种特殊人才，可以由公司内部甄选或向外招募。

（5）促进部门关系。采购部门的绩效，受其他部门配合程度的影响非常大。因此，采购部门的职责是否明确，流程是否简单、合理，付款条件及交货方式是否符合公司管理规章制度，各部门的目标是否一致等，都可以通过绩效评价予以判定，并可以改善部门之间的合作关系，提高企业整体运作效率。

相关链接

评价人员的构成

（1）采购部门主管。由于采购主管对所管辖的采购人员最熟悉，并且所有工作任务的指派或工作绩效的优劣，均在其直接督导之下，因此，由采购主管负责评价，可注意到采购人员的各种表现，并兼收监督与训练的效果。

（2）财务部门。采购金额占企业支出的比例非常大，采购成本的节约，对于企业利润的贡献相当大；尤其在经济不景气时，对资金周转的影响也很大。财务部门不但掌握企业产销成本数据，对资金的取得与付出也进行全盘管制，故对采购部门的工作绩效，可以让财务部门参与评估。

（3）供应商。有些企业通过正式或非正式渠道，向供应商探询其对采购部门或人员的意见，以间接了解采购作业的绩效和采购人员的素质。

（4）外界的专家或管理顾问。为避免企业各部门之间的本位主义或门户之见，可以特别聘请外界的采购专家或管理顾问，针对全盘的采购制度、组织、人员及工作绩效，做客观的分析与建议。

13.2 采购绩效衡量指标

13.2.1 采购绩效衡量指标设定的内容与前提

采购绩效衡量指标的设定是采购绩效评价的重要内容。一个有效的采购绩效评价方案，其绩效衡量指标的设定是一个重要的环节。采购绩效衡量指标的设定包括3个方面的内容：一是要选择合适的衡量指标；二是要充分考虑绩效指标的目标值；三是要确定绩效衡量指标符合有关的原则。

在确定采购绩效衡量指标的目标值时要考虑以下前提：

- 内部顾客的要求，即满足生产部门、品质管理等的需要。原则上，供货商的平均质量、交货等综合表现应该高于本公司内部质量与生产计划要求。只有这样，供货商才不至于影响本公司的内部生产与质量。
- 所选择的目标及绩效指标要与公司的大目标一致。
- 具体设定目标时既要实事求是、客观可行，又要具有挑战性。

因此，物资采购绩效评价指标的设定是一项具有挑战性的工作。它是评价物资采购工作成果的尺度和标准，是准确、客观、全面、科学地进行采购绩效评价的前提和基础。一项评价指标往往只能从某个侧面反映采购绩效的某个特征。因此，要想全面、综合、准确地考察和评价采购部门在一定时期内的采购工作绩效，就必须把一系列相互联系、互为因果的指标进行系统的组合，形成相应的评价指标体系。

采购绩效评价指标体系的设定是一项非常复杂的工作。目前，各个企业有自己不同的做法。一般来说，大致可以分为采购活动评价指标体系和采购综合评价指标体系两类。

13.2.2　采购活动评价指标体系

采购活动评价指标体系主要由 3 类指标组成，即采购总量指标、物资符合性指标和服务效率指标。

1．采购总量指标

采购总量方面的指标主要用来评价采购部门在一定时期内采购任务完成的总体情况，包括采购任务总量情况、采购资金节约情况、采购费用情况等。

（1）采购任务总量情况。采购任务总量主要是指在一定时期内采购部门承担和完成的采购任务的总量，可以用采购任务量、采购任务完成率等指标来反映。

采购任务量是指在一定时期内企业下达给采购部门的计划采购量。采购任务量只反映了在一定时期内采购部门接受的采购量，还需要有反映采购任务完成情况的指标对其进行修正，如采购任务完成量和采购任务完成率。采购任务完成量是指在一定时期内采购部门完成采购任务量的部分，而采购任务完成率是指采购任务完成量占采购任务量的比率，其公式如下：

$$采购任务完成率=采购任务完成量\div采购任务量\times100\%$$

（2）采购资金节约情况。采购资金节约情况是指与采购物资的预算资金或物资的市场价值（下文称为“采购物资预算资金”）相比，采购部门在一定时期内完成采购任务时实际支出的物资采购资金（指物资成本，下文称为“实际采购物资资金”）的节约情况。可以用采购物资资金节约量和采购物资资金节约率来反映。采购物资资金节约量的公式如下：

$$采购物资资金节约量=采购物资预算资金-实际采购物资资金$$

采购物资资金节约率反映了采购物资资金节约量占采购物资预算资金的比率。它能更准确地反映完成采购任务时的资金节约情况，其公式如下：

$$采购物资资金节约率=采购物资资金节约量\div采购物资预算资金\times100\%$$

（3）采购费用情况。采购费用情况是指在一定时期内采购部门为完成相应采购任务所支出的差旅费、场地费等交易成本类费用总量，可以用采购活动资金量来表示。

另外，还可以用采购活动资金率反映采购费用的相对量。采购活动资金率是指在一定时期内采购活动资金量与同期采购物资预算资金的比率，可以表示为：

$$采购活动资金率=采购活动资金量\div采购物资预算资金\times100\%$$

2．物资符合性指标

物资符合性指标主要用来评价实际采购的物资在数量、质量等方面对企业采购需求的满足程度。

（1）数量符合性。数量符合性是指实际采购的物资在数量上能否满足企业的需求，可以用采购数量符合率来表示：

$$采购数量符合率=实际采购数量\div物资需求数量\times100\%$$

（2）品种规格符合性。品种规格符合性是指实际采购的物资能否满足企业对物资的类别品种及其规格型号等方面的需求，可以用品种规格符合率来表示：

品种规格符合率=满足品种规格需求的物资采购数量÷实际采购数量×100%

（3）技术性能符合性。技术性能符合性是指实际采购的物资在质量、性能、使用寿命、技术要求等方面满足企业需求的程度，可以用技术性能符合率来表示：

技术性能符合率=满足技术性能需求的物资采购数量÷实际采购数量×100%

3．服务效率指标

服务效率指标主要用来评价采购部门在采购活动中的响应、沟通、支持等服务表现。从企业的需求情况看，服务效率指标主要包括决策速度、信息提供和灵活性。这些指标值可以通过问卷调查和统计分析等方法求得。

（1）决策速度。决策速度主要是指在采购过程中，采购部门能否根据采购情况迅速做出科学、准确的采购决策，以正确指导采购活动。这是整个采购活动科学、高效进行的前提和基础，对采购工作绩效具有重要影响，是服务效率方面的首要指标。

（2）信息提供。信息提供主要指采购部门能否及时提供有效的物资资源信息、市场变化信息和采购工作进展信息。

（3）灵活性。灵活性指采购部门处理异常采购服务需求的能力，如响应应急采购的灵敏度、对需求变化的反应速度等。

链接 2

以上 3 类指标构成了评估物资采购活动的基本指标。为了更准确、深入、科学地反映采购工作绩效，还可以设计其他修正指标。明确了物资采购绩效评价指标的项目和含义后，需要根据各项指标在物资采购活动中的重要程度，确定各项指标的权重及相应的评价标准，以量的形式反映采购机构的采购绩效。评价人员在进行评价时，首先给各项指标分别打分，然后按既定的算法求得综合绩效值，并对照事先确定的评价标准做出评估结论，分析主要原因，提出改进措施，最后将结论反馈给相关部门和人员。

13.2.3　采购综合评价指标体系

采购综合评价指标体系是由采购组织绩效指标、财务绩效指标、供应商绩效指标、客户反馈指标 4 类指标构成的指标体系。

1．采购组织绩效指标

（1）质量指标。到货质量合格率（Q_t）是采购合格品金额（P_t）占采购总金额（P）的百分率。用公式表示：

$$Q_t=P_t/P\times 100\%$$

订货差错率（P_{fn}）是指所采购物资有数量、质量问题的金额（P_f）占采购总金额（P）的百分率。用公式表示：

$$P_{fn}=P_f/P\times 100\%$$

（2）时间指标。采购到货及时率（T_i）是指在规定采购时限内完成采购任务的采购申请单数（P_{oi}）占总采购申请单数（P_o）的百分率。用公式表示：

$$T_i = P_{oi} / P_o \times 100\%$$

（3）效率指标。采购计划完成率（P_{pe}）是指考核期采购总金额（P）占考核期计划采购金额（P_p）的百分率。用公式表示：

$$P_{pe} = P / P_p \times 100\%$$

人均完成采购申请单数（A_o）是考核期采购人员完成采购申请单（P_o）的平均数。用公式表示：

$$A_o = P_o / n$$

式中，P_o为总采购申请单数；n为考核期采购人员数。

人均完成采购金额（A_p）是考核期采购人员完成采购总金额（P）的平均数。用公式表示：

$$A_p = P / n$$

（4）组织系统指标。采购柔性（P_s）是反映公司采购活动对生产经营活动的适应性程度的一个指标。用公式表示：

$$P_s = [1 - (\mid T_{ih} - T_{il} \mid) / T_{ia}] \times 100\%$$

式中，T_{ih}为生产高峰供应及时率；T_{il}为生产低峰供应及时率；T_{ia}为平均供应及时率。

2. 财务绩效指标

采购费用率（C_{pr}）是指报告期采购费用（C_p）占报告期采购总金额（P）的百分率。采购费用是指围绕采购活动而发生的除物资购入以外的费用。用公式表示：

$$C_{pr} = C_p / P \times 100\%$$

采购资金节约率（C_{sr}）是指报告期采购资金节约金额（C_s）占报告期物资采购总金额（P）的百分率。用公式表示：

$$C_{sr} = C_s / P \times 100\%$$

大宗设备采购成本节约率（C_{slr}）是指报告期采购大宗设备节约资金金额（C_{sl}）占报告期大宗设备采购总额（P_l）的百分率。大宗设备是指通信网络建设用主体设备及电信市场经营用重要物资，是采购“二八”定律中的“二”类物资。大宗设备采购成本节约率的公式如下：

$$C_{slr} = C_{sl} / P_l \times 100\%$$

3. 供应商绩效指标

供应商流动比率（C_{lr}）是每年流入企业的供应商数（C_i）占流出供应商数（C_o）的百分率。用公式表示：

$$C_{lr} = C_i / C_o \times 100\%$$

供应商交货及时率（S_{ir}）是指某供应商及时交货次数（S_i）占该供应商总交货次数（S_A）的百分率。用公式表示：

$$S_{ir} = S_i / S_A \times 100\%$$

供应商信用度（C_d）是指某供应商在考核期内诚信交易次数（C_{en}）占其总交易次数（E_n）的百分率。用公式表示：

$$C_d=C_{en}/E_n\times100\%$$

4．客户反馈指标

物资供应满意度是指使用部门对物资保障方面的满意度，可以通过第三方调查方式获得。

供应商满意度考核公司采购部门、使用部门与供应商之间合作与双赢的程度，主要通过供应商反馈及第三方调查获得。

13.3 采购绩效评价与控制

在讨论绩效评价的时候，大多数采购方面的著作将重点放在采购业务活动上。但是，有效的采购包括采购活动、采购目标及采购绩效评价的战术和战略问题。正如赫伯特·西蒙（Herbert Simon）提出的："在问'我们的做事方法是否正确'之前，我们应该先弄清楚'我们做的事是否正确'。"尽管如此，对采购业务活动的评价仍是我们必须关注的。事实上，采购业务活动的评价对绩效的提高有重要作用。

另外，需要在一开始就加以说明。正如组织机构各不相同，采购专业人员所起的作用也各不相同，这意味着没有一种普遍适用的用来对采购绩效进行评价的方法。因此，我们需要对各组织的特点进行详细研究，以确保所采用的评价方法符合需要。

最后，还需要认识到：虽然大多数有效的评价体系都是定量的，但也存在一些重要的定性因素。此外，还有一些经理不采用正式的评价系统，而是依靠他们的直觉去评估。有一些在绩效评价方面做得很好的人，他们好像特别善于收集大量数据，并根据这些数据采取相应的管理措施。

毫无疑问，在所有与人相关的系统中，直觉都具有重要的作用，没有什么东西能取代直觉。不过，很少有人完全依靠直觉来做事，也很少有人能够这样做。因此，多数人都需要提高他们的系统化数据采集及数据分析技能，虽然这需要花费一定的时间和金钱。

在对采购绩效进行评价时，会出现的一个问题是：在采购中，很难将责任分清楚。货物质量低劣，可能是因为采购公司提供的模具太差，也可能是因为货源选择不当；未能交货，可能是因为生产管理部门频繁改变生产计划，也可能是因为提出请购的时间太晚；供应商的绩效太差，可能是因为采购公司迟迟不能付款。问题的关键是，许多职能部门或多或少地参与采购流程，这些部门的活动会对供应商的绩效产生各种各样的影响，因为它们之间的相互联系非常复杂，所以很难分清它们的影响。这就是人们要采用目标管理制的原因之一。在目标管理制度中，公司的总目标是由一系列相互联系的子目标组成的。同时，这也是促使人们对所谓的"集体式"管理方法越来越感兴趣的一个主要原因。所谓集体式管理方法就是由物料控制、物流管理、实物配送管理及物料管理等各部门参与。这些方法旨在对权责进行归类，以便能够对它们进行有效的控制和评价。如果有一个部门既负责原料的订货、储存和采购，又对生产供应进行计划，那

链接 3

么该部门就应该为全面的物料供应绩效负责。这些方法从概念上讲很不错，从管理的角度来看也很有吸引力，但管理者仍然需要对采购绩效进行评价。

13.3.1 评价的时机

可以根据采购的不同发展阶段来评价采购效率。在发展的最初阶段，采购部门总是处于很低的地位，在各项业务活动中处于被动状态。采购部门的效率如何，是由采购部门处理交易的能力来判断的。对交易进行高效处理固然非常重要，但实现战略性采购目标，常常有助于简化或减少交易。

如果管理者把评价的重点放在交易活动本身，就会认为采购主要是一个被动反应的事务性活动。例如，人们可能发现，某个组织的采购活动要听从财务部长的安排。财务部长可能认为采购部门具有以下职能：

（1）下大量的询价单，以鼓励竞争；经常更换供应商。

（2）支付最低的价格。

（3）尽可能地推迟对供应商的付款。

这些目标可能导致以下相应的结果：

（1）因为太多的供应商提供最低价格的原料，所以缺乏长远考虑的动力，而进行长远考虑可能带来战略性节约。

（2）由于没有按时为供应商付款，所以采购员很可能需要把大量的时间花费在催货上。

（3）使用过多的、会增加管理方面工作量的短期订单，而没有花时间去做可能长达几年的长期订货安排。

（4）采购员浪费很多时间在日常订货工作上，而没有在必要的时候使用计算机来对供应进行计划。

但是，很多在采购方面做得很好的公司（如福特公司、IBM 公司、罗孚公司、日产公司或 Marks & Spencer 公司）都提出：采购员应该把时间用在谈判、供应商开发、降低成本和发展内部联系上，而不是把时间花费在日常的管理活动中。

表13.1 所示为随着采购和供应职能的发展而可能采用的评估标准。它说明了用来对绩效进行评价的方法是怎样随着采购活动重心的改变而变化的。在开始阶段，评价主要针对行政办公，其内容很简单。随着采购的发展，评价标准越来越具有战术和战略性，评价标准的范围也在不断扩大。

表 13.1 采购绩效评价标准的发展

采购阶段	状 态	采购绩效指标	工作重点
采购主要由各职能部门完成，采购显得杂乱无章。采购部门很小，处理一些行政工作	低	几乎没有，保持在批准的预算内	购进货物
建立了采购部门，主要处理行政工作。其他部门依然参与采购工作	很低，但正在不断改进，可以通过其他部门向上层领导进行汇报	主要对部门人员的办公效率进行评估，如未处理的订单数及请购单数等	办公效率

续表

采购阶段	状　态	采购绩效指标	工作重点
商业性采购部门	采购部门得到承认，采购部经理向财务处长等部门领导汇报，所有的采购工作由采购部门负责	采购工作中的办公效率，如节省费用、降低成本、提高谈判效率等	采购工作中的办公效率
商业性采购部门，但增加了一些战略性采购活动	直接向董事长汇报，采购部门的领导为采购经理	采购工作中的办公效率，供应商开发及组织内部关系的发展	采购工作中的办公效率，开始对长期采购有效性进行全面评价
采购成为一种战略性商业活动	直接向董事长/董事会报告，采购部门由采购董事负责	与上一阶段相同，但开始关注准时制等战略性采购活动的开发；对供应总成本进行评价	战略有效性

表 13.1 是以 Van Wheel 的研究为基础的，它包括下列 5 个发展阶段。

1．第一阶段

采购基本上是一种被动反应性活动，而且杂乱无章，很少或几乎没有绩效标准。采购活动的主要目标，是根据请购单开出订单并联系供应商。

2．第二阶段

随着采购部门的发展，它很可能要负责处理采购系统中的文书工作。在这个阶段，办公效率是评价采购部门绩效的主要标准。

3．第三阶段

人们更关注采购部门在组织中的商业作用。在这个阶段，可能任命一名采购主管或采购经理。在对办公效率和系统效率进行评价的同时，可能开始要求采购部门根据预算或成本来节约花费。在这个阶段，很可能对节省费用或降低成本的情况进行评价。

4．第四阶段——重要的发展阶段

采购被认为更具有战略重要性。在这个阶段，采购部门对主要供应商的情况更为关注，并因此制定了评价标准，通过供应商优先级评定方案对主要供应商的开发情况进行评价。随着采购活动的进一步发展，采购部门和其他部门之间的联系越来越紧密。内部的这种联系也可能需要被评价。在这个阶段，采购经理向董事长进行汇报。几乎可以肯定，采购部门将关注总采购成本，而不太强调最低价格。

5．第五阶段

采购具有战略重要性，采购部门的领导可能是董事长本人。在这个阶段，评价的重点是战略效益。采购部门实施全球化概念的能力将得到评价，采购部门将更多地关注以下各个方面：

- 向协作生产关系迈进，与供应商进行战略合作。
- 对基层供应人员进行教育。
- 改进供应商的战略状况。
- 改善供应链。
- 全部供应商都采用电子数据交换、准时制、全面质量管理及零缺陷理念。

表 13.2 所示为以 Van Wheel 研究为基础的采购发展各阶段绩效评价的工作重点。评价标准是动态的，必须随着组织的发展而发展。办公效率逐渐让位于成本有效性，并最终被战略重要性所取代。

表 13.2　采购各发展阶段绩效评价的工作重点

采购发展阶段	状　　态	采购绩效指标	工作重点
第一阶段	被动反应性活动	很少或几乎没有	根据请购单开出订单并联系供应商
第二阶段	建立采购部门，其他部门依然参与采购工作	办公效率	处理采购系统中的文书工作
第三阶段	得到承认，任命采购主管	办公效率和系统效率	节省费用、降低成本
第四阶段	商业性采购部门	办公效率，供应商开发	关注总采购成本
第五阶段	战略性商业活动	战略效益	准时制等战略性采购活动的开发；对供应总成本进行评价

13.3.2　评价涉及的领域

评价采购信息时，一般会着重评价下面这些领域：业务采购、与其他部门的协作关系、采购组织和采购系统、创造性业绩、政策的制定、计划和预测。

1．业务采购

在业务采购方面经常使用的评价指标主要有质量、数量、时间、价格和业务成本等。

2．与其他部门的协作关系

虽然采购部门和其他部门的协作关系对于采购部门的整体绩效非常重要，但很难对它进行评价。要评价采购部门和其他部门的协作关系如何，人们通常会使用下面这些评价指标：其他部门的经理对采购绩效抱怨的次数、采购部门的领导对其他部门经理抱怨的次数、应急采购的次数。但是，以上这些评价指标很难付诸实施。

3．采购组织和采购系统

部分公司采用了下述方法。

（1）对各部门定期进行意见调查，以及对主要业务会议和会议记录进行抽样调查的方法。

（2）对采购系统和采购程序进行评价，其结果可能反映出下面这些问题：采购部门内部及公司各部门之间缺乏控制；采购人员或采购系统的工作效率低下；部门缺乏管理，相互间缺乏联系等。

4. 创造性业绩

对创造性绩效进行评价是比较困难的。在评价中可能需要考虑以下问题：

- 通过价值分析，取得了哪些结果？
- 通过供应商价格/成本分析，取得了哪些结果？
- 采购部门是否成功地找到了其他供货源（特别是存在垄断性供应商的情况下）？
- 采购部门与供应商的配合工作，是否提高了公司生产线的生产力和生产效率？
- 采购部门的积极工作，为用户部门的服务增添了哪些内容？
- 是否提高了用户部门的效率？

5. 政策的制定

政策的制定也是一个很重要的方面，对它无法进行定量化评价。令人惊讶的是，很少有组织对自己的采购政策进行过分析。对下列有关政策制定的问题进行分析，可能带来很多好处：确定自制或订购；集中管理的程度；互利性；公司间的交易（在集团中）；单一供货源或多供货源；与供应商合作迈向准时制，协同合作协议。

下面这些指标可被用来判断采购部门在制定政策时的工作质量：

- 是否明确阐述了各项政策？
- 相关人员是否理解并实施了该政策？
- 政策是否随着条件的改变而进行了更新？

6. 计划和预测

计划和预测在采购工作中的作用越来越重要。它所涉及的基本问题包括：采购部门是否参与了公司长期计划和短期计划的制订？如果是，参与程度如何？提出的建议和意见的质量如何？在什么时间范围内？支持这些意见的预测起到了怎样的作用？预测结果不必完全准确，但随着时间的推移，预测的准确性及相应的各种评论的质量都应该有适当的提高。预测的内容可能包括行业关系、供应和需求、价格、技术发展、可能对供应市场产生影响的法律变化和社会变化等。

13.3.3 评价的策略

1. 制度化

制度化是采购绩效评价持续、规范、有效进行的重要保证。只有将采购绩效评价的目的、原则、组织、方式、方法、步骤、内容、时机及指标体系等以规章制度的形式进行明确的规定，评价活动才有可靠的依据，才能实现评价的规范化，也才能在持续的评价中通过激励、监督等手段，有效地促进采购机构提高物资采购绩效，实现物资采购的整体目标。

2. 专业化

物资采购绩效评价是一项专业性很强的工作。要求必须有具备专业知识的评价人员、专业的评价队伍和专业的评价组织。只有建立了明确、规范、科学的专业化评价组织，培养既懂物资采购又掌握绩效评价原理的专业化评价人员，形成结构合理、组合科学、专业全面的专业化评价队伍，物资采购绩效评价才能规范、有序、顺畅、高效地进行，绩效评价活动才具有权威性和严肃性，物资采购绩效评价的作用才能真正发挥出来。

3．公开化

物资采购绩效评价的目的之一，就是通过比较评价，达到激励先进、督促后进，共同促进采购事业的发展。只有实行了公开化，才能有效地保证评价结论的公正合理，才能使参与物资采购的有关各方透明地知道评价结果，从而使采购部门产生向上的压力和动力，通过有效的激励更好地达到绩效评价目的。

13.3.4　评价的方式和原则

1．评价的方式

对采购人员进行工作绩效评价的方式，可分为定期和不定期两种。定期评价配合公司年度人事考核制度进行。一般而言，以人的表现为考核内容，对采购人员的激励及工作绩效的提升并无太大作用。如果以目标管理的方式，即从各种绩效指标中，选择当年度重要性比较高的项目作为考核目标，年终按目标实际达成程度加以考核，则必能提升采购绩效。至于不定期的绩效评估，则是以特定项目方式进行。例如，公司要求某项特定材料的采购成本降低一定的水平，当设定期限一到，即评价实际的成果是否高于或低于设定的水平，并以此为依据给予采购人员适当的奖惩。这种评价方式对提高采购人员的士气有较大的帮助。

2．评价的原则

采购绩效评价必须遵循以下基本原则：

- 绩效评价必须持续进行，要定期地审视目标达成度。当采购人员知道定期地评估绩效，自然能够致力于绩效的提升。
- 绩效评价必须从企业整体目标的观点出发来进行。

13.4　改善采购绩效的措施

前面讨论了采购绩效评价的目的、衡量采购绩效的指标及采购绩效的评价与控制，这些方面是进行采购绩效评价的重要项目。只有充分掌握这方面的知识和方法，并很好地联系各个企业的实际情形，采购绩效评价工作才会有效，对企业采购绩效的提升才能起到重要的作用。

链接 4

但是，提升企业的采购绩效是一项复杂的工作，在理论和实践中都没有一套完全成熟的体系和方法。这里简单介绍几个改善采购绩效的措施。

13.4.1　使用标杆法

如前所述，有许多方法可用来评价组织中采购和供应职能部门的业绩及有关供应商的业绩。有人指出，对供应商业绩或卖主业绩进行的评价，也是对采购部门绩效的测评，这是因为采购部门的绩效应取决于所选供应商的质量和适宜性。

人们在采购活动中使用了很多的监控和评价方法。有时候，计算采购活动中的关键比率并观察比率的变化情况是非常有用的，如采购的支出额、销售额、订单数量、薪水成本、交易数量等。人们普遍认为，如果无法评价一个变量，也就无法对该变量进行控制。在采购活动中收集到的数据，通常既可用作重要的绩效指标，也可用作重要的控制工具。因此，可以考虑在实践中使用标杆法来改善采购绩效。

标杆法既不是以上提到的监控、衡量和评价等的代名词，也不是找出统计数据或其他证据，来说明新供应商、已有供应商或者采购部门本身是否符合规格或要求。标杆法的目的是发现可能存在的“最佳做法”，并试图确定和找出最佳做法中的伴随变量或构成变量。标杆法认为在完成以上步骤后，这些变量就可以被用作主要指标（标杆），并被递交给研究组织，由这些组织来研究出赶上（或超过）这些绩效指标的做法。但是，标杆法并不是要照搬其他组织的方法和系统。标杆法的重点是找出那些标示组织成功之处的因素。有时候，“最佳做法标杆法”这个术语容易使人误解，事实上“最佳做法标杆法”要说明（因此显得非常重要）的是标杆，而不是做法本身。

在理解了标杆法不是仅照搬其他组织的系统和方法后，还需要理解一点，即标杆法和工业间谍毫不相干。标杆法重点考虑的是衡量和评价，其目的不是衡量和评价本身，而是要了解当前最佳做法所取得的成就，以便在自己的组织中赶上或超过这些绩效。

标杆法包括 5 个基本步骤：

（1）应该在哪些领域采用标杆法？在采购中，几乎所有能被评价的活动都可以使用标杆法。例如，未完成交货量、退货率、生产中断次数及未支付价格指数等。

（2）应该以谁为基准点？首先必须确定最佳做法。有一个显而易见的方法可以确定最佳做法，那就是向供应商打听谁是他们的良好的合作伙伴。也可以对那些成功的组织（使用人们普遍接受的市场份额或盈利状况指标来评价）进行分析，考察它们的采购运作方式。一些工业观察家或专业机构也可以为我们提供正确的建议。

（3）怎样来获得信息？大部分有用的信息都可以从公共信息领域获得。管理类杂志和贸易出版社也出版了大量有关信息。此外，一些成功的经理或组织也很乐意与他人分享信息。与其他人的交往也会有助于收集这些信息。当然，如果竞争对手对标杆法感兴趣（那些起主导作用的组织很可能如此）则更好，信息交流对双方都有好处。

（4）怎样对信息进行分析？标杆法并不是为了信息本身而关注信息的。我们不仅要收集所需要的数据，还要充分地对同类数据进行对比分析。通常，统计数据、比率及其他一些“硬”信息要比看法或奇闻之类的信息更具有价值。

（5）怎样来利用这些信息？一般来说，如果发现有人在某个活动领域中的表现优于自己，就应该着手去赶上或超过他们。制定出自己的绩效标准，并设计出适当的方法来达到这些标准。当然，这样做也意味着需要使用大量的资源，这就要求高层管理者积极支持标杆法。不能把标杆法仅仅作为另一种重要的采购管理方法来运用。如果不把标杆法作为组织的一项政策，标杆法就不会发挥它应有的作用。

链接 5

如今，竞争性标杆法也正在成为另一种应用越来越广泛的评价方法。这个方法的基本做法是：相关的某个公司及其他一些公司，一起把数据递交给一个中立的第三方组织，由这个中立的组织制作出一张绩效等级排名表，但是表中不列出相关组织的名称。这种方法在电子工业中得到了广泛的应用。

13.4.2　实施电子采购

电子采购就是“在网上进行买卖交易”，其内涵是：企业以电子技术为手段，改善经营模式，提高企业运营效率，进而增加企业收入。它极大地降低了企业的经营成本，并能帮助企业与客户及合作伙伴建立更为密切的合作关系。20 世纪 80 年代，IBM 的采购像所有的传统采购方式一样，各自为政、重复采购的现象非常严重，采购流程各不相同，合同形式也是五花八门。这种采购方式不仅效率低下，而且无法获得大批量采购的价格优势。90 年代，IBM 公司决定通过整合信息技术和其他流程，以统一的姿态出现在供应商面前。IBM 开发了自己的专用交易平台，实施电子采购。此项措施有效地降低了管理成本、缩短了订单周期、更好地进行了业务控制，IBM 的竞争优势由此得到显著提高。普遍的实践表明，电子采购具有更高的绩效。

13.4.3　采用多种绩效指标

前面介绍了评价采购绩效的常用指标体系，但是要全面地提高企业的采购绩效，可以考虑多种绩效指标，也就是常见指标以外的一些指标。

1．采购部门商业活动的质量

一般认为，采购主要是一种商业职能，采购部门所进行的商业活动是评价采购绩效的重要方面。这些商业活动的质量是评价采购效益的一个主要指标。例如，要评价采购效益，需要分析采购部门是否参与了新产品从构思到生产的开发工作，采购部门对市场的了解程度如何。从战略上看，要求采购部门紧跟市场的发展，关注世界其他地方的市场状况，而不仅仅是了解当前市场的情况。

2．采购部门的参与程度

产品知识也是一种用来评价采购部门在商业活动中的参与程度的指标，它包括对竞争对手的产品及产品部件或原料的了解情况。这就要求采购部门要全面地参与到保证组织生存的战略的制定过程中。例如，如果某种产品的生命周期在缩短，那么希望在这些产品的市场竞争中取得优势的公司就必须加快产品创新的步伐。很少有哪个组织可以单独做到这一点，大多组织需要主要供应商和他们一起工作（如可以采取协作生产的方式合作），并对供应商进行激励和管理。在评价采购绩效时，必须对这些问题进行考虑。在评价生产率的改进状况及质量计划时，同样也需要如此。

3．信息系统的开发与实施

在这个电子数据交换非常重要的时代，信息系统的开发与实施也是非常重要的评估指标。例如，一家英国零售公司要求采购人员在 20 个月内和公司最重要的 20 名供应商建立起电子数据交换联系。

4．采购部门评价系统

采购部门评价系统本身也可以是重要的评价指标。例如，是否对主要供应商的绩效进行了评价？该信息是否用于管理和控制？从这个过程得到的数据是否对供货决策有影响？

13.4.4 向领导层报告

一般企业的业务成功，与管理层的关注和支持是分不开的。采购绩效的提升与企业领导层的关系重大，领导层的关注是采购部门提升绩效的重要驱动力。因此，采购部门与企业领导层的联系异常重要。一般来说，采购部门应按照规定的要求向管理层报告。

无论使用什么系统来对采购工作进行评价，都需要制定报告书，对采购部门的工作范围、采购目标及采购绩效进行说明。报告书包括当前和预测的市场条件，以及其他对高层管理者有用的信息。例如，相关新产品的数据、新原料和新流程、有关供应源开发的信息、关于主要原材料的市场信息及对相关公司政策和战略的建议。报告书的信息质量很重要，报告书的表达方式也同样重要。只有那些表达方式非常专业的报告书才会引起工作繁忙的高层领导者的注意。报告书应该包括哪些内容？多长时间撰写一次报告？报告应该采用怎样的表达方式？这些问题的答案只能视具体情况而定。根据经验，在必要的时候进行报告是很有用的。有些公司要求部门经理定期进行报告，并在其他必要的时候也撰写相关的报告。例如，如果市场很动荡，或者如果某产品的原料含量太高，这时就需要进行报告。报告包括周报、季报和年报，它们记载了采购部门在相应时期内的主要活动。

所有报告的内容都必须简明扼要，报告的首页一般是内容概要，可以使用图画、图解或图表来说明那些支持论据的数据资料。报告书的正文部分，应该只提供统计汇总信息。如有必要，可以把详细的统计数字写在附录中，对汇总信息进行说明。如果需要下结论或提出建议，通常把结论和建议放在报告书的结尾部分（也有些报告书把这些内容放在开头部分）。在撰写报告时应该注意，如果对某些信息有怀疑，就不能把它们包括在报告内容中。另外，在撰写报告时，应该站在管理者的角度。需要明确的是：汇报的目的是什么？阅读报告书的人希望得到哪方面的信息？他希望在什么时候阅读报告书？如果他去年、上个月或上周需要这些报告，则不一定表明他现在仍然需要它们。

在工作中，顾问的任务之一是确定采购部门的效益。事实上，他会在考虑了多方面因素的基础上判断采购部门的绩效。咨询项目的内容，会因为被审核组织的种类、组织所面对的市场及组织供货市场的不同而不同，不过大多数咨询项目都会包括一些相同的基本内容。

通过向管理层报告，采购部门可以了解管理层对采购工作的态度，而且撰写报告的过程也是对整个采购绩效进行初步评价的过程。同时，企业管理层的关注也是采购部门的压力和动力，对改进提高企业的采购绩效大有裨益。

链接 6

本章小结

采购绩效评价是现代采购管理的重要内容。本章分析了采购绩效评价的必要性和目的，着重探讨了采购绩效评价指标体系的建立。同时，对采购绩效评价与控制的原则、时机、策略和方式做了详细的论述，并提出了企业采购绩效的措施。

评估练习题

1. 能力测验

你是否能够：

□ 说出采购绩效评价的意义和目的？

□ 说明采购绩效衡量指标设定的内容和前提？

□ 说出采购活动评价指标体系的组成，并用公式加以阐述？

□ 说出采购综合评价指标体系的组成，并用公式加以阐述？

□ 说明以 Van Wheel 的研究为基础的采购标准的发展历程？

□ 阐述在评估采购信息时，一般会评价的领域？

□ 说明绩效评价的策略？

□ 说明绩效评价的方式和原则？

□ 说出改善采购绩效评价的具体措施？

□ 定义电子采购，举例说明 IBM 是如何提高采购绩效的？

练习题参考答案

2. 关键术语回顾

________指发现可能存在的“最佳做法”，并试图确定和找出最佳做法中的伴随变量或构成变量，然后这些变量就可以被用作主要指标，并被递交给研究组织，由这些组织来研究出赶上（或超过）这些绩效指标的做法。

3. 关键概念回顾

◆ **单项选择题**

（1）________主要是指一定时期内采购部门承担和完成的采购任务的总量。

A. 采购任务总量　　B. 采购资金节约情况

C. 采购费用情况　　D. 采购活动资金率

（2）到货质量合格率和订货差错率是采购组织绩效指标中的________。

A. 时间指标　　B. 质量指标

C. 效率指标　　D. 组织系统指标

（3）________是指报告期采购费用（C_P）占报告期采购总金额（P）的百分率。

A. 采购计划完成率　　B. 采购费用率

C. 采购资金节约率　　D. 采购成本节约率

（4）________是指产品知识也是一种用来评价采购部门在商业活动中的参与程度的指标，它包括对竞争对手的产品及产品部件或原料的了解情况。

A. 采购部门商业活动的质量　　B. 信息系统的开发与实施

C. 采购部门的参与程度　　D. 采购部门的评价系统

（5）当采购成为一种战略性商业活动时，直接向董事长/董事会报告，采购部门由________负责。

A. 采购科长　B. 采购处长　C. 采购经理　D. 采购董事

◆ 多项选择题

（6）采购绩效评价的目的包括________。

A. 确保采购目标的实现　　B. 提供改进绩效的依据
C. 促进部门关系　　D. 协助甄选人员与训练
E. 作为个人或部门奖惩的参考

（7）采购活动评价指标体系包括________。

A. 采购总量指标　　B. 物资符合性指标
C. 服务效率指标　　D. 财务绩效指标
E. 客户反馈指标

（8）供应商绩效指标包括________。

A. 物资供应满意度　　B. 供应商满意度
C. 供应商流动比率　　D. 供应商交货及时率
E. 供应商信用度

（9）评价采购信息时，一般会着重评价的领域有________。

A. 业务采购　　B. 计划和预测　　C. 创造性业绩
D. 政策的制定　　E. 采购组织与采购系统

（10）采购绩效评价的策略包括________。

A. 规范化　　B. 制度化　　C. 专业化
D. 公开化　　E. 合理化

◆ 判断题

（11）采购绩效衡量指标的设定是采购绩效评价的重要内容。一个有效的采购绩效评价方案，绩效指标的确定是一个重要的环节。（　　）

（12）采购绩效评价指标体系大致可分为采购活动评价指标体系和采购综合评价指标体系。（　　）

（13）物资符合性指标主要用来评价采购部门在采购活动中的响应、沟通、支持等服务表现。（　　）

（14）采购绩效评价标准是动态的，必须随着组织的发展而发展。（　　）

（15）对采购人员进行工作绩效评价的方式，可分为定期和不定期两种。（　　）

4．情景问题

5．案例分析

第14章 采购与供应链管理

学习目标

知识目标：

（1）了解传统采购模式的特点。
（2）理解供应链管理环境下的采购特点。
（3）掌握与供应商建立战略伙伴关系的重要性。
（4）掌握战略采购的产生、原则、核心和主要发展趋势。

能力目标：

（1）掌握战略采购的实施步骤和关键因素。
（2）掌握采购绩效评价的具体方法。
（3）学会如何开发全球供应商。

学习重点与难点

（1）供应链管理环境下的采购特点。
（2）战略采购的实施。

引导案例

海尔采购与供应链管理的智慧

海尔在供应链管理上面，并不像一些企业那样纸上谈兵。正如张瑞敏所说，供应链管理最重要的理念就是企业的核心业务和竞争力。

1．供应链管理

从1998年开始，海尔就提出要注重供应链的管理，以优化供应链为中心，在全集团范围内对原业务流程进行了重新设计和再造，与国际化大公司全面接轨，强化了企业的市场应变能力，大大提升了海尔的市场快速反应能力和竞争能力，保证了企业的可持续发展。

海尔在供应链管理上面，并不像一些企业那样纸上谈兵。它有针对自身的情况，做到具体问题具体分析，还会随着周边环境的改变随时调整自己的供应链管理模式。

为了适应供应链管理的发展，海尔必须从与生产产品有关的第一层供应商开始，环环相扣，直到货物到达最终用户手中，真正按供应链的特性改造企业业务流程，使各个节点企业都具有处理物流和信息流的自组织和自适应能力。海尔的供应链纽带离不开技术系统的支撑，公司通过订单处理集中化的方式进行业务重组，由按库存生产转向了按订单生产，开始了海尔现代物流模式。海尔的技术系统也极大地解放了供应链管理人员的生产力，让供应链管理人员可以专心于解决真正的问题而不必陷于纠缠不清的标准扯皮之中。因此， 海尔供应链管理的人员相对较少，效率却更高。

2．采购策略

科学有效的采购管理能达到“双赢”的目的，海尔采取的采购策略是利用全球化网络、集中购买、以规模优势降低采购成本，同时精简供应商队伍。对于海尔来说，这样可以降低采购成本，在获得稳定且具有竞争力的价格的同时，提高产品质量和降低库存水平，通过与供应商的合作，还能取得更好的产品设计和对产品变化更快的反应速度；对于供应方来说，在保证有稳定的市场需求的同时，由于同海尔的长期合作伙伴关系，能更好地了解需求，改善产品生产流程，提高运作质量，降低生产成本，获得比传统采购模式下更高的利润。因此，海尔不断加强采购管理，从采购中节约资本，从采购管理中摇出钱币，使采购成为企业的利润中心！

海尔采购管理的主要特点：

（1）交易过程简化、降低成本。由于供应商与海尔建立了合作伙伴关系，签订供应合同的手续大大简化，不再需要双方多次协商，交易成本也因此降低。同时，质量和交货期也能得到保证，使得采购物料直接进入海尔制造部门，简化了许多不增值的采购工作流程。

（2）确保质量。海尔采购部采购原料的质量与海尔最终产品的质量有很大的关系，海尔和供方是供应链上的合作伙伴关系——意味着供应商的资格认证、产品质量、信用程度都是可靠并值得信赖的，这有助于产品质量的保证。

（3）建立采购平台。海尔物流与供应商还搭建了公平、互动、双赢的采购协作平台，通过采购平台，海尔不但加快了整条供应链的反应速度，而且与供应商真正实现了双赢。

3．供应商管理

供应商管理有两种模式，其一是竞争关系模式，其二是双赢关系模式，而现代供应链管理思想的集中表现就是合作与协调。因此，在现代供应链管理趋势下，海尔选择了双赢关系模式，双赢关系模式是一种合作的关系。它强调在合作的供应商和海尔之间共同分享信息，通过合作和协商协调相互的行为。

海尔从1998年开始供应商网络的优化，打散原来的供应商体系，重新选择供应商，以形成强强联合，合作共赢。海尔从侧重质量转向侧重全过程的激励与控制。对供应商的主要激励措施是通过配额分配，配额比例由原来的人工统计数字到现在的由系统根据质量考评、供货考评和价格排名三个综合因素决定。

海尔对供应商资源整合带来的效益显而易见，不仅可以采购到高质量的零部件，还给海尔带来了巨大的经济效益。

海尔对供应商的评价主要侧重质量、成本、交货期、能否参与到早期设计过程等方面，而对供应商的评价包含在对供应商的质量体系考核评价里面。海尔对三个月绩效不合格的供应商进行淘汰，对存在一定问题的供应商，要求其进行整改以保障供货的准时性。

海尔供应商管理的优势：

（1）海尔对供应商给予协助，帮助供应商降低成本、改进质量、加快产品开发进度。

（2）通过建立相互信任的关系提高效率，降低交易/管理成本。

（3）长期的信任合作取代短期的合同。

（4）比较多的信息交流。

4．采购新模式

2014 年，海尔设立海尔大买家采购频道，将超过 500 亿元的年采购开放给全球供应商，领跑“系统深度对接、实时坐收报价”采购新风尚。

海尔这种与时俱进的采购与供应链管理，帮助海尔连续多年蝉联行业第一，并保持 80%的增长速度，资金周转达到一年 15 次，实现了零库存、零运营成本和与顾客的零距离，突破了构筑现代企业核心竞争力的瓶颈。

（资料来源：http://bbs.qianlong.com/thread-9910380-1-1.html）

辩证性思考：

（1）海尔采购管理的特点。

（2）海尔供应商管理的优势。

14.1 采购与供应链的关系

采购是企业的一项基本职能，供应链管理是在市场条件和经济形势日益变化、采购理论和实践不断发展的基础上逐步形成的。当今时代，由于市场竞争的加剧，企业越来越重视供应链管理，希望从整体供应链绩效的提升上获取竞争的优势。具体到采购，它是供应链管理的重要内容之一。采购是沟通生产需求和物资供应的纽带，也是联系企业原材料和半成品生产之间的桥梁。可以通过加强采购管理来增强供应链的系统性和集成性，提高企业的敏感性和响应速度，从而使供应链系统实现无缝连接，为提高供应链企业的同步化工作效率打下基础。

为全面认识采购与供应链的深刻联系，下面先对传统采购模式的特点和供应链环境下采购的特点进行分析，在一个动态的过程中了解采购和供应链的关系。

14.1.1 传统采购模式的特点

传统管理模式下的采购，企业考虑的最主要问题是，采购的价格和以何种方式与供应商进行交易。一般而言，是通过多个供应商报价，充分利用多头竞争，从中选择价格最低的供应商作为合作者。虽然采购物资的质量、数量和交货期也是采购企业关心的问题，但是与价格比较处于次要地位，而且这些问题都是通过一些事后验证的方法来实现的，及时性很差，经常造成生产上的重大损失。归纳起来，传统的采购模式具有如下几个特点。

1. 传统的采购过程是典型的非信息对称的博弈过程

供应商的选择是传统采购的一个首要任务。在采购过程中，存在两种信息非对称现象。

（1）采购方与供应商的信息非对称。这是因为采购方为了从多个竞争性供应商中选择一个最佳的供应商，往往会保留私有信息。若供应商获得的关于采购方的信息越多，在竞争中获胜的机会就越大，这样对采购方是不利的。

（2）供应商与供应商也存在着信息不对称。因为各供应商都想在竞争中获胜，而自己的信息被其他供应商知道得越多，自己被击败的可能性就越大。这样，供需双方及供方之间都不能进行有效的信息沟通，这是传统采购过程的一大特点。

2. 质量控制不及时

商品质量与交货期是采购方要考虑的另两个重要因素。在传统的采购模式下，由于采购方很难参与供应商的生产组织过程和有关质量控制活动，供应商的产品质量信息在采购前很难被采购方知晓，而采购方只有在采购后的验收过程中才能知道所购商品的质量是否符合预定的标准，这时再换货、退货或寻找其他供应商有可能给企业的生产造成巨大损失。因此，缺乏合作的质量控制会导致采购方对采购商品质量的控制难度加大。

3. 供需双方的合作关系短暂

在传统采购模式中，供需双方之间的关系是临时性的，二者竞争往往多于合作。正是因为供需双方的信息不对称，缺乏有效的沟通，二者间缺少合作的气氛，相互抱怨、扯皮的事情较多，很多时间消耗在解决日常问题上，没有更多的时间来做长期性预测和计划工作。

4. 响应用户需求的能力迟钝

由于供应与采购双方在信息的沟通方面缺乏及时的信息反馈，在市场需求发生变化的情况下，采购方也不能改变供应方已有的订货合同。因此，采购方在需求减少时，库存增加；在需求增加时，则会出现供不应求，重新订货又需要增加谈判过程。供需之间对用户需求的响应没有同步进行，缺乏应付需求变化的能力。

上面介绍了传统采购模式的特点，下面介绍供应链管理环境下采购的新特点，从中可以发现采购与供应链的紧密联系。

14.1.2 供应链管理环境下的采购特点

在供应链管理模式下，对采购工作的要求一般可以用 5 个“恰当”来描述：

- 恰当的数量。实现采购的经济批量，既不积压又不会造成短缺。
- 恰当的时间。实现准时制采购管理，既不提前，给库存带来压力；也不滞后，造成缺货。
- 恰当的地点。实现最佳的物流效率，尽可能节约采购成本。
- 恰当的价格。达到采购价格的合理性，价格过高会造成浪费，价格过低会难以保证质量。
- 恰当的来源。力争实现供需双方之间的合作协调，达到双赢的效果。

可以看出，传统采购和供应链管理环境下的采购具有完全不同的思想。因此可以说，采购的理论和实践是随着供应链思想的发展而不断发展的。为了实现上述 5 个“恰当”，供应链环境下的采购必须对传统采购模式做出一些新调整和改变。具体来说，供应链环境下的采购呈现以下特点。

1．从库存驱动向订单驱动转变

在传统的采购模式中，采购的目的很简单，就是补充库存，防止生产停顿，即为库存而采购，可以说传统的采购是由库存驱动的。采购部门并不关心企业的生产过程，不了解生产的进度和产品的需求变化。在供应链管理模式下，采购活动是以订单驱动的——制造订单驱动采购订单，采购订单再驱动供应商。订单驱动的采购方式有如下特点：

- 信息传递方式发生了变化。在传统采购方式中，供应商对制造商的生产过程不了解，也无须关心制造商的生产活动。但在供应链环境下，供应商能共享制造商信息，订货过程中不断进行信息反馈，修正订货计划，使订货与需求保持同步。
- 缩短了对用户的响应时间。在同步化供应链计划的协调下，制造计划、采购计划、供应计划能够并行，从而缩短了对用户的响应时间，实现了供应链的同步化运作。
- 签订供应合同的手续大大简化。信息沟通的及时、合作关系的建立，使供需双方之间不再需要询盘、报盘的反复协商，交易成本也大为降低。
- 采购物资直接进入制造部门，可以减少采购部门的工作压力和不增加价值的活动过程，实现供应链的精细化运作。

可见，在供应链管理环境下，采购工作的思路发生了根本的变化。

2．采购管理向外部资源管理的转变

在传统的采购模式中，供应商对采购部门的需求有一个时滞。另外，采购部门对产品质量的控制也只能进行事后把关，不能进行实时控制，这些缺陷使供应链企业无法实现同步化运作。如何才能使这种事后把关变成事中控制呢？可以采用供应链外部资源管理的形式加以解决。

所谓在供应链管理中应用外部资源管理，是指把供应商的生产制造过程看作采购企业的一个延伸部分，采购企业可以“直接”参与供应商的生产和制造流程，从而确保采购材料质量的一种做法。外部资源管理是实现供应链管理的系统性、协调性、集成性和同步性，实现供应链企业从内部集成走向外部集成的重要一步。要实现外部资源管理，采购企业一般应从以下方面入手：

（1）与供应商建立一种长期的、互利合作的协作伙伴关系。这种合作关系保证供需双方能够有合作的诚意和参与双方共同解决问题的积极性。

（2）通过提供信息反馈和教育培训支持，在供应商之间建立质量改善和质量保证机制。在个性化需求的今天，产品的质量是由顾客的要求决定的，而不是简单地通过事后把关所能解决的。质量管理工作需要在下游企业提供相关质量要求的同时，及时把供应商的产品质量问题反馈给供应商，以便其及时改进。对个性化的产品质量要提供有关技术培训，使供应商能够提供合格的产品和服务。传统采购管理的不足之处是，供应商缺少下游企业关于本企业的产品质量的信息要求和信息反馈。

（3）参与供应商的产品设计和产品质量控制过程。同步化运营是供应链管理的一个重要思想。通过同步化的供应链计划使供应链各企业在响应需求方面取得一致性的行动，从

而增加供应链的敏捷性。实现同步化运营的措施是并行工程。制造商企业应该参与供应商企业的产品设计和质量控制过程，共同制定有关产品质量标准等，使需求信息能够很好地在供应商的业务活动中体现出来。

（4）协调供应商计划。一个供应商有可能参与多条供应链的业务活动，在资源有限的情况下必然造成多方需求争夺供应商资源的局面。在这种情况下，下游企业的采购部门应主动参与供应商的协调计划。在资源共享的前提下，保证供应链的正常供应关系，维护企业的利益。

（5）建立一种新的、有不同层次的供应商网络，对供应商的数量进行管理。一般而言，供应商的数量越少越有利于双方的合作。但是，企业的产品对零部件或原材料的需求是多样的，因此企业应根据自己的情况选择适当数量的供应商，建立自己的供应商网络。

应该注意的是，外部资源管理并不是靠采购方的单方面努力就能够实现的，还需要供应商的配合和支持。例如，对下游企业的问题做出快速反应；基于用户的需求，不断改进产品和服务质量等。

14.1.3 基于战略伙伴关系的采购方式

在传统的采购模式中，供应商与需求企业间是一种简单的买卖关系，无法解决涉及全局性和战略性的供应链问题，而基于战略伙伴关系的采购方式为解决这些问题创造了条件。这些全局性的战略问题主要有：

- 库存问题。在传统管理下的采购模式中，各级企业无法共享库存信息，不可避免地产生需求信息的扭曲现象，即牛鞭效应；在供应链管理模式下，供应与需求双方可以共享库存数据，采购决策过程变得透明，减少需求信息的失真现象。
- 风险问题。供需双方通过战略性合作关系，可以降低由于不可预测的需求变化带来的风险，如运输风险、信用风险和产品质量风险等。
- 合作伙伴关系问题。通过合作伙伴关系，双方可以为制订战略性的采购供应计划共同协商，不必为日常琐事消耗时间与精力。
- 降低采购成本问题。战略伙伴关系避免了许多不必要的手续和谈判过程，信息的共享避免了因信息不对称决策可能造成的成本损失。
- 准时制采购问题。战略合作伙伴关系消除了供应过程的组织障碍，为实现准时制采购创造了条件。

由此可见，在采购理论和实务中，对采购工作的具体要求、采购管理思想的变化和采购中与供应商的关系等，都是随着供应链管理思想的发展而发生变化的。因此，采购存在于供应链管理之内，是供应链管理中最重要的环节之一。供应链管理思想提升了采购的要求，采购的实际运作实现了供应链管理思想，二者在紧密联系中共同促进、共同发展。

链接 1

14.2 战略采购

所有的组织都需要对未来进行规划，这涉及建设框架以使计划得以形成。组织一旦确立了战略目标，就可以着手制定策略。商业结构的所有方面，包括采购，都牵涉这一过程。

传统采购趋向于被纳入日常经营活动的范围内，并且也未发挥出对组织应有的贡献。因此，采购必须参与战术和战略决策。

战略采购是一种系统性的、以数据分析为基础的采购方法，着眼于降低企业采购总成本。它要求公司确切了解外部供应市场状况及内部需求，通过对供应商生产能力及市场条件的了解，公司可以战略性地将竞争引入供应机制和体系以降低采购费用。另外，战略采购通过协助公司更加明确地了解内部需求模式，从而有效地控制需求。通过深入的价值分析，公司甚至能比供应商自己更清楚供应商的生产过程和成本结构。有了这种以数据分析为基础的方法，公司在供应商选择、谈判及关系维持管理方面能够获得很大支持。同时，战略采购使公司重新定义如何与供应商交易、永久降低成本基础和提高供应商的价值贡献，从而确保成本降低。对很多公司而言，外部采购占公司平均费用的 60%～80%。所以这部分的支出哪怕是微量减少，都将对公司盈利带来相当大的影响。

14.2.1　战略采购的产生

战略采购诞生于 20 世纪 80 年代的美国。在 70 年代，经济快速增长之后，领先企业开始寻找提高股东价值的方法。在改进销售和客户服务之后，人们的注意力转移到如何通过资产合理化、日常经营和机构重组来实现内部成本的降低。当时，作为在业务运营管理方面领先的咨询公司——科尔尼公司指出：内部花费和成本通常只占企业总支出的 20%～30%，其余部分（外部采购支出）却被普遍忽视了。科尔尼公司推出了战略采购方法论，用以帮助客户更加有效地管理外部采购。通过战略采购使成本大大降低、收益巨额增长，那些迫切想提高自己竞争实力的企业很快就将战略采购作为新的关注点，以及创造股值增长的新源泉。

战略采购首先在美国得以应用，然后被迅速传至欧洲和世界的其他地方。跨国企业开始在海外实行战略采购，后来它们通过全球采购将各种采购活动整合起来。电子时代的革命为战略采购提供了一个新的契机。科尔尼公司意识到信息的电子传送将使战略采购的作用更加强大，因此很快改进了公司的产品设计。现在，科尔尼公司为客户提供了一个具有网上采购和拍卖功能的产品（e-Breviate），这个产品已经使不少用户节约了更多的成本，并实现了更多的收益，而且速度更快。

相关链接

战略采购是一种有别于常规采购的思考方法，它与普遍意义上的采购的区别是，前者注重的是“最低总成本”，而后者注重的是“单一最低采购价格”。战略采购是以最低总成本建立服务供给渠道的过程，一般采购是以最低采购价格获得当前所需资源的简单交易。战略采购的构成如下。

（1）供应商评价和选择。它是战略采购最重要的环节，供应商评价系统（Supplier Evaluation Systems，SES）包括：

1）正式的供应商认证计划。

2）供应商业绩追踪系统。

3）供应商评价和识别系统。

（2）供应商发展。由于在选择供应商时对供应商的业绩有所侧重，有时，目标供应商的业绩符合买方企业的主要标准，而在其他方面不能完全符合要求；或有些潜在贡献能力未得到发挥，买方企业就要做一系列的努力，提高供应商的业绩。Krause 和 Ellram 称供应商发展（Supplier Development）是“买方企业为提高供应商业绩或能力以满足买方企业长期或短期供给需求对供应商所做的任何努力”。这些努力包括：

1）与目标供应商进行面对面的沟通。

2）公司高层和供应商就关键问题进行交流。

3）实地帮助供应商解决技术、经营困难。

4）当供应商业绩显著提高时，有某种形式的回报或鼓励。

5）培训供应商员工等。

（3）买方—卖方交易关系的建立。战略采购要和目标供应商完成战略物资的交易。战略采购使买方—卖方的交易关系长期化、合作化。这是因为战略采购对供应商的态度和交易关系的预期与一般采购不同。战略采购认为：

1）供应商是买方企业的延伸部分。

2）与主要供应商的关系必须持久。

3）双方不仅应着眼于当前的交易，也应重视以后的合作。

4）采购整合。随着采购部门在公司中战略地位的提高，采购逐渐由程序化的、单纯的购买向前瞻性、跨职能部门、整合的功能转变。采购整合是将战略采购实践和公司目标整合起来的过程。与采购实践不同，采购整合着眼于企业内部，目的是促进采购实践与公司竞争优势的统一，转变公司高层对采购在组织中战略作用的理解。

辩证性思考：

（1）战略采购和一般采购的区别是什么？

（2）在实施战略采购时，应从哪些方面入手？

14.2.2 战略采购的原则

战略采购的好处是，充分平衡企业内外部优势，以降低整体成本为宗旨，涵盖了整个采购流程，实现了从需求描述到付款的全程管理。战略采购包括以下几个重要原则。

1. 考虑总成本

成本最优往往被许多企业的管理者误解为价格最低，只要购买价格低就好，很少考虑使用成本、管理成本和其他无形成本。采购决策的依据就是单次购置价格。例如，购买一台复印机，采购的决策者如果忽略了采购过程中发生的电话费、交通费、日后维护保养费用、硒鼓纸张等消费品情况、产品更新淘汰等因素，而只考虑价格，采购的总成本实际上没有得到控制。采购决策影响着后续的运输、调配、维护、调换乃至产品的更新换代，因此必须有总体成本考虑的远见，必须对整个采购过程中所涉及的关键成本环节和其他相关的长期潜在成本进行评估。

2. 在事实和数据信息基础上进行协商

战略采购过程不是对手间的谈判，而应该是一个商业协商过程。协商的目的不是一味比价、压价，而是基于对市场的充分了解和企业自身长远规划的双赢沟通。在这个过程中需要通过总体成本分析、第三方服务供应商评估、市场调研等，为协商提供有利的事实和数据信息，帮助企业认识自身的议价优势，从而掌握整个协商的进程和主动权。

3．采购的终极目标是建立双赢的战略合作伙伴关系

双赢理念一般很少用在采购中，更多的企业管理者更喜欢“单赢”。事实上，双赢是“放之四海而皆准”的真理，它在战略采购中也是不可或缺的因素，许多发展势头良好、起步较早的企业一般都建立了供应商评估与激励机制，通过与供应商长期稳定的合作，确立双赢的合作基础，取得了非常好的效果。在现代经济条件下，市场单靠一两家企业是不能通吃的，必须运用“服务、合作、双赢”的模式，互为支持，共同成长。

4．制衡是双方合作的基础

企业和供应商本身存在一个相互比较、相互选择的过程，双方都有其议价优势。如果对供应商所处行业、供应商业务战略、运作模式、竞争优势、稳定长期经营状况等有充分的了解和认识，就可以帮助企业发现机会，在双赢的合作中找到平衡。现在，已有越来越多的企业在关注自身所在行业发展的同时，开始关注第三方服务供应商相关行业的发展，考虑如何利用供应商的技能来降低成本，增强自己的市场竞争力和满足客户。

14.2.3 战略采购的核心

战略采购是国内外物资采购与供应领域中一种比较先进的工作程序，是一个复杂、严密、高效的系统工程。它是一种方法、一种程序，更是一种理念。它是企业通过严谨而系统的工作程序，在维持并改进品质、服务与技术水平的同时，降低外购物资、物品与服务的整体成本。它把物资采购供应纳入企业整体战略发展规划来研究，其核心是价值、质量、成本和供应商关系。

1．价值

价值是企业通过战略采购所要获取的最终成果与整体价值取向，也就是通过战略采购要达到什么样的效果，对企业的经营带来多大的收益，对企业经营和技术进步带来多大推动，同时包括了对供应商利益的维护。

2．质量

质量包括两个层面的含义。

（1）购买商品本身的质量，也就是购买方与供应方买卖行为共同指向的标的物的质量，既包括所采购的物资本身的质量，即物资的核心质量；又包括供应方所能提供的产品服务和质量保证，是采购物资核心质量的延伸，也是采购者所能获取的价值附加值。这两者构成了采购物资的整体质量。

（2）采购工作本身的质量，也就是通过战略采购使企业的物资采购与供应工作整体水平提高到一个新的层次，提升企业的物资采购与供应效率，继而提升企业物资采购与供应的整体工作水平和档次。

3．成本

成本就是战略采购所带来的成本收益，在发挥企业整体优势的基础上降低了多少经营成本。特别是集团式企业，通过战略采购工作的实施，必将能够形成“捆绑”效应。一方面，通过采购量的整合，提高企业讨价还价的能力；另一方面，可以集中企业的物资采购与供应人员的力量，发挥人员和网络的最大潜力。

4．供应商关系

供应商关系就是通过战略采购工作的开展，在对企业的供应商网络渠道优胜劣汰、重新整合的基础上，在利益兼顾、保证双赢的基础上，发展和维护良好的合作关系。

14.2.4 战略采购的实施步骤和关键因素

从价值链的角度来看，如果说在传统的大规模生产方式下，顾客处于价值链最末端的话，那么在当前需求链开始拉动供应链的时代，顾客已经走到了价值链的最前端。采购方和供应商框架结构和运作过程以消费者为中心，并且面向需求链进行高效运作。在此基础上，采购方和供应商共同负责开发单一、共享的消费者需求预测系统，这个系统驱动整个价值链计划，同时双方均承诺共享预测，并在消除供应过程约束上共担风险。为能真正有效地达到降低本企业的原材料库存、减少供应周期时间和降低成本的目标，战略采购应从以下几个步骤入手实施。

（1）创建需求链采购团队。该团队必须对需求链采购的目标、流程和技能有深入的理解和认识，接受过专业的培训和考核。他们将承担的责任是与供应商谈判签订需求链采购合同；向供应商发放免检签证；对供应商进行新型采购模式的培训和教育；改善与供应商接口流程的效率等。

（2）销售、研发、生产与采购等部门定期召开周度、月度的预测会议。一方面，对以往需要量进行历史数据统计分析；另一方面，对现阶段和未来的需要量做出最佳滚动预测，确保生产和采购供应的及时可得和订单满足率。同时，有关新产品上市的最新进度也将在会议上及时通报，以便各部门做好相应准备。

（3）分析现状，确定供应商。从采购物品中选择价值大、体积大的主要原材料及零部件作为出发点，结合供应商关系，优先选择伙伴型或优先型供应商进行需求链供应可行性分析，确定实施对象。

（4）设定改进目标。针对供应商目前的供应状态，提出改进目标。改进目标包括供货周期、供货批次、库存等。目标的改进需要限定时间。

（5）制订实施计划。该计划要明确行动要点、负责人、完成时间、进度检查方法。首先，将原来的固定订单改为非固定订单。订单的订购量分成两部分：一部分是已确定的，供应商必须按时按量交货；另一部分将随市场需求的变动而增减，也就是说，供应商会根据企业每月更新的半年需要量预测进行原材料准备，安排生产计划。如果出现预测百分比超出 10%，供应商有权提醒企业对所做预测再次检查。其次，企业必须对生产周期、供应商的生产交货周期、最小批产量做出最优规划。再次，调整相应的运作流程，在公司相关人员之间进行沟通、交流、统一认识、协调行动。最后，确定相应工作人员的职责及任务分工。

（6）供应商的培训。必须对供应商进行沟通、培训，使供应商接受需求链供应的理念，确定本公司提出的改进目标，包括缩短工作时间、增加供应频次、保持合适的原材料、在制品及成品库存等。同时，供应商需要配备相关的接口人员。

（7）改进实施。首先要考虑原材料的质量改进和保障，同时为改善供应，要考虑改善标准、循环使用的包装、周转材料与器具，以缩短送货的装卸、出入库时间。实施的主要环节是将原来的独立开具订单改为滚动下单，并将订单与共享的滚动计划预测结合起来。

（8）定期进行绩效考评。衡量需求链供应实施绩效要定期检查进度，以绩效目标的具体化关键指标来评估和控制整个过程的实施，图表和趋势图是较常用的报告形式。

面向需求链的战略采购从本质上说是一种企业战略思维的转变，它不仅是一套采购的技能，更是范围广泛的一套组织能力。战略采购成功的关键因素总结如下：

- 高层管理者真正认识到战略采购是与企业的损益情况、再订购水平、产品质量紧密关联的，并将采购置于与营销、生产职能同等重要的战略地位和岗位上。
- 在向价值链的合作伙伴推广全面的需求链战略采购之前，首先要确保整个企业内部已经成功实施了需求链拉动的运营模式，并且行之有效。
- 建立双赢的采购战略，包括建立总成本模型、建立并保持供应商关系、整合供应网、利用供应商创新、发展全球供应基地。
- 采购过程的几个要素包括减小批量、频繁而可靠的交货、提前期压缩并且可靠、保持物料采购长期的高质量。
- 需求链采购功在现在，利在长久。不要被短期的成本上升、协调困难、内部阻力、供应商的抱怨所吓退，甚至放弃。坚持不懈地按照正确的步骤和原则进行沟通，终能打破坚冰，使企业获得长期丰厚的利润回报。

相关链接

战略采购（Strategic Procurement）是一种有别于常规采购的思考方法。如果想了解更多有关战略采购方面的知识，可以访问 http://wiki.mbalib.com/wiki/%E6%88%98%E7%95% A5%E9%87%87%E8%B4%AD，弄清以下问题：什么是战略采购？什么是战略采购的重要原则？战略采购实施的几种方式是什么？战略采购的影响因素是什么？

14.2.5　战略性采购与管理的主要发展趋势

链接 2

1．电子商务采购

电子商务采购是伴随着信息技术的发展而产生、演化的。电子商务采购能成为当今采购管理的重要趋势，在于通过互联网、企业内部网及其他外部网络技术，使众多的交易企业可以实时地进行信息沟通、访问电子目录，从而以最低的采购成本获取经济利益最大的产品。电子商务采购的潜在运用还包括订单跟踪、资金转账、产品计划和进度安排、收据确认等，从而最终加速企业运作、缩短前置时间，同时把大量的人力资源从烦琐的事务性工作中解放出来，全面降低企业采购管理的成本。电子商务采购能蓬勃发展的原因还在于它具有快速、低成本地整合上、下游资源和信息的能力。

但是，在充分认识这种采购管理的巨大优势的同时，也应该看到这种采购趋势的局限性：

（1）采购管理是一个极为复杂的系统工程，既有成本控制、及时采购的要求，又有供应市场的调查、伙伴关系建立等要求。不仅如此，作为企业价值链组成部分的采购活动，往往又与企业其他管理领域发生各种交互行为。因此，合理采购体系的建立不是推行电子商务一方面就能解决的。相反，电子商务采购的顺利开展和绩效的体现，有赖于整个企业管理的规范及竞争行为的规范，甚至行业宏观经营体制的健全。脱离了这些最基本的管理规范和良性经营环境的建立，电子商务采购可能不仅不能发挥应有的作用，反而会加剧企业经营的难度和风险。

（2）电子商务采购尽管是当今企业采购领域的发展趋势，但是并不说明电子商务采购完全适合所有的行业和产品，因为基于公开竞价招标的采购形式不一定适合高附加价值、供给不充分的产品。

2. 战略性采购成本的管理

20 世纪 90 年代以前，企业控制采购成本只是从单一环节出发，所谓单一环节指的是采购成本的降低主要由采购部门负责，而不是企业全体部门共同的职责，在控制降低成本的方法上，主要是考虑供应商与企业单方面作业活动和商品让渡的成本控制。但是，进入 90 年代以后，这种成本控制战略发生了较大的变化：一是企业采购成本的控制绝对不是一个部门的事情，而是企业全体共同的、战略性管理活动，它需要企业从高层领导到各职能部门，甚至基础员工必须全面参与的活动；二是采购成本的降低应当站在供应链管理的角度进行，这样成本降低战略的参与范围扩大，它包含了更多的供应链参与方：企业、客户、供应商、供应商的供应商等供应链中各个环节，所有这些成员将共同合作，寻找成本降低的机会。

3. 战略采购框架的确立

随着采购管理的重要性日益显现，尤其是关键性部件采购的战略主导性和高附加价值性，决定了这些物品采购的关键是与供应商保持密切的合作关系。事实上，这种建立在合作基础上的采购将加强供应链管理和协同物流管理，因为这种采购管理在实现组织效率的前提下实现，它从企业内部的部门开始，接着加强部门间协作效率，然后改善与供应商合作绩效，最后延伸到整个供应链。正是协作采购的行为所推动，致使在采购管理中有两个方面异常重要：

（1）供应商的选择。随着企业互惠职能的不断扩大，供应伙伴能起多大的作用关键在于如何选择供应链伙伴，倾斜的供应链将成为一种竞争优势。

（2）供应双方贡献的确立。供应链成员将继续彼此依赖，共同分享更多的资源，以降低资源的重复建设，实现最大的价值贡献。例如，合作伙伴都将参与制订合作计划的过程，占主导地位的供应伙伴在设计方案和开发产品阶段的影响将越来越大。

只有做到了以上两点，才能建立合作伙伴关系和实现真正的供应商整合。在我们认识到采购供应体系中合作伙伴关系建立的重要性的同时，还应该意识到这种协调性的供应关系并不是针对所有企业供应商的，由于各供应商自身核心能力的差异及产品市场的特征所决定，不可能所有的供应商都能对下游企业提供强大的战略支撑。因此，与供应商的合作与强制管理应该是并存的，即有些供应商与企业的关系是合作型，而有些需要企业以强硬的谈判力和市场地位尽可能地使采购的经济利益向自身方向转移。例如，丰田公司的 JIT 采购，虽然我们也经常听到合作、协调、少源供应等词汇，但同时能听到“在挤干的毛巾中挤出每一滴水”，即如果供应商提供的产品不是在本行业中最低成本的实现者，那么必须每年降低 10%的成本，否则在未来的计划年度中，原来的供应商将被排除到供应体系之外。因此，不能因为今天的采购高度强调供应合作，而使战略供应联盟的概念绝对化，或者忽视了供应管理体系的复杂性。

4．采购外包

由于现代企业经营所需要的物品越来越多，采购途径和体系也越来越复杂，使得企业的采购管理成本很高，影响了关键部件的采购管理绩效，正是在这种状况下，越来越多的企业开始将某些采购活动外包给主要合同商、承包商或者第三方公司。与组织自己进行采购相比，承包商和第三方公司往往可以提供更多的经济利益和购买经验，从而使企业从目前与采购相关的繁重的日常事务管理及高成本中解脱出来。

例如，壳牌公司的加油站出售各种品牌的汽油、食品和饮料，类似一个杂货店。当市场迅速膨胀时，许多后勤的日常事务和配送的流程增加了分立的程度和复杂性。一个网点每星期从 15 个不同的分销商手中接受 40 次配送。可想而知，这样的协调工作，以及对许多网点列出共同管理的时间表，并进行控制和衡量是非常困难的。壳牌公司的解决办法是分销的合理化。一个专门的后勤公司以 5 年 10 亿美元的报酬与壳牌公司订立了协议，该公司负责壳牌公司 90%，即 850 个加油站点的非石油商品的配送。在合同中规定了该公司要确保在每天 7 点左右，把商品送到加油站。这样一星期比以前节省 8 小时，一个加油站节省的金额相当于 2%～3%的毛利。

尽管如此，采购业务的外包往往也是颇具风险的行为，因为今天的采购与生产战略和经营战略紧密相连，采购业务的过分外包，可能造成企业战略机密的泄露，从而损害企业的核心竞争能力。这就给现代企业采购管理带来了极大的难题，即什么样的业务和部件采购或相应的物流活动可以外包，而又有哪些物品和活动必须是自己控制和掌握的。从一般意义上讲，只有非战略性物品或非核心业务才有可能外包，这些物品和业务的外包不会给企业带来较大的负面影响，相反，战略物品和业务活动无论多么复杂、成本多高，都需要企业自己严格控制和运作。

5．全球供应商的开发

随着当今企业经营全球化的发展及跨国业务的不断增长，越来越多的企业在全球开发和利用供应商帮助自己进行业务扩张。在日益激烈的市场中已经出现了发展世界级供应商的现象，而且这一趋势随着互联网的普遍发展而日见明显。但是，在开发和利用全球供应商的过程中，管理工作更为复杂，这不仅是因为需要协调不同文化背景下供应商的行为和管理规范，而且更表现在当开发的供应商，特别是关键部件的供应商，在管理和技术上尚存在差距的状况下，作为主导型的企业是否需要就供应商管理或技术上的差距给予指导或支持，并且这种指导和支持的方法和途径是什么，所有这些都是全球供应商开发过程中所面临的挑战。

本章小结

采购是企业的一项基本职能，在当今企业普遍实行供应链管理的形势下，企业必须充分认识供应链管理环境下采购管理的特点，使得企业和供应商从买卖关系向战略伙伴关系转变。战略采购是企业在新的激烈的市场竞争的情况下的必然选择，企业进行战略采购实践时，必须注意战略采购的核心和相关原则，并注重战略采购的发展趋势。

评估练习题

1．能力测验

你是否能够：

☐ 说明采购与供应链的关系？
☐ 说出传统采购模式的特点？
☐ 说出在供应链管理模式下对采购工作的要求？
☐ 说出在供应链管理环境下所呈现的特点？
☐ 解释采购管理向外部资源管理转变的实施步骤？
☐ 说出全局性的战略问题有哪些？
☐ 识别战略采购的重要原则？
☐ 识别战略采购的核心内容？
☐ 阐述战略采购的实施步骤和关键因素？
☐ 了解战略性采购与管理的主要发展趋势？

练习题参考答案

2．关键术语回顾

________是一种系统性的、以数据分析为基础的采购方法，着眼于降低企业采购总成本。

3．关键概念回顾

◆ **单项选择题**

（1）战略采购诞生于 20 世纪 70 年代的________。

A．美国　　B．英国　　C．日本　　D．德国

（2）________就是通过战略采购工作的开展，在对企业的供应商网络渠道优胜劣汰、重新整合的基础上，在利益兼顾、保证双赢的基础上，发展和维护良好的合作关系。

A．价值　　B．质量　　C．供应商关系　　D．成本

（3）在同步化供应链计划的协调下，制造计划、采购计划、供应计划能够并行，实现了供应链的同步化运作，它是订单驱动的采购方式特点，即________。

A．使信息传递方式发生了变化　　B．缩短了对用户的响应时间

C. 使签订供应合同的手续大大简化　　D. 使采购物资直接进入制造部门

◆ **多项选择题**

（4）传统的采购模式所具有的特点是________。

A. 典型的非信息对称的博弈过程　　B. 质量控制不及时

C. 供需双方的合作关系短暂　　D. 响应用户需求的能力迟钝

E. 采购活动是以订单驱动为主的

（5）在供应链管理模式下，对采购工作的要求一般可用________描述。

A. 恰当的数量　　B. 恰当的时间　　C. 恰当的地点

D. 恰当的价格　　E. 恰当的来源

（6）涉及全局性的战略问题主要有________。

A. 库存问题　　B. 风险问题　　C. 合作伙伴关系问题

D. 降低采购成本问题　　E. 准时制采购问题

（7）战略采购的重要原则包括________。

A. 实现全过程管理　　B. 考虑总成本

C. 制衡是双方合作的基础　　D. 在事实和数据信息基础上进行协商

E. 终极目标是建立双赢的战略合作伙伴关系

（8）战略采购是________。

A. 系统工程　　B. 程序　　C. 方法

D. 理念　　E. 计划

◆ **判断题**

（9）供应链管理环境下的采购和传统的采购具有完全不同的思想，采购的理论和实践是随着供应链思想的发展而不断发展的。（　　）

（10）所谓在供应链管理中应用外部资源管理，是指把供应商的生产制造过程看作采购企业的一个延伸部分，采购企业可以“直接”参与供应商的生产和制造流程，从而确保采购材料质量的一种做法。（　　）

（11）战略采购是国内外物资采购与供应领域一种比较先进的工作程序，是一个复杂、严密、高效的系统工程。（　　）

（12）从价值链的角度来看，在传统的大规模生产方式下，顾客处于价值链最前端，在需求链开始拉动供应链的时代，顾客已经走到了价值链的最末端。（　　）

（13）电子商务采购通过互联网、企业内部网及其他外部网络技术，使众多的交易企业可以实时地进行信息沟通、访问电子目录，从而以最低的采购成本获取经济利益最大的产品。（　　）

4. 情景问题

5．案例分析

参考文献

[1] 安建伟．采购部：10 大管理模板与工具[M]．北京：化学工业出版社，2014.
[2] [奥] Christian Schuh．棋盘博弈采购法（第 3 版）——64 种降低成本及供应商增值协作的工具[M]．北京：清华大学出版社，2017.
[3] [奥]Christian Schuh,[奥]Michael F. Strohmer，[英]Stephen Easton，et.al．首席采购官[M]．吴江，译．北京：清华大学出版社，2016.
[4] [奥]Christian Schuh，[奥]Michael F Strohmer, [英]Stephen Easton, [美]李学芸，等．供应商关系管理——机会与价值最大化[M]．吴江，译．北京：清华大学出版社，2016.
[5] [德]彼得·斯皮勒，等．麦肯锡采购指南[M]．北京：机械工业出版社，2016.
[6] 丁海军．采购学[M]．北京：经济科学出版社，2011.
[7] 符胜利．优秀采购员工作手册[M]．北京：化学工业出版社，2015.
[8] 宫迅伟．如何专业做采购[M]．北京：机械工业出版社，2015.
[9] 姜宏锋．采购 4.0：采购系统升级、降本、增效实用指南[M]．北京：机械工业出版社，2016.
[10] 李锋．采购管理必备制度与表格（第 2 版）[M]．北京：化学工业出版社，2015.
[11] 李恒芳，廖小丽．优秀采购员手册（畅销版）[M]．广州：广东经济出版社有限公司，2011.
[12] 李强．优秀采购员 88 个工作细节[M]．广州：广东经济出版社有限公司，2014.
[13] 李强．优秀采购员成本控制与供应商管理[M]．广州：广东经济出版社有限公司，2014.
[14] 李强．优秀采购员精益管理笔记[M]．广州：广东经济出版社有限公司，2014.
[15] 李政．采购过程控制：谈判技巧·合同管理·成本控制[M]．北京：化学工业出版社，2015.
[16] 梁军．运输与配送（第 3 版）[M]．杭州：浙江大学出版社，2014.
[17] 梁军，李志勇．仓储管理实务（第 3 版）[M]．北京：高等教育出版社，2014.
[18] 梁军，沈文天．物流服务营销（第 2 版）[M]．北京：清华大学出版社，北京交通大学出版社，2016.
[19] 梁军，王刚．采购管理（第 3 版）[M]．北京：电子工业出版社，2015.
[20] 梁军，杨铭．配送实务[M]．北京：中国财富出版社，2015.
[21] 梁军，杨明．物流采购与供应管理实训[M]．北京：中国劳动社会保障出版社，2006.
[22] 刘宝红．采购与供应链管理：一个实践者的角度（第 2 版）[M]．北京：机械工业出版社，2015.
[23] 滕宝红．从零开始学做采购经理[M]．北京：人民邮电出版社，2016.
[24] 王炬香．采购管理实务（第 2 版）[M]．北京：电子工业出版社，2011.
[25] 吴汪友．采购管理实务——“学·教·做”一体化教程（第 2 版）[M]．北京：电子工

业出版社，2013.
[26] 肖潇．一本书读懂采购[M]．天津：天津科学技术出版社，2017.
[27] [英]卡洛斯梅纳，罗姆科范霍克，马丁克里斯托弗．战略采购和供应链管理：实践者的管理笔记[M]．北京：人民邮电出版社，2016.
[28] 张计划，李亮．从零开始学采购[M]．北京：化学工业出版社，2012.
[29] 张玉斌．采购管理[M]．北京：化学工业出版社，2009.
[30] 翟光明．采购与供应商管理[M]．北京：中国物资出版社，2009.
[31] 郑时勇．采购成本控制与供应商管理[M]．北京：化学工业出版社，2015.
[32] 中国就业培训技术指导中心．采购师（基础知识）[M]．北京：中国劳动社会保障出版社，2006.
[33] 周鸿．采购部规范化管理工具箱（第 3 版）[M]．北京：人民邮电出版社，2013.
[34] 周云．采购成本控制与供应商管理（第 2 版）[M]．北京：机械工业出版社，2014.